中国环境法典研究文丛

环境法体系化研究

主　编　刘长兴

撰稿人　曹　炜　刘长兴　吴凯杰
张忠民　赵　珂　张　琪
徐以祥

法律出版社
LAW PRESS · CHINA
—北京—

感谢阿里巴巴公益基金会为“中国环境法典研究文丛”提供的大力支持！

标示“绿典”之路(代总序)

对法律人而言,“法典”似乎是一个不可抵挡的诱惑。在我的阅读范围内,什么是法典,没有答案;但我知道,法典化是学术与实践紧密结合的过程,法学理论是法典的基础,法典是法学理论的规范性表达,没有法学和法学家,就没有法典!正因为有法学和法学家的存在,世界上从来不缺少推动法典化的力量,也未消失过反对的声音。不可否认,法典化运动是近代以来一个普遍的法律现象,在法典的制定上,法学家发挥着不可替代的作用。

十二表法是法典,抑或民法大全是法典?真的很难回答。在最宽泛的意义上,法典是一种成文的法律作品,主要是对某一法律领域最根本的原则和基础性的规范作出规定。法典是整体的、系统的,不是单一的法律,也不是对多部法律的简单汇编;法典是科学系统编纂的成果,是对法学和法律的提炼和结合,需要由法学家和法律家共同参与才能完成。法典化作为一种理想的立法模式和方法,各类法律不断地完善、补充以及体系化,最终都是以制定法典作为目标的。

即便如此,环境法人对环境法典依然有太多的疑问。从形式上看,大陆法系的一些国家制定了环境法典,更多国家没有环境法典;有的国家环境法律冠有“法典”之名,但学者们却认为其不是一部法典;有的国家环境法典连续多达数本,有的国家环境法典只有可怜的几十条。从内容上看,不同国家的环境法典更是千差万别,与具有基本相同体例的各国民法典相比,简直是“冰火两重天”。从法典化的过程看,有的国家经过三十多年的争论,多次启动环境法典制定,始终不得其果;有的国家几乎还没有开始环境保护,就在国外专家的帮助下,出台了环境法典;还有的国家环境法典已经制定完成,却因为种种原因不能或者不敢颁行……到底什么时候需要环境法典?环境法典是社会变革的必然结果吗?特定的个人或政治家对环境法典有怎样的作用?应如何认识环境法典与环境法学的关系?剪不断、理还乱,直叫人爱也法典,恨也法典!

在中国,环境法典同样是环境法人的不变"初心",也始终走在坎坷崎岖的道路上。20世纪70年代,中国环境保护立法起步之始,就设定了法典化目标。1979年,在时任城乡建设环境保护部部长李伯超代表国务院向全国人大常委会所作的《关于〈中华人民共和国环境保护法(草案)〉的说明》中,就明确指出这部法律主要是规定国家在环境保护方面的基本方针和基本政策,应成为环境保护领域的基本法。虽然这部法律因种种原因以《中华人民共和国环境保护法(试行)》的方式颁布,但以基本法为龙头、单行法为骨干的环境立法体系一直延续至今,"体系化"这个法典的核心要素始终存在。在环境法理论研究中,法典化是一个永恒的课题,三十多年的中国环境法发展史上,不断有学者推出有价值的环境法典研究成果。2011年年底,全国人大常委会讨论启动《环境保护法》的修订时,将修订后的《环境保护法》作为环境法典总则加以考虑并为进行环境法典编纂奠定基础的建议再次提出,遗憾的是没有得到采纳。2014年,十二届全国人大常委会第八次会议审议通过的《环境保护法修订案》只是进一步明确了其在环境保护领域的综合法定位。在学者们看来,这是《环境保护法》地位的提升,但由此带来的立法实践"困扰"日显,随着《大气污染防治法》《海洋环境保护法》《水污染防治法》等环境保护单行法修订工作的展开,如何处理与《环境保护法》的关系,成为一个现实的问题。或者高度重复立法或者法律支离破碎的困境,使立法者开始关注并思考环境法典编纂的必要性及可行性;人大代表、政协委员关于环境法典编纂的议案、建议逐渐增多,将编纂环境法典纳入十三届全国人大常委会立法计划的呼声也日益高涨。

不得不承认,我们这一辈环境法人赶上了好时代!过去四十年经济社会高速发展所积累的生态环境问题成为制约中国未来的"瓶颈"

达至社会共识,用法治手段推进生态文明建设、打赢污染防治攻坚战的举措彰显坚定的政治意志,中国自己的立法、执法、司法经验和理论成果奠定了环境法体系化、整体化的基础。种种现象表明,展开法典化研究和推进环境法典编纂的一些必要条件已经具备;但是,这些客观现实均不能构成中国必须编纂环境法典的充分理由。中国是否需要环境法典,是否存在环境法典的替代方案?如果我们认为中国应该有环境法典,也必须回答中国需要怎样的环境法典、如何构建适应环境法典需求的环境法知识体系、如何在现有环境立法与资源立法的基础上进行建构、如何处理环境法典与民法典等传统法典的关系……别有滋味在心头,真让人喜也法典,忧也法典!

一个时代的学者有一个时代的使命,回答环境法典编纂的基本理论问题,是今天的中国环境法学者必须直面的时代课题。这需要学者们有时不我待的担当和舍我其谁的勇气,以严肃的学术态度、坚毅的学术精神、科学的学术方法、理性的学术论证,提出能够让立法决策者接受、让社会接受的成果。至于最后的结论,无论是圆梦环境法典还是梦碎环境法典,都具有同等的非凡价值。我们要做的,仅仅是忠实记录所走过的道路,并留下一个又一个路标,昭示后来人。

在我的心目中,"绿典之路"丛书就是这样一个树立路标的系统工程。之所以将环境法典称为"绿典",是希望为我们的路标涂上最鲜明的底色,为每个行路人提供更高辨识度。面对可能前行、可能转折、可能返回的环境法典之路,希望既提供国外先行者的路线图,鼓励研究参照系、重走经典线,为可行或不可行之路插上绿色路标;也总结中国的经验,鼓励漫漫长路上下求索,逢山开路、遇水搭桥,为开辟康庄大道设定绿色标识。为此,"绿典之路"丛书设计了"各国环境法典译丛""外国环境法典研究文丛""中国环境法典研究文丛""环境法典相关研究文丛"等若干子系列,从构建环境法典研究"生态系统"的角度,探索环境法典化的"生态平衡"。出现在"绿典之路"上的每一本论著,都应该既有独立的功能与作用,也能为提升生态系统的服务能力贡献智慧与力量。

我知道,任何国家制定法典,都有很多既偶然又必然的因素发挥作用,结果不可预测。在中国,环境法典的出台,也许很快,也许很慢,甚至慢到我们这一代人都无缘相见。但是,我更明白,学者对法典的追求,从来不是以被命名为法典的某个法律文件为直接目的。在法典化的进程中,创新和创造环境法知识体系、合理解释环境法社会现象、准确把握环境法运行规律、教授和传承环境法思维方式、巩固和提升环境法学术品质,都是学者为环境法典所做的准备和贡献。因此,“绿典之路”丛书是否可以在当下直接为中国环境法典编纂做出贡献,可遇而不可求。但是,记录环境法学的思维过程,记载环境法学人的心路历程,记忆环境法学科的品格养成,为后人标示中国环境法典化之路,一定可以实现。

2014 年的今天,全国人大常委会高票通过《环境保护法修订案》,这部“长出了牙齿”的法律,凝聚了几代环境法人的心血,是环境法理论成果与立法决策的有机结合,值得环境法人骄傲和自豪!2018 年春天,我们托起心中的向往,满怀信心再出发!期待在“绿典之路”上,环境法学者不断成长,环境法成果不断涌现,环境法学科不断完善,环境法品格不断成熟!

吕忠梅

2018 年 4 月 24 日

于北京太平桥大街 23 号

作者简介

（以撰写章节先后为序）

曹　炜　法学博士；中国人民大学法学院副教授、硕士生导师。

刘长兴　法学博士；华南理工大学法学院教授、博士生导师，环境法研究中心主任。

吴凯杰　法学博士；北京大学法学院讲师。

张忠民　法学博士；中南财经政法大学法学院教授、博士生导师，生态文明研究院常务副院长。

赵　珂　中南财经政法大学法学院博士研究生。

张　琪　中南财经政法大学法学院硕士研究生。

徐以祥　德国图宾根大学法学博士；西南政法大学经济学院教授、博士生导师，西南政法大学西部生态法研究中心主任。

目　录

导　言

法律是人类理性的表现形式之一，代表了人们对社会组织化、稳定和秩序、公平和正义的向往，法律的体系化是法律理性的展现方式，可以说，法律的发展过程一直在逐步实现更高层级的体系化。体系思维要求人们认真对待法律规范体系（部门法体系）、法律渊源体系、法律价值体系、法律话语体系、法治理论体系以及法律方法论体系等，[1]环境法的体系化也存在不同的观察角度和理解层次，而环境法法典化是环境法体系化的重要目标，其中必然涉及法律规范的体系、立法体系等问题。

本书第一编首先分析我国环境立法的实践状况，发现环境立法存在的体系问题、实施问题以及二者之间的联系。从环境法的发展过程来看，环境立法最初都是分散、相对孤立的立法，分别致力于解决相对独立的环境问题，如水污染问题、海洋环境保护问题等。但是不同领域的环境问题也存在明显的共性，对环境保护整体目标的法律支撑不能仅靠分散的立法，还需要对环境法律进行一定的整合。从法律实施的理论和实践来看，体系化的环境立法对于环境法的实施也具有重要意义。

基于这一立场，第二编分析环境立法体系化的内涵和方法论基础，并提出环境立法体系化的价值导向问题。体系化作为一个常用的概念，运用于环境法领域时还需要明确其基本内涵，并据以认清环境立法

〔1〕 陈金钊：《开放“法律体系”的方法论意义》，载《国家检察官学院学报》2018 年第 3 期。

体系化的限制因素和主要内容;进而探讨环境立法体系化的方法论基础,以及环境立法的整体价值导向,为环境立法的体系化明确基本的方向。

法典化是环境法体系化的最高表现形式,尽管对于环境法法典化还存在不同的观点,但其体系整合的意义不容忽视。第三编在环境立法体系化分析的基础上,聚焦环境法典的制度构建,提出环境法典制度体系的设想。首先,分析环境法典制度体系的学理基础,对制度体系、法典制度体系进行识别和规范;其次,对环境法典制度体系的类型进行界定,并阐明相对合理的环境法典制度体系选择;最后,提出环境法典制度体系的结构、内容以及预期效果。

第四编在法律规范层次讨论环境法体系化,从环境法律规范的类型化入手,具体探讨不同环境法律规范类型的特点,发现环境法律规范的立法配置和规范解释路径,从而提出以规范类型化为基础的环境法律体系设想,为环境法法典化提供法律规范理论层次的支撑。

第一编　环境立法及其实施问题分析

第一章　中国环境立法现状与体系问题

经过40余年的发展，我国环境立法体系的完备性矛盾不再突出，[1]而结构性欠缺日益成为主要矛盾。[2] 如何完善环境立法体系，以适应生态文明建设和环境治理体系现代化的需求，是事关环境法成效的重大课题。现有文献多从静态的视角考察现行环境立法体系，对我国环境立法体系发展历史的动态分析不足。本书拟弥补这一不足，对我国环境立法体系的历史与现状作一分析，以回答我国环境立法体系何以发展至此、环境立法体系化的方式与成效如何、现行环境立法体系有何结构性缺陷，以及背后有哪些限制因素在起作用等问题。不明历史，无以知前行之路。环境立法体系在我国并非新生事物，知晓过往为环境立法体系化作出的努力及其成效，有助于明晰完善环境立法体系的方向和路径。

---

[1] 从我国第一部环境法律即1979年《环境保护法(试行)》开始计算，截至2017年已先后制定了环境保护方面的法律30余部、行政法规90余部、部门规章600多部，以及一大批环境保护地方性法规。参见钭晓东、杜寅：《中国特色生态法治体系建设论纲》，载《法制与社会发展》2017年第6期。截至2021年1月，现行有效的环境法律有31部。

[2] 近年来，许多学者注意到环境立法体系的结构性问题日益突出，并提出环境法法典化等解决方案。例如，吕忠梅：《将环境法典编撰纳入十三届全国人大立法计划》，载《前进论坛》2017年第4期；黄锡生、史玉成：《中国环境法律体系的架构与完善》，载《当代法学》2014年第1期；张梓太、李传轩、陶蕾：《环境法法典化研究》，北京大学出版社2008年版，第237页。

第一节 中国环境立法发展的四个阶段

虽然学界不乏对我国古代、近代环境法的考察，但普遍认为环境法是现代社会的产物，现代环境法与古代、近代“环境法”不具有一脉相承的“血缘”关系。[1] 据此，本书以我国的现代环境法为考察对象，并以1973年颁布的《关于保护和改善环境的若干规定（试行草案）》作为开端。[2] 从环境立法体系发展变迁的角度考察，我国的现代环境法可以大致分为四个阶段：第一阶段是体系意识萌芽阶段（1973～1978年）；第二阶段是体系奠基阶段（1979～1988年）；第三阶段是体系发展阶段（1989～2013年）；第四阶段是体系完善阶段（2014年至今）。

一、体系意识萌芽阶段：1973～1978年

1973年国务院转发原国家计划委员会《关于保护和改善环境的若干规定（试行草案）》，该规定的直接推动力是我国政府派代表团出席了1972年联合国人类环境会议，这次会议让中国了解到全球环境恶化的趋势，以及西方发达国家的先进环保理念，当时的国家领导人决定对这些先进理念加以借鉴。[3] 在此背景下，国务院发布规定，提出环境

---

〔1〕 例如，徐祥民教授认为，“环境法是现代社会的产物，它只属于现代，甚至只属于人类工业文明达到极度繁荣以后的现代”。参见徐祥民、陈书全等：《中国环境资源法的产生与发展》，科学出版社2007年版，第15～18页。

〔2〕 吕忠梅教授认为我国环境立法始于1973年。参见韩德培主编：《环境资源法论丛》第1卷，法律出版社2001年版，第1页。又如，张梓太教授也认为，“这一阶段（1973～1989）的环境法……已经真正成为现代意义上的环境法”。参见张梓太、李传轩、陶蕾：《环境法法典化研究》，北京大学出版社2008年版，第161页。在实务界，生态环境部法规与标准司司长别涛也持同样观点，认为“《关于保护和改善环境的若干规定（试行草案）》标志着现代意义的环境立法在我国开始萌芽”。参见别涛：《关于〈环境保护法〉的修改方向——中国需要作为国家基本法律的〈环境保护法〉》，载王树义主编：《可持续发展与中国环境法治——〈中华人民共和国环境保护法〉修改专题研究》，科学出版社2005年版，第8页。

〔3〕 常纪文：《环境法前沿问题——历史梳理与发展探究》，中国政法大学出版社2011年版，第1页。

保护"三十二字方针"。此后,我国又颁布了几个环境保护单行法规,如《工业"三废"排放试行标准》(1973年)、《防止沿海水域污染暂行规定》(1974年)、《关于治理工业"三废"开展综合利用的几项规定》(1977年)等。

在此阶段,环境立法零碎,但已经有了体系意识的萌芽。从世界范围来看,当时许多发达国家的环境立法已经开始从分散立法走向体系化立法,其通过制定综合性环境立法将分散的环境单行法整合成以环境保护为共同目标的环境法部门。[1] 受国外先进经验的影响,我国在此阶段就已经意识到了通过环境立法对环境进行综合性、整体性保护的重要性。1972年联合国人类环境会议使我国领导人认识到"采用计划性、综合性手段进行环境保护"的重要性,不能孤立地应对环境问题。[2] 为此,《关于保护和改善环境的若干规定(试行草案)》以"保护和改善环境"为目的,首次提出适用于环境保护全局的"三十二字方针"。[3] 在这些适用于环境保护全局的基础性规定之外,该规定还分章"就全面规划、工业合理布局、老城市环境改造、综合利用、除害兴利与对土壤、植物、江河、海域、森林、野生动植物的保护,以及环境监测、环境科学研究和宣传教育、环境保护投资和设备等方面都作出了规定"。[4] 因此,它被认为是"中国第一个综合性的环境保护行政法规",[5]"是国家环境保护政策的宣示,在当时的历史条件下起着环境基本法的作用"。[6]

二、体系奠基阶段:1979~1988年

改革开放以后,环境立法的数量迅速增长。本阶段以1978年《宪法》第11条第3款明确宣示的"国家保护环境和自然资源,防治污染和其他公害"与1979年《环境保护法(试行)》的颁布为起点。在此后的

---

[1] 李挚萍:《环境基本法比较研究》,中国政法大学出版社2013年版,第4~5页。
[2] 徐祥民、陈书全等:《中国环境资源法的产生与发展》,科学出版社2007年版,第20页。
[3] 蔡守秋主编:《环境资源法教程》(第2版),高等教育出版社2010年版,第31页。
[4] 汪劲:《环境法学》(第3版),北京大学出版社2014年版,第48页。
[5] 蔡守秋主编:《环境资源法教程》(第2版),高等教育出版社2010年版,第31页。
[6] 汪劲:《环境法学》(第3版),北京大学出版社2014年版,第48页。

10 年中,国家颁布了《海洋环境保护法》(1982 年)、《水污染防治法》(1984 年)、《大气污染防治法》(1987 年)等污染防治方面的法律,以及《森林法》(1984 年)、《草原法》(1985 年)、《土地管理法》(1986 年)、《矿产资源法》(1986 年)、《渔业法》(1986 年)、《野生动物保护法》(1988 年)等自然资源方面的法律。

经过这一阶段的集中立法,客观上形成了以《环境保护法(试行)》为基本法,以污染防治法和自然资源法为两翼的环境立法体系。首先,从体系的纵向结构上看,《环境保护法(试行)》规定了国家保护环境的基本方针、政策、原则和制度,是我国的环境基本法。[1] 其次,从体系的横向结构上看,污染防治法与自然资源法这两大子部门法初具雏形。1978 年《宪法》第 11 条第 3 款将自然资源保护和污染防治确定为环境法的两大领域。[2] 据此,《环境保护法(试行)》意图构建自然资源保护与污染防治并重的环境立法体系,在结构上包括了"保护自然环境"(第二章)和"防治污染和其他公害"(第三章)两大部分。在上述《宪法》环境条款和环境基本法的指导下,我国迅速进行了各项污染防治与自然资源保护立法。但是,当时环境立法体系的问题也很明显。为了迅速弥补环境立法的空白,《环境保护法(试行)》规定了广泛的污染控制措施和自然保护对策;[3] 但是制度设计具体且零散,与后来制定的环境单行法并无明确分工,也没有体现基本法应有的高度。[4]

三、体系发展阶段:1989 ~ 2013 年

《环境保护法(试行)》施行的 10 年间,大量环境单行法的制定导致《环境保护法(试行)》逐渐落后于单行法的发展,使其作为环境基本法的体系功能无从发挥,因而亟须借制定《环境保护法》的机会作大幅修改。本阶段的环境立法以 1989 年《环境保护法》的制定为起点,以修订上一阶段制定的环境单行法为主,先后修订了《水污染防治法》

---

〔1〕 吕忠梅:《〈环境保护法〉的前世今生》,载《政法论丛》2014 年第 5 期。

〔2〕 蔡守秋主编:《环境资源法学教程》,武汉大学出版社 2000 年版,第 124 页。

〔3〕 徐祥民、陈书全等:《中国环境资源法的产生与发展》,科学出版社 2007 年版,第 20 页。

〔4〕 吕忠梅:《〈环境保护法〉的前世今生》,载《政法论丛》2014 年第 5 期。

(1996 年)、《矿产资源法》(1996 年)、《森林法》(1998 年)等。

本阶段,环境基本法的体系功能得到强化,但依然有限。从体系的纵向结构上看,环境基本法与环境单行法的分工逐渐明确。《环境保护法》总结了环境单行法和环境保护政策的成功经验,将部分适用于环境保护全局的制度规范上升到了基本法的层次,并舍弃了部分不适应实践发展的制度与规范。例如,1979 年《环境保护法(试行)》未对环境保护行政主管部门在环境监督管理体制中的定位作出明确规定。[1] 但在后续制定的《大气污染防治法》和《水污染防治法》等环境单行法中,环境保护行政主管部门都被定位为负责各自领域的"统一监督管理机关"。《环境保护法》吸收了这一实践经验,规定:"国务院环境保护行政主管部门,对全国环境保护工作实施统一监督管理。"[2] 但是,《环境保护法》呈现明显的"为污染防治立法"特征,主要制度安排集中于污染控制;[3] 对自然资源保护仅以"开发利用自然资源,必须采取措施保护生态环境"这一原则性规定予以应付。[4] 因此,《环境保护法》很大程度上是污染防治基本法,对自然资源法的体系功能较为有限。

20 世纪 90 年代初,环境法的立法理念与价值取向发生了向可持

---

[1] 在 1989 年《环境保护法》的制定过程中,立法者认为《环境保护法(试行)》对环境保护机构的设置和职责的具体规定不利于深化机构改革,因而需要加以修改。参见曲格平:《关于〈中华人民共和国环境保护法(修改草案)〉的说明》,载中国人大网,http://www.npc.gov.cn/wxzl/gongbao/1989-10/25/content_5002341.htm。

[2] 顾明:《全国人大法律委员会对〈中华人民共和国环境保护法(修改草案)〉审议结果的报告》,载中国人大网,http://www.npc.gov.cn/wxzl/gongbao/1989-12/20/content_1481133.htm。

[3] 吕忠梅:《〈环境保护法〉的前世今生》,载《政法论丛》2014 年第 5 期。

[4] 常纪文:《环境法前沿问题——历史梳理与发展探究》,中国政法大学出版社 2011 年版,第 3 页。

续发展的根本性变革。[1] 在可持续发展理念的影响下,本阶段环境立法体系从平行发展转向融合发展。首先,从体系的纵向结构上看,适用于环境保护全局的环境专项法增多。可持续发展理念要求环境法超越传统的行政管制手段与末端控制手段,更多地适用经济调控手段与源头预防手段。为实现这一转变,我国制定了《清洁生产促进法》(2002年)、《环境影响评价法》(2002年)、《可再生能源法》(2005年)、《循环经济促进法》(2008年)等环境专项法,从源头上推动环境保护,对污染防治与自然资源保护均有促进作用。其次,从体系的横向结构上看,自然资源法与环境法相互间的融合程度增强。在这一阶段,自然资源立法大多进行了修订。修订的主要内容就是将可持续发展确定为立法目的,更加注重资源的合理利用和保护、恢复原状,而非仅仅注重保护资源的经济价值。例如,《水法》(2002年修订)、《草原法》(2002年修订)、《农业法》(2002年修订)等明确把可持续发展纳入立法目的条款之中。这样就使自然资源法在性质上具有了环境法的特征,与环境法的融合程度增强。[2]

四、体系完善阶段:2014年至今

1989年《环境保护法》颁布后的20余年中,我国的政治、经济、法治状况又发生了巨大变化,环境状况则依然没有得到有效改善。在此期间,我国先后制定修改了前述20余部环境单行法和环境专项法,而《环境保护法》迟迟未能得到修改。随着立法背景的变化和环境单行

[1] 在国际上,可持续发展作为一种新的发展观,明确提出了对现行法律进行评估和制定新的符合"可持续发展"要求的法律的要求。参见汪劲:《环境法学》(第3版),北京大学出版社2014年版,第107页。在国内,1994年3月,国务院批准了《中国21世纪议程》,提出了实施可持续发展的总体战略、基本对策和行动方案,要求建立体现可持续发展的环境立法体系。党的十七大提出了"科学发展观",并把它的基本内涵概括为"坚持以人为本,树立全面、协调、可持续的发展观,促进经济社会和人的全面发展"。参见蔡守秋主编:《环境资源法教程》(第2版),高等教育出版社2010年版,第32~33页。

[2] 王灿发:《环境法的辉煌、挑战及前瞻》,载《政法论坛》2010年第3期。

法的不断发展,《环境保护法》作为环境基本法的体系功能日趋弱化。[1] 另外,生态文明理念对环境立法体系提出了更高的要求。生态文明理念强调生态系统各组成部分的整体性,这不仅要求环境法全面调整污染防治、资源开发利用和生态保护,而且重视它们相互之间的联系。[2] 环境单行法律法规虽然能够解决部分环境问题,但没有重视环境的整体性特征,因而作用十分有限。[3] 在此背景下,我国终于在2014 年修订了《环境保护法》。

修订后的《环境保护法》开启了环境立法体系完善的新阶段,它不仅回应了现行环境立法对环境基本法的诉求,而且引领后续环境立法走入生态文明的新时代。首先,从体系的纵向结构上看,《环境保护法》的基础性、综合性地位继续增强。《环境保护法》在总结环境单行法发展经验的基础上,将可持续发展和生态文明建设纳入了立法目的条款之中,首次设置了原则条款,并确立了排污许可制度、环评区域限批制度等基本制度。其次,从体系的横向结构上看,污染防治法、自然资源法和生态保护法的三元结构逐渐清晰。《环境保护法》确立了生态红线制度、生态补偿制度等生态保护制度,也带动了后续生态保护单行法的制定与修改。例如,后续修改的《野生动物保护法》将保护野生动物栖息地新增为立法目的并规定了相应制度。[4] 但是,正如此前环境基本法的制定和修改,修订后的环境基本法未能一劳永逸地解决环境法的体系问题。

---

〔1〕 徐祥民、陈书全等:《中国环境资源法的产生与发展》,科学出版社 2007 年版,第 24 ~ 25 页。有学者甚至认为,随着各单项环境与资源保护法律不断完善,"《环境保护法》实际上已经名存实亡,失去了其应有的地位和作用,真正成为'不符合中国国情'的立法例证"。参见汪劲:《环境法治的中国路径:反思与探索》,中国环境科学出版社 2011 年版,第 67 页。

〔2〕 王灿发:《论生态文明建设法律保障体系的构建》,载《中国法学》2014 年第 3 期。

〔3〕 吕忠梅:《〈环境保护法〉的前世今生》,载《政法论丛》2014 年第 5 期。

〔4〕 王鸿举:《关于〈中华人民共和国野生动物保护法(修订草案)〉的说明》,载中国人大网,http://www.npc.gov.cn/npc/xinwen/lfgz/flca/2015-12/28/content_1957540.htm。

第二节　环境立法的现状

历经四个阶段的发展，我国环境立法已初步形成了以《宪法》中有关环境保护的规定为统帅，以《环境保护法》为基础，以污染防治法、自然资源法、生态保护法等环境单行法为骨架，以其他法律中的环境保护规定为辅助的环境立法体系。

一、《宪法》中的环境保护规定

《宪法》中的环境保护规定主要包括国家义务条款和自然资源权属条款。《宪法》第 26 条第 1 款规定，"国家保护和改善生活环境和生态环境，防治污染和其他公害"；第 89 条第 6 项规定，国务院行使"领导和管理经济工作和城乡建设、生态文明建设"的职权。此二条明确了国家的环境保护义务。《宪法》第 9 条第 1 款规定，"矿藏、水流、森林、山岭、草原、荒地、滩涂等自然资源，都属于国家所有，即全民所有；由法律规定属于集体所有的森林和山岭、草原、荒地、滩涂除外"，明晰了自然资源的所有权归属。此外，《宪法》序言中还增加了"生态文明"的相关内容。

值得注意的是，我国《宪法》中尚未明确规定"环境权"条款。吕忠梅教授认为，环境权是公民享有的在不被污染和破坏的环境中生存及利用环境资源的权利。[1] 环境权存在十分明显的缺陷，如它的概念模糊，主体不确定，范围不确定，无法具体化等。在立法实践中，也因为它多被作为一项新的权利得到初步承认，还不是自身可以执行的条款，因而被认为"承认此项宪法新权利能够得到实施之前有必要以立法贯彻之"。[2] 随着生态文明建设推进、公民环境意识的觉醒，环境权入宪将成为必然之势。

---

〔1〕 吴卫星：《我国环境权理论研究三十年之回顾、反思与前瞻》，载《法学评论》2014 年第 5 期。

〔2〕 吕忠梅：《再论公民环境权》，载《法学研究》2000 年第 6 期。

二、环境保护基本法

环境保护基本法，又称“环境保护母法”或“综合性环境保护法”，是国家为了保护其管辖或控制范围内的人类生存环境，以其《宪法》中关于环境保护的规定为依据，从全局出发，对保护整体环境及其各组成要素的有关重大事项，进行全面法律调整的立法文件。[1] 环境保护基本法是在单行环境法规的基础上发展起来的，并成为各国环境立法的共同发展趋势，[2] 如《美国国家环境政策法》《俄罗斯联邦环境保护法》《日本环境保护法》《匈牙利人类环境保护法》等。[3] 在我国，《环境保护法》被赋予作为环境保护基本法的期待，但“从立法效力上看，依然没有取得基本法地位”。[4] 从内容上看，现行《环境保护法》仍存在许多问题，尚难以承担基本法的全部功能，未来有待进一步完善。具体而言，一方面，其总则部分结构性不强，仍需要强化，形成对分则和部门环境法的引领与指导；[5] 另一方面，具体内容上还存在“公民环境权未入、保障公众健康未实、风险预防理念未立”[6] 等缺憾。

三、环境保护单行法

环境保护单行法主要包括污染防治法、自然资源法和生态保护法三类。其中，污染防治法与自然资源法的立法历史更为悠久，已具备较完善的内容体系。具体而言，污染防治法体系按照污染物类别由《大气污染防治法》《水污染防治法》《海洋污染防治法》《固体废物污染环境防治法》《环境噪声污染防治法》《放射性污染防治法》《土壤污染防治法》组成。自然资源法体系按照资源类型由《土地管理法》《海域使用管理法》《水法》《矿产资源法》《森林法》《草原法》《野生动物保护法》等组成。相较于污染防治法和自然资源法，生态保护法的发展较晚，体系尚不完善，并处于进一步立法当中，目前主要包括自然保护地

---

[1] 邹瑜、顾明总主编：《法学大辞典》，中国政法大学出版社 1991 年版，第 855 页。

[2] 金瑞林主编：《中国环境法》，法律出版社 1998 年版，第 41 页。

[3] 官以德主编：《环境与资源保护法学》，中国法制出版社 2000 年版，第 154 页。

[4] 吕忠梅：《〈环境保护法〉的前世今生》，载《政法论丛》2014 年第 5 期。

[5] 沈百鑫：《论〈环境保护法〉的进一步完善》，载《中国政法大学学报》2015 年第 2 期。

[6] 吕忠梅：《〈环境保护法〉的前世今生》，载《政法论丛》2014 年第 5 期。

相关立法，如《自然保护区条例》和已列入立法计划的“国家公园法”等，自然灾害防治相关立法如《防洪法》等，以及《生物安全法》。

四、其他法律中的环境保护规定

第一，《民法典》中的环境保护规定。《民法典》编纂过程中，增加了许多与环境保护相关的条款，因此被称为“绿色民法典”。具体而言，《民法典》第9条确立了“绿色原则”；第286、290、293、294、326、364条规定了行使物权时需要符合的“绿色要求”；第509、619条规定了履行合同应遵守的“绿色义务”；第七编侵权责任第七章专章规定了“环境污染和生态破坏责任”。

第二，《刑法》中的环境保护规定。《刑法》第338条规定了污染环境罪，明确：违反国家规定，排放、倾倒或者处置有放射性的废物、含传染病病原体的废物、有毒物质或者其他有害物质，严重污染环境的行为构成污染环境罪。根据不同情节进行处罚，最高可处7年以上有期徒刑。

第三节 环境立法的体系问题

环境立法体系的建立与完善是一个漫长的过程，我国的这一过程有别于西方发达国家的普遍模式。有学者认为，我国环境立法是先颁布基本法，后逐步制定单行法，再逐步完善体系，而西方发达国家则反之。[1] 也有持相同观点的学者将西方发达国家的环境法发展历程称为“自然演进型”道路，而将我国的环境法发展历程称为“政府推动型”道路。[2] 在深入考察我国环境立法体系的发展历史之后，可以发现这种观点有其道理，但并不准确。中国环境立法虽然没有重走西方发达国家“单行法—基本法—体系化”的发展道路，但也并未遵循“基本

〔1〕 陈仁：《环境保护法制产生与发展的比较——关于环境保护法制的回顾与比较之三》，载《环境》1994年第2期。

〔2〕 才惠莲：《中外环境法历史发展比较分析》，载《理论月刊》2008年第8期。

法一单行法—体系化”的线性历程,而是呈现为“体系化—碎片化—再体系化”的螺旋式发展过程。环境基本法的最初制定与历次修改均具有体系化意义,旨在引领环境单行法的创制和修改,也回应环境单行法的制度创新,兼具引领性与回应性。

一、《环境保护法(试行)》的体系化意义及其局限

1979 年制定的《环境保护法(试行)》被认为是我国建立环境立法体系的开端,具有重要的体系化意义,而不仅仅是一部普通的环境单行法。[1] 在《环境保护法(试行)》制定之时,当时的立法机关将它明确定位为环境基本法。[2] 据此定位,从“六五”计划时期(1980 ~ 1985 年)开始,国家机关就一直在拟定中国资源和环境保护法律框架的基本模式。[3] 同时,学界也已经纷纷展开对如何构建环境立法体系的探讨。[4] 由此可见,《环境保护法(试行)》以及后续环境单行法的制定以构建体系化的环境立法为主要目的,并且以 1989 年《环境保护法》的制定为体系奠基的标志。[5]

---

〔1〕 例如,金瑞林教授与汪劲教授认为,该法的颁布“标志着我国的环境保护工作进入了法治阶段,也标志着我国的环境立法体系开始建立”。参见金瑞林、汪劲:《20 世纪环境法学研究评述》,北京大学出版社 2003 年版,第 73 页。又如,蔡守秋教授等认为,该法是“中国环境法走向体系化、作为独立的法律部门的一个标志”。参见蔡守秋主编:《环境资源法教程》(第 2 版),高等教育出版社 2010 年版,第 32 页。再如,孙佑海教授认为,该法的颁布“标志着中国特色环境保护法律体系开始建立”。参见孙佑海:《如何使环境法治真正管用?——环境法治 40 年回顾和建议》,载《环境保护》2013 年第 14 期。

〔2〕 当时的立法者“将环境保护法作为环境基本法,规定国家在环境保护方面的基本方针和基本政策,而将一些具体的规定在将来制定大气保护法、水质保护法等具体法规和实施细则时解决”。参见李超伯:《关于〈中华人民共和国环境保护法(试行草案)的说明〉》。转引自汪劲:《从环境基本法的立法特征论我国〈环境保护法〉的修改定位》,载《中外法学》2004 年第 4 期。

〔3〕 汪劲:《中国环境法的体系化与法典化》,载汪劲:《环境法治的中国路径:反思与探索》,中国环境科学出版社 2011 年版,第 39 页。

〔4〕 例如,马骧聪:《环境保护立法体系探讨》,载《中国环境科学》1981 年第 1 期;文伯屏:《试论环境保护法的体系》,载《环境管理》1984 年第 1 期;陈研明:《全国环境法体系学术讨论会综述》,载《武汉大学学报(社会科学版)》1987 年第 2 期。

〔5〕 李启家:《中国环境立法评估:可持续发展与创新》,载《中国人口 · 资源与环境》2001 年第 3 期。

从体系的角度来看,《环境保护法(试行)》是政策法形态的环境基本法,具有确立基本环境法律制度与规划环境法律体系蓝图的体系功能。按照出现时间的先后与体系功能的大小,环境基本法的不同形态主要有政策法、框架法与综合法。《环境保护法(试行)》的政策性体现在两个方面:"一是把国家保护环境的基本方针和基本政策以法律的形式确定下来,二是为未来我国环境与资源保护法律体系的建立确立蓝图。"[1] 据此,《环境保护法(试行)》在立法内容上,不仅规定了国家环境保护基本方针、政策、原则、制度等,而且确立了广泛的污染控制对策和自然保护政策。[2] 在此基础上,我国逐步建立了以《环境保护法(试行)》为环境基本法,污染防治法和资源保护法为两翼的环境立法体系。

虽然《环境保护法(试行)》被赋予了作为环境基本法的体系功能,但建构素材并非源于对实证法的抽象提炼,而是源于对别国环境基本法的借鉴仿效。这种"政府推动型"的立法道路主要体现在以下两个方面:首先,在《环境保护法(试行)》制定时,我国环境法治建设刚刚起步,经验不足,客观上不具备自下而上提炼一般性规则的基础。发达国家用百余年时间确立了大量环境单行法规,在此基础上才开始制定环境基本法,以提升环境立法体系内在的全面性、协调性与统一性。[3] 相较之下,在我国《环境保护法(试行)》制定之时,我国的环境立法历史才走过不到10年时间。从1973年我国环境立法起步到1979年《环境保护法(试行)》制定之前,我国只有几个环境保护方面的行政法规,如《关于保护和改善环境的若干规定(试行草案)》《环境保护规划要点和主要措施》等。[4] 其他环境与资源保护法律尚处空白。

其次,在环境立法初期,我国注重吸收借鉴外国环境立法的经验教

---

〔1〕 徐祥民、陈书全等:《中国环境资源法的产生与发展》,科学出版社2007年版,第20页。

〔2〕 徐祥民、陈书全等:《中国环境资源法的产生与发展》,科学出版社2007年版,第20~21页。

〔3〕 才惠莲:《中外环境法历史发展比较分析》,载《理论月刊》2008年第8期。

〔4〕 易先良:《环境保护基本法立法背景之比较研究》,载《比较法研究》1988年第4期。

训，通过法律移植的方式自上而下地构建环境立法体系。[1] 当时，我国法律移植的参考对象主要是美国、苏联、日本、西德等发达国家。[2] 就这些发达国家而言，工业革命以后到20世纪50年代为其环境法的形成期，之后这些国家陆续制定了一系列单行环境法法规。[3] 在我国《环境保护法（试行）》制定之时，许多发达国家的环境法已经走过分散立法阶段，更加注重整体化的架构，并且其纷纷制定了环境基本法。[4] 如美国在归纳总结《水质量法》（1948年）、《大气污染控制法》（1955年）、《多用途持久产出法》（1960年）、《清洁空气法》（1963年）、《荒野法》（1964年）、《国家文物保护法》（1966年）、《自然与景观河流法》（1968年）等环境单项立法经验的基础上，于1969年制定了《国家环境政策法》。[5] 日本在1967年制定《公害对策基本法》之前，已经颁布实施了一系列公害单行立法，如《关于公用水域的水质保全的法律》（1958年）、《关于工厂排水等的限制的法律》（1958年）、《煤烟控制法》（1962年）等。[6] 又如1974年制定的《英国污染控制法》、1947年制定的《德国联邦污染控制法》、1973年制定的《罗马尼亚环境保护法》等。[7] 在环境立法尚付阙如、亟须填补空白的初创时期，代表国外环境立法较高水平的环境基本法自然成为我国比较借鉴的首要对象。

虽然我国《环境保护法（试行）》的制定具有体系化意义，但它也有

---

[1] 才惠莲主编：《比较环境法》，湖北人民出版社2009年版，第39页；周训芳：《论环境立法中的法律移植问题》，载《林业经济问题》2000年第6期；文伯屏：《略论我国的环境保护法》，载《法学研究》1980年第1期。

[2] 根据《环境保护法》的起草者马骧聪教授的回忆，当时“组织翻译了美国、苏联、日本、西德等国家的有关法律法规，编成《外国环境保护法规选编》，供起草小组和有关部门参考”。参见马骧聪：《我所经历和了解的中国环境资源法学发展梗概》，载徐祥民主编：《中国环境法学评论》2013年卷，科学出版社2013年版。

[3] 陈泉生：《论环境法的历史发展》，载《福建政法管理干部学院学报》1999年第2期。

[4] 陈泉生：《论环境法的历史发展》，载《福建政法管理干部学院学报》1999年第2期。

[5] Robert V. Percival et al., *Environmental Regulation: Law, Science, and Policy*, Sixth Edition, Aspen Publishers, 2009, p. 88－90.

[6] ［日］原田尚彦：《环境法》，于敏译，法律出版社1999年版，第13页；罗丽：《日本环境法的历史发展》，载《北京理工大学学报（社会科学版）》2000年第2期。

[7] 陈泉生：《论环境法的历史发展》，载《福建政法管理干部学院学报》1999年第2期。

明显的局限性。与发达国家制定环境基本法的背景不同,《环境保护法(试行)》是在我国环境立法尚处空白的情形下制定的,立法理念、原则、制度大多借鉴国外环境立法,而非源于对本国环境立法实践的总结提炼,因而它主要是引领性的,而非回应性的。质言之,我国《环境保护法(试行)》的基本制度与体系蓝图并非来自自下而上的归纳总结,而主要源于自上而下的比较建构。

二、《环境保护法(试行)》制定后的碎片化趋向

由于我国环境立法属于后发型与外源型,我国环境立法体系的建构自始面临着"时空叠合"的境遇。虽然《环境保护法(试行)》的制定具有体系化意义,但后续环境单行法的迅速发展使所谓的环境基本法面临被"架空"的危机,环境立法体系的发展依然表现出碎片化的倾向。

在时间维度上,环境立法初期普遍采用的法律移植立法方式难以避免"水土不服"的问题,从而为后续环境立法的碎片化发展埋下了隐患。如前所述,我国环境立法体系从萌芽、奠基、发展到开始完善,仅用了30余年的时间,如此快速的发展主要得益于政府主导的法律移植。政府主导型的法律建构模式虽然更有目标性和筹划性,但由于"缺乏社会演进型与内源型发展模式所能凝聚的社会共识和价值保障,且引入具体制度时'博采众长',缺乏整体考量和互相衔接,因而经常呈现规范冲突和体系不融贯的问题"。[1] 我国环境立法以《环境保护法(试行)》为开端,跳过了发达国家数十年甚至上百年的分散立法阶段,通过借鉴别国的环境基本法,看似利用了后发优势,实则缺乏实践基础,导致《环境保护法(试行)》的体系功能先天不足。因此,通过法律移植构建的环境立法体系存在以下隐患:第一,对我国环境法的体系化思考和设计不足,环境立法往往局限于局部问题,缺乏对环境保护的全局性思考;第二,环境立法的基础性分析和实证性研究薄弱,移植的法未必适应中国国情,尚欠缺立足于中国本土实践的厚实理论基础。[2]

---

〔1〕 雷磊:《融贯性与法律体系的建构——兼论当代中国法律体系的融贯化》,载《法学家》2012年第2期。

〔2〕 才惠莲主编:《比较环境法》,湖北人民出版社2009年版,第43页。

在空间维度上，环境立法背景的变化，以及环境单行法的不断制定与修改，使环境基本法的体系功能被削弱，导致环境立法走向碎片化。从1979年《环境保护法（试行）》至今的40多年中，我国经济建设取得了长足的进步，但为此付出了沉重的生态环境代价，环境保护的形势依然十分严峻。环境问题日趋多样化，从传统的环境污染与资源破坏问题逐步发展到生物多样性保护、气候变化等更加综合性的问题。与此同时，生态文明、可持续发展、市场经济与依法治国等理念在我国逐步扎根，深刻地影响了环境法的立法理念、宗旨和价值取向。反映在环境立法体系上，其特征从"为城市立法、为企业立法、为污染立法"转变成"为城乡立法、为政府与企业立法、为生态环境保护立法"。[1] 因此，在不同时期制定的环境单行法体现了不同的价值、原则、制度，并且已经不同程度地落后于当下实践对环境法的需求，不可避免地呈现碎片化的现状。

当代中国环境立法体系所面临的时空张力使其在历时和共时两个方面均显现出碎片化趋向。[2] "共时碎片化"指体系内部存在连贯性缺失与融贯性不足的问题，各个组成部分之间难以互相支持与证立。但环境立法体系的组成部分并非一同进退，因而还需要考虑体系组成部分在时间维度上的支持与证立关系，若法律实施者在法律体系不变的情况下无法坚守既定做法，则意味着存在"历时碎片化"问题。我国环境立法体系不仅共存共时碎片化问题和历时碎片化问题，而且两者之间存在难以消除的张力。例如，前述体系奠基阶段的自然资源立法主要建立在资源经济效益最大化的价值基础之上，如《森林法》（1984年）、《草原法》（1985年）、《土地管理法》（1986年）、《矿产资源法》（1986年）、《渔业法》（1986年）、《野生动物保护法》（1988年）等。可持续发展战略出台之后，尽管这些法律依然有效，但必须在可持续发展的大背景下去重新解释，这使既定做法发生很大变化。这种做法可以

〔1〕 吕忠梅：《〈环境保护法〉的前世今生》，载《政法论丛》2014年第5期。

〔2〕 此处所用的"历时"概念与"共时"概念借鉴了雷磊教授的相关用法。参见雷磊：《融贯性与法律体系的建构——兼论当代中国法律体系的融贯化》，载《法学家》2012年第2期。

在一定程度上解决共时碎片化问题，但将同时带来历时碎片化问题。相反，如果固守旧有做法防止历时碎片化，又会造成共时碎片化的后果。为此，必须通过体系化方法来加以缓和。

三、《环境保护法》制定和修改的再体系化功能

面对环境立法体系的碎片化趋向，1989年制定的《环境保护法》以及2014年的修订都发挥了再体系化的功能。《环境保护法》的制定和修订旨在强化《环境保护法》的基础性、综合性、统领性和指导性，更新环境法的基本目的、原则、制度，消除环境基本法与环境单行法之间的重复冲突之处，并致力于提供环境单行法不能或不宜提供的环境法律规范。

1989年《环境保护法》以《环境保护法（试行）》为基础修改而成。该法的立法说明显示了再体系化的意图：首先，1982年《宪法》的实施，使立法依据发生了变化；其次，《环境保护法（试行）》对许多在实践中行之有效的制度没有加以确认。[1] 在上述意图指导下，《环境保护法》在体系方面作了如下修改：首先，该法配合《宪法》的修改，在立法目的中增加了"改善环境"的规定，确保环境立法体系与《宪法》保持一致；其次，总结环境单行法的实践经验，明确了环境监管体制，建立了环境标准、环境监测、环境影响评价等环境监管的基本制度，从而减轻了环境单行法的立法负担，并且便捷了环境法律规范的发现与适用。但是，《环境保护法》制定的再体系化功能也有其局限性：一是该法呈现浓厚的污染防治法色彩，对资源保护和生态保护的原则性规定太少；二是其依然保留了大量具体到环境法子部门的实施法内容，超出了作为基本法内容的范围，与各环境单行法（尤其是污染防治法）重复。[2]

2014年修订的《环境保护法》同样具有明确的再体系化功能。如前所述，在1989年《环境保护法》制定后的20多年中，国家制定和修改

---

〔1〕 曲格平：《关于〈中华人民共和国环境保护法（修改草案）〉的说明》，载中国人大网，http://www.npc.gov.cn/wxzl/gongbao/1989-10/25/content_5002341.htm。

〔2〕 汪劲：《环境法治的中国路径：反思与探索》，中国环境科学出版社2011年版，第44~45页。

了大量环境单行法,但因各环境单行法在整体上缺乏系统性而无法形成合力。[1] 为提升环境立法体系的系统性,修订的《环境保护法》在立法定位上为环境保护领域的基础性、综合性法律,[2]致力于解决环境保护的理念、原则、基本制度和共性问题;[3]在立法内容上,明确将可持续发展和生态文明建设纳入立法目的之中,并首次增设了基本原则条款;在立法结构上,增强了生态环境保护的内容,克服了过去仅限于污染防治的弊端。[4] 这些修法成果在后续环境立法中得到了体现。例如,后续修改的《大气污染防治法》(2015 年)、《水污染防治法》(2017 年)等环境立法,注重与修订后的《环境保护法》的衔接,依据《环境保护法》修订的内容作了具体的修改,旨在避免重复,并根据各自领域的特点作出针对性规定。[5] 但是,修订后的《环境保护法》依然留有遗憾。其中最关键的一点是《环境保护法》在环境立法体系中的规范地位依然不明确。为了解决这一问题,许多学者就是否应当将

---

[1] 沈百鑫:《论〈环境保护法〉的进一步完善》,载《中国政法大学学报》2015 年第 2 期。

[2] 时任全国人大常委会委员长张德江在向十二届全国人大三次会议作全国人大常委会工作报告时提出了对《环境保护法》的这一定位。参见张德江:《在十二届全国人大三次会议上张德江作的常委会工作报告(摘登)》,载《人民日报》2015 年 3 月 9 日,第 2 版。这一定位在后续环境立法中得到了立法机关的确认。参见《全国人民代表大会法律委员会关于〈中华人民共和国大气污染防治法(修订草案)〉修改情况的汇报》,载中国人大网,http://www.npc.gov.cn/npc/xinwen/lfgz/flca/2015-07/06/content_1940931.htm。

[3] 吕忠梅:《〈环境保护法〉的前世今生》,载《政法论丛》2014 年第 5 期。

[4] 吕忠梅:《〈环境保护法〉的前世今生》,载《政法论丛》2014 年第 5 期。

[5] 《全国人民代表大会常务委员会关于修改〈中华人民共和国水污染防治法〉的决定》,载中国人大网,http://www.npc.gov.cn/npc/xinwen/2017-06/27/content_2024513.htm。"环境保护法是环境保护领域的基础性、综合性法律,其确立的基本制度和原则都适用于大气污染防治,大气污染防治法作为单行法应当重点根据大气污染防治的特点作出有针对性的规定。据此,建议删去修订草案中部分与环境保护法重复的内容,同时,在有关章节中完善具体规定。"参见《全国人民代表大会法律委员会关于〈中华人民共和国大气污染防治法(修订草案)〉修改情况的汇报》,载中国人大网,http://www.npc.gov.cn/npc/xinwen/lfgz/flca/2015-07/06/content_1940931.htm。

《环境保护法》的立法位阶提升为《立法法》上的基本法律展开了讨论。[1] 无论是否把《环境保护法》确立为基本法律,《环境保护法》在环境立法体系中的规范地位必须得到明确,以保障其环境保护领域基础性、综合性法律的地位,从而发挥统领、协调其他环境立法的作用。

---

〔1〕 在主张《环境保护法》的内容应当具有综合性、基础性、统领性等特征的基础上,部分学者明确主张应当将《环境保护法》的立法位阶上升为基本法律。参见钱水苗、魏琪:《关于修改我国〈环境保护法〉的几点思考》,载《甘肃政法学院学报》2013 年第 1 期;蔡守秋:《论修改〈环境保护法〉的几个问题》,载《政法论丛》2013 年第 4 期;高利红、宁伟:《从立法体系性看〈环境保护法〉的修改》,载《郑州大学学报(哲学社会科学版)》2013 年第 4 期;曹明德:《对修改我国环境保护法的再思考》,载《政法论坛》2012 年第 6 期;别涛:《关于〈环境保护法〉的修改方向——中国需要作为国家基本法律的〈环境保护法〉》,载王树义主编:《可持续发展与中国环境法治——〈中华人民共和国环境保护法〉修改专题研究》,科学出版社 2005 年版,第 8 页。

第二章　环境法律实施的现状分析

法律实施是法治进程中至关重要的环节。“法治的含义就是制定好的法律，并严格实施这种法律。”[1]在中国特色社会主义法律体系建成后，法律的有效实施即成为我国法治建设的关键所在。但是从目前的整体状况看，我国的法律实施并未达到预期，法治建设的主要矛盾越来越集中地体现为法律实施问题。在此意义上，实施法律比制定法律更艰难、更重要。[2] 学界关于法律实施的基本范畴、一般特性和基本原则的研究已经展开，[3]但我国法律实施的困境还未得到根本性化解。

环境法也不例外。改革开放以来，我国环境立法取得了重大成就，体系逐步健全、制度日趋完备。[4] 但我国的环境立法实施无疑遇到了较大困难，相对完整的环境法律制度并未得到充分落实，特别是在环保督查中陷入了比较尴尬的境地，同时遭受“执法不严”和“执法僵化”两种批评声音。对环境立法的实施问题进行分析、恰当评价并改进环境立法的可实施性，对于推进环境法治、完善环境立法、改进环境执法都具有重要意义。

---

〔1〕［古希腊］亚里士多德：《政治学》，吴寿彭译，商务印书馆1965年版，第199页。

〔2〕魏永征：《实施法律比制定法律更重要》，载《青年记者》2015年第25期。

〔3〕王红霞：《论法律实施的一般特性与基本原则——基于法理思维和实践理性的分析》，载《法制与社会发展》2018年第4期；肖强：《法律实施学刍议》，载《法学杂志》2017年第1期；刘鹏：《法律实施的基本范畴论纲》，载《江汉论坛》2017年第6期。

〔4〕吕忠梅、吴一冉：《中国环境法治七十年：从历史走向未来》，载《中国法律评论》2019年第5期。

全面而科学的环境立法是实现环境法治的前提,环境法律的实施状况很大程度上取决于法律立法状况。我国目前环境领域存在的问题,直观的表现是环境法律实施特别是环境执法问题,但是仍不能否认其与环境立法的关联。

第一节 我国环境立法及其实施概况

一、我国环境立法概况

我国环境立法的历史发展以及现实情况前文已有述及,基本情况可以概括为"已经形成了以《环境保护法》为基础,涵盖污染防治、生态环境保护及专门事项的环境立法体系",并在实践中趋于成熟。[1]

《环境保护法》事实上发挥了环境保护基本法的功能。虽然从立法层次上看,《环境保护法》的基本法地位还存在疑问,但是从制度内容和立法定位来看,其环境保护基本法地位在事实上已经确立,并且发挥了指导和约束其他环境立法的作用。在《环境保护法》之外,辅以《环境影响评价法》等规定环境保护基本法律制度的单行法,我国环境保护基本法律制度基本形成了完整的体系。[2]

环境污染防治法体系基本健全。《土壤污染防治法》于 2018 年颁布后,我国环境要素污染防治法体系已经涵盖了水、大气和土壤这三大基本要素,加上《海洋环境保护法》《固体废物污染环境防治法》《环境噪声污染防治法》等,已经形成了完整的环境要素污染防治法体系。另外,《危险化学品安全管理条例》(2013 年修订)、《农药管理条例》(2017 年修订)等从污染物质管制角度也建立了一系列的污染防治制度,我国的环境污染防治法体系已经基本健全。

---

〔1〕 吕忠梅、吴一冉:《中国环境法治七十年:从历史走向未来》,载《中国法律评论》2019 年第 5 期。

〔2〕 柯坚:《中国环境与资源保护法体系的若干基本问题——系统论方法的分析与检视》,载《重庆大学学报(社会科学版)》2012 年第 1 期。

自然资源保护法体系趋于完备。我国对主要自然资源的管理和保护多进行了专门立法，如《土地管理法》《水法》《森林法》《草原法》等。这些资源立法的立场主要还是以资源的管理和利用为主，但资源保护也逐步成为重要的主题，从立法目的到制度设计都越来越偏重资源的保护。另外，《野生动物保护法》(2018 年修订)、《可再生能源法》(2009 年修订)等法律主要从自然资源保护和节约利用等角度展开，构成自然资源保护法的重要内容。总体上看，尽管还存在自然资源物权制度方面的争议，但就自然资源保护制度而言，我国自然资源保护法体系正逐步趋于完备。

二、我国环境立法的实施概况

环境立法的实施是我国环境法治面临的主要问题。立法、执法、司法、法律监督和守法被认为是法律运行的五个基本环节，“科学立法、严格执法、公正司法、全民守法”是党的十八大报告中提出的法治十六字方针。执法、司法和法律监督即通常所谓的法律实施过程，而守法是否属于法律实施则存在不同的看法。[1] 在环境立法已经形成体系、主要制度基本健全的背景下，目前我国环境问题未得到有效控制、局部地区仍存在环境恶化倾向的原因，一般被归结为环境执法不力、环境司法相对滞后和环境法律监督机制不健全。

行政执法是法律实施的主要方式，我国环境法律普遍面临着执法不严的质疑，但不能否认已经取得的成就，基于环境法律特点进行的环境执法探索也有积极的社会价值。[2] 主要表现为管理性制度的环境立法出台后，环境执法状况是环境法目的能否实现的关键，也是环境治理能否取得成效的决定性因素。从我国环境立法的基本体系看，我国环境执法呈现纵横交错的基本态势，[3] 横向涉及生态环境部门与其他政府部门之间的职权划分，纵向主要是中央和地方以及地方各级政府

---

〔1〕 刘鹏：《法律实施的基本范畴论纲》，载《江汉论坛》2017 年第 6 期。

〔2〕 王超峰：《我国区域环境执法的模式探究》，载《甘肃政法学院学报》2017 年第 6 期。

〔3〕 郑少华、王慧：《中国环境法治四十年：法律文本、法律实施与未来走向》，载《法学》2018 年第 11 期。

之间的职权分配和监督与被监督关系，这两个方面的交叉与区分是环境执法的基本格局，并取得了一定成就。但是，我国的环境执法仍然面临执法不严、执法不当、执法机制不健全等问题，导致环境执法的整体效果不佳，表现为虽有相对严格的环境法律制度，但是环境问题未能得到有效的遏制。

环境司法是环境法实施的重要途径，从国内外的经验来看，环境司法通常在环境治理中扮演重要的角色，强有力的司法支持是一国环境实现良好治理的重要保障。[1] 我国的环境司法近年来发展迅速，以环境资源审判庭的普遍设立为基础，环境资源案件的审判越来越专业化，新时代司法的"绿色"脉络已清晰可见。[2] 但是，环境司法也面临着环境资源审判庭和生态环境保护法庭案件不足乃至无案可审、环境资源案件审理的法律支持不足、环境公益诉讼发展面临障碍等问题。从发展前景看，环境司法仍需在专门化方向上继续前进，以环境资源专业审判保障生态环境保护目标的实现，继续发挥环境资源专门审判的独特功能，同时也要在其他案件审理中落实"绿色发展"理念、植入生态环境保护的要求，为实现建设"美丽中国"目标提供有效的司法保障。

环境法律的监督涉及不同层面、不同主体和不同途径，当前环保督查工作的主要内容是对环境法律实施情况的督查。环保督查制度被认为是破解地方环境保护主管部门执法能力偏弱、执法手段偏软、环境执法信息不对称、环境保护责任落实难等问题的重要抓手，能为环境保护主管部门加强执法、落实地方政府环境保护主体责任以及优化环境管理体制提供有效的制度保障。[3] 中央和地方的环境保护督查工作有力促进了环境保护法律法规的落实。

---

〔1〕 王树义：《论生态文明建设与环境司法改革》，载《中国法学》2014 年第 3 期。

〔2〕 吕忠梅、刘长兴：《环境司法专门化与专业化创新发展：2017—2018 年度观察》，载《中国应用法学》2019 年第 2 期。

〔3〕 葛察忠、翁智雄、董战峰：《环保督查制度：推动建立督政问责监管体系》，载《环境保护》2016 年第 7 期。

第二节　环境法律实施中的主要矛盾

环境法律实施中遇到的问题,从根本上讲是环境法律制定与实施之间存在比较大的距离,即立法体系与执法体制的不协调;具体来说还有环境管理目标过高而落实途径不畅、环境管理要求较高而管理能力尚且欠缺等问题。

一、环境立法体系与执法体制的矛盾

环境法律实施中的主要矛盾是立法与执法之间的矛盾。长期以来,我国的环境执法因“不严”而饱受诟病。出乎意料的是,环保督查促使各地加大环境执法力度时,却暴露了更多的矛盾和问题,环境保护困境并未能通过严格执法迎刃而解。这反映了我国环境法律实施面临的根本矛盾,即环境保护的法律标准高与实际标准低的矛盾。环境立法中确立的目标和制度难以落到实处,立法的可实施性因此成为突出问题,不仅需要实践中多加关注,更需要理论的探讨。

环境立法本身存在不尽科学合理的问题。经过 20 世纪 90 年代到 21 世纪初的环境立法创制过程,以及最近十几年来对环境立法的不断修订,[1]环境立法的科学性、合理性和可操作性不断增强。我国的环境立法整体上以环境保护观、可持续发展观为指导,存在环境、资源、生态三方面制度发展不平衡、社会与文化发展的生态化制度建设不足、缺乏国土空间利用格局的理念导致对生态空间的保护不力、未能按照利益衡平原则妥善处理经济利益与环境利益之间的冲突、未确认环境权及资源权规定不够健全、立法体系上缺乏龙头法和基本法以及法律生态化建设尚不充分等问题。[2]

---

〔1〕 我国主要环境立法已经完成了一次乃至两次以上的修订,特别是《环境保护法》等法律的修订,大幅度变革了第一次立法的内容,环境立法的内容不断丰富、理念不断更新、规则不断细化。

〔2〕 林禹秋、杨朝霞:《我国环境立法的六大问题——基于生态文明观的检视》,载《环境保护》2019 年第 15 期。

而环境执法也存在体制性问题。环境执法是环境立法落实的主要途径,决定着环境立法的成效。虽然环境司法的意义不容忽视,[1]但司法的被动性和事后性特征决定了其无法替代环境执法的功能,环境立法的实施主要还是依赖环境执法过程,因此环境执法体制在环境立法实施中意义重大。我国的环境保护问题在很大程度上被归结为环境执法效能不足,即执法主体不明、执法机制不顺、执法能力不足等问题,导致执法效果不佳。因此有学者提出了改进环境治理效果的对策和措施,[2]我国也正在进行生态环境管理体制和执法体制的改革。

但至少目前为止,我国环境立法体系和执法体制之间还存在不够协调的问题,环境立法的最终落实不到位,既与立法问题有关,又与执法体制有关,本质上体现了立法体系与执法体制之间的矛盾。

二、环境管理目标与落实途径的矛盾

在环境保护越来越受到社会重视、环境问题越来越成为社会舆论热点甚至焦点的背景下,政府倾向于提出较高的环境管理目标,但是未必有足够的手段去落实,从而呈现环境管理目标与落实途径之间的矛盾。

环境管理目标虽然不是直接由环境立法规定的,但是在《环境保护法》明确提出地方政府的环境质量负责制以及普遍推行环境管理目标责任制的背景下,环境管理目标的难以落实从一个层面反映了环境立法的实施难题。我国目前的环保目标责任制已经由“污染物总量排放控制”转向“环境质量改善”,[3]这意味着环境目标从直接目标向间接目标的转变,目标的落实更复杂也更难控制,对落实途径的要求也更高。

环境立法实施问题与环境目标的落实途径不畅有直接关联。在合

---

〔1〕 吕忠梅、刘长兴:《环境司法专门化与专业化创新发展:2017—2018 年度观察》,载《中国应用法学》2019 年第 2 期。

〔2〕 孟庆瑜、马雁:《环境行政执法中的博弈决策分析——基于执法效能的视角》,载《湖北大学学报(哲学社会科学版)》2017 年第 5 期。

〔3〕 李强、赵成根:《乡村生态振兴视阈下的环保目标责任制:结构、机制与建议》,载《湖湘论坛》2020 年第 1 期。

理确定环境保护目标的前提下，落实环境目标的过程在一定意义上就是环境立法实施的过程。环境目标的不够明确、分解细化不足将影响政府的环境保护决策，从而使环境执法过程的目标不明、过程出现偏差。

第三节　环境法律实施的具体障碍

从更具体的层次看，我国环境法律实施存在技术、信息、人力资源等方面的障碍。从我国环境执法特别是近年的环保督查中暴露出各种阻碍法律实施的因素，包括但不限于：环境管理标准过高，执行会带来其他社会问题；环境执法力量不足，难以完成法定的查处任务；违法者的环境保护意识低，对抗执法、隐瞒违法的现象突出；地方政府的立场不坚定，为经济发展牺牲环境、规避环境法律现象时有发生。

一、技术支撑不足

环境法律的技术性特征决定了其执行需要技术力量的支撑，但是实践中技术力量在很多情况下难以支撑执法的需要，包括违法认定等都可能出现问题。技术复杂性和科学不确定性是环境问题的基本特征，[1]法律应对措施也需要立足于技术方案。对技术的理解和运用不足，将妨碍环境执法目标的实现、损害环境立法的可实施性。

环境法上强调的风险预防原则是法律系统内部发展出来的重要原则，其功能不在于增加社会的安全水平，而是作为一种程序性反应机制，吸收因科学技术后果的不确定性所导致的环境复杂性。[2] 而风险预防原则的贯彻仍需要具体的法律规则来合理定位、利用技术结论，换个角度来看，环境立法的实施需要适当的技术支撑。但是，目前的环境执法和司法中，技术问题并不总能获得及时、充分的专业支持，例如对

---

〔1〕 Tracylee Clarke & Tarla Rai Peterson, *Environmental Conflict Management*, Thousand Oaks, SAGE Publications, Inc., 2016, p. 7.

〔2〕 宾凯：《政治系统与法律系统对于技术风险的决策观察》，载《交大法学》2020 年第 1 期。

于环境风险的分析判断、对环境损害的鉴定等都存在一些难以克服的困难,[1]这不利于环境法律制度的落实。

二、信息获取的障碍

实践中出现的大量偷排等现象,实质上代表了环境执法中信息获取的问题。环境信息是重要的环境规则工具,信息不对称是规制失灵的重要原因。[2] 环境执法以违法的事实和证据为基础,但是对违法行为的信息掌握并不一定能够满足执法的需要,在违法者采取各种隐瞒措施而无有效手段遏制时,执法的基础将被破坏。环境监测体系有助于解决环境执法的信息问题,但是目前仍普遍存在环境执法信息获取的障碍,严重影响了执法效果。

研究发现,环境信息是决定环境管理效果的重要因素,环境信息披露能够显著降低工业污染物排放水平,[3]虽然其传导机制主要来自减排技术进步和产业结构转型,但不能否认信息对于环境管理效果的独立价值。目前我国的环境信息披露还存在不少问题,企业环境信息和政府环境信息的披露都存在时间滞后性、信息宏观性乃至信息准确性等问题,这都在一定程度上损害了环境法立法的实施效果。

三、人力资源的不足

执法力量是环境法律实施的人力支撑,但是我国环境法律实施中也面临人力资源不足问题。一方面,环境法律实施的具体方案需要以专业技术为支撑;另一方面,环境执法也需要一定数量和素质的执法人员。环境管理中专业技术人员和执法人员的不足是当前环境行政管理中面临的重要问题之一,严重影响了环境法律实施的效果。

---

[1] 例如,环境损害鉴定评估在环境损害调查、环境损害基线确定、环境损害因果关系判定、环境价值评估等方面面临不少困难。参见王兴利、吴晓晨等:《环境损害鉴定评估领域难点探讨》,载《中国环境管理》2019 年第 2 期。

[2] 邓可祝:《大数据条件下环境规制的变革——环境信息规制功能的视角》,载《中国环境管理》2019 年第 5 期。

[3] 胡宗义、李毅:《环境信息披露的污染减排效应评估》,载《统计研究》2020 年第 4 期。

第三章 环境立法体系化与法律实施

法律实施是社会中各类主体包括政府机关运用和依照法律规范自己行为的过程。[1] 这一过程是在社会系统之中完成的,与社会系统的运行密切相关,要受到各种社会因素的制约。更重要的是,法律实施过程本身也需要内部的协调运作,受到法律体系内部各种因素的制约,这实质上是环境立法的体系化问题。

第一节 环境法律实施的体系因素

法律是一个相对独立的社会子系统,有其相对独特的运行规律。环境立法的内部协调和技术提升有助于其适应社会现实、解决社会问题。具体来说,环境法律实施的内部制约因素包括法律制度之间的协调性、法律规则的可操作性和法律规则的明确性等方面。在对上述方面加以基本分析的基础上,以环境地方立法为例加以具体分析。

一、环境法律制度之间的协调性

内部协调是环境法律实施的重要决定因素,制度相互抵牾势必影响法律实施的效果。环境法律制度之间的协调性也在很大程度上决定着环境法律实施的效果,制度之间相互协调、配合是环境法律顺利实施的基本条件,否则无法给当事人提供稳定的预期,可能造成实施的障

---

[1] 史永平:《什么是法律实施? ——兼及相关概念之法理辨析》,载《北京社会科学》2015年第9期。

碍，更可能造成环境管理部门之间的执法争议和冲突。当前我国环境立法的单行法体制增加了环境法律制度相互冲突的可能性，法典化作为环境法律制度体系化、减少制度冲突的方案已经提出。[1]

协调性被认为是经济法立法的基本原则，[2]环境立法中的协调也具有重要意义。协调性是对制度之间协调和配合的要求，要避免制度规则之间的冲突，并且相互衔接以形成可以顺利、有效运行的制度体系。虽然从理论上看，环境立法中的规则冲突可以通过法律解释加以化解，但是法律解释的不确定性难以避免，不一致的法律规定特别是相同效力级别的法律中的不一致规定，往往带来实施中的冲突和争议。因此，环境法律制度的协调性影响着其可实施性，具体制度之间的冲突越少、衔接越顺畅，环境立法就越容易实施。

二、环境法律规则的可操作性

环境法律规则的可操作性，在规则层次给予执法人员明确的指引，有助于增强执法能力、克服执法惰性，促进环境法律真正落实。抽象的法律原则和比较笼统的法律规则，可以为环境管理和相关行为指引方向，但是容易带来裁量权过大、部分目标特别是长期目标容易被牺牲等问题。切合社会实际、便于执法的环境法律规则是环境法律实施的制度基础。法律的可操作性一般指法律规则能够具体实施，即法律在操作上具有可实施性，法律能适用具体问题。[3]

"可操作性"原则和标准对立法活动产生了积极影响，但是法律的可操作性诉求并不具有普遍意义，如果把"法律的可操作性"思维用于处理司法问题就会产生负面作用，[4]但环境法律的行政执行是其落实

---

[1] 李艳芳、田时雨：《比较法视野中的我国环境法法典化》，载《中国人民大学学报》2019 年第 2 期；王灿发、陈世寅：《中国环境法法典化的证成与构想》，载《中国人民大学学报》2019 年第 2 期；邓海峰、俞黎芳：《环境法法典化的内在逻辑基础》，载《中国人民大学学报》2019 年第 2 期；曹炜：《论环境法法典化的方法论自觉》，载《中国人民大学学报》2019 年第 2 期。

[2] 李建华、王丽华：《经济法立法的协调性原则简析》，载《法制与社会发展》1999 年第 4 期。

[3] 余向阳：《论法律的操作性与法治》，载《学术界》2007 年第 1 期。

[4] 陈金钊：《警惕"可操作性"在法律思维中的标签化蔓延——从司法角度反思法律的可操作性》，载《国家检察官学院学报》2012 年第 1 期。

的主要途径,可操作性是影响行政执法过程的重要因素。环境立法的可操作性主要体现在规则的针对性和具体性上,法律条文可以直接适用于具体的情形,与其可实施性直接相关。缺乏可操作性的法律制度,要么与实践需要不匹配,要么需要经过解释论证才能解决实际问题,不利于环境立法的实施。

但是对环境法律可操作性的理解也要注意另外的问题,即可操作性的增强意味着规则弹性的降低,在某种程度上也意味着制度覆盖范围相对狭窄、效力存在局限性,可能从另一个层次损害环境立法的可实施性。对此问题,可以增加规则的数量加以应对,但是规则数量的增多又可能带来立法成本的增加等其他问题。因此,对于环境法律规则的可操作性与环境立法的可实施性之间的关系,要从不同角度加以理解和把握。

三、环境法律规则的明确性

环境法律规则的明确性对于社会理解和适用法律也具有重要影响。环境法律的规则表述是否容易理解、避免争议,也在很大程度上决定着法律的可实施性,所指明确、符合专业和社会理解习惯的法律更容易取得预期的效果。法律明确性围绕着规则预告与权力拘束两个作用展开,在法律理论的方方面面形成了某种绝对明确性的理论诉求,在立法上要求彻底明确、行政法中要求严格限制裁量权的适用。[1] 环境法律规则首先在立法表达上实现,尽量克服法律语言的模糊性,[2] 才更加便于在执法和司法过程中落实。

然而,立法的规范性要求一定程度的抽象性和概括性,这又与法律规则的明确性要求相悖。环境立法的可实施性需要在法律条文的明确性和抽象性之间取得平衡,在可能的限度内给执法机关和司法机关更明确的规范指引,避免因不确定概念的解释等带来的实践争议。

---

〔1〕 裴洪辉:《在价值理想与客观认知之间:法律明确性原则的理论空间》,载《法学论坛》2019 年第 2 期。

〔2〕 谢晖:《法律的模糊/局限性与制度修辞》,载《法律科学(西北政法大学学报)》2017 年第 2 期。

四、环境法律体系化与环境法律实施

环境法律体系化与环境立法的可实施性密切相关,从系统论的角度出发,可以说环境法律的体系化程度决定着其可实施性。不管是环境立法实施的外部因素还是内部因素,都与环境法律的体系化相关联。

从内部制约因素看,环境法律的体系化首先体现在环境法律制度的协调性上,并可以提升环境法律规则的可操作性和明确性。体系化首先要求按照一定的逻辑来整合和安排环境法律制度,并保持制度之间的合理关联,实质上要求制度之间的协调和统一。进而,体系化的环境法律制度意味着制度设计的内在思路的统一,以及规则的层次化,从而展现一定的可操作性和明确性。可以说,环境法律的体系化就是从内部提升制度的协调性、可操作性和明确性的过程,从本质上有助于提升环境法律的可实施性。

从外部制约因素看,环境法律的体系化有助于环境法律从整体上与社会意识、经济体系、产业结构以及行政管理体制等相互协调,从而增强环境法律与社会系统的适应性、增强环境立法的可实施性。环境法律的体系化要求展现环境法律的整体性,从而避免在应对不同的环境问题时表现出法律上的摇摆不定和宽严不一。因此,从外部关系看,体系化的环境法律制度更容易建立与社会系统的适应关系,从立法目的设定到具体规则设计,都与社会的环境保护意识水平、经济发展需求以及产业结构特征、行政管理体制等相匹配,从而提升环境法律的可实施性。

第二节　环境法律体系的逻辑基础

环境法是应对环境问题而产生的部门法,强烈的实践属性决定了其制度往往针对具体问题,经过几十年创新而形成的庞杂制度规范呈现明显的碎片化特征,与环境法理论上的制度体系目标相去甚远,也不利于环境执法以及司法的展开,甚至给企业的环境守法带来困扰。这种状况当然与环境问题的复杂性有关,同时也反映了环境法理论还缺

乏抽象性和融贯性，未能以一贯的逻辑形成体系化的制度。要改变环境法律理论和实践的混乱状况，需要基于环境问题的本质特征寻找制度应对的逻辑基础，并将其贯彻到环境法基本制度之中，形成逻辑融贯的制度体系，作为环境法典的主体内容。换个角度来看，环境法典的边界确定需要以环境法律制度体系的逻辑为根本依归，具有相同逻辑基础的制度应当纳入法典的范围，偏离其基本逻辑的制度须排除于环境法典之外，至多在法典中作衔接性规定。

一、超越环境法的综合性

环境法制度的发展基本上贯彻了“拿来主义”思路，即运用传统法律手段解决环境问题、平衡相关环境利益，如以侵权责任应付环境损害的救济难题，以许可制度对排污等行为加以管理，以刑事责任处罚严重的环境污染和破坏行为，结果是环境法律制度大多可以区分为民事法律制度、行政法律制度，乃至诉讼法律制度等传统的制度类型，缺乏真正具有自身特色的制度。环境法因此也被认为是以问题为导向、具有交叉性和应用性的领域法学，〔1〕具有综合性特征。

如果以编纂形式化的环境法典为目标，不追求环境法典自身的逻辑统一和制度融合，所谓的综合性特征并不影响对既有环境法律的汇编和初步整合，简单以总分模式剔除重复的制度规定、补充现实需要的法律规则即可。但是这将失去法典编纂的意义，在法律文本电子化程度日益提高、查阅极为便利的社会条件下更无必要。环境法典的实质编纂应当追求制度体系的规则融合和逻辑一贯，在审视、筛选既有环境法律规则的基础上超越所谓的综合性，以“新规则或者革新过的规则”组成完整体系，〔2〕以实现“构建或者修正”环境法律秩序的目标。

这需要超越环境法的综合性。目前已经归入环境法领域的法律规范，绝大多数可以按性质不同区分为民事、行政或者诉讼等法律规范，或者说环境法是综合了各类法律规范的领域法。如果是对环境问题的

〔1〕 李启家：《环境法领域利益冲突的识别与衡平》，载《法学评论》2015 年第 6 期。

〔2〕 [法]让·路易·伯格：《法典编纂的主要方法和特征》，郭琛译，载《清华法学》第 8 辑，清华大学出版社 2006 年版，第 12～30 页。

简单应对,环境法可以是各类法律规范的简单组合,具体规则按照性质不同归入各传统法律部门,可能并不妨碍环境法制度可以解决具体的环境问题。然而,工业化带来的污染等环境问题不同于人类文明史上所遇到的任何其他问题,是"阳光下的新事物",[1]而且其影响是全球性、整体性的,遵循传统法律逻辑的简单制度重组并不足以解决环境问题,我国环境立法效果欠佳从侧面说明了这一点。

超越环境法综合性的一种可能,是在既有法律规范类型之外创造新的规范类型和制度体系,成为完全不同于传统部门法的存在,这也是强调环境法之独立部门法属性的最初理想。然而,法律以社会关系为调整对象,其规范类型和结构取决于社会关系的类型和结构,在人类社会已经形成的平等社会关系、管理社会关系以及两者的不同组合之外,很难说还存在性质不同的社会关系。尽管环境问题涉及人与自然的关系,但是在纳入法律调整时仍需要转化为人与人之间的关系,否则环境法将突破法律的基本框架而不成其为法律。就此而言,环境法创制全新规范类型的理想并无社会现实基础,也没有社会科学理论支撑。对环境法综合性的超越需要另寻途径。

立足于对传统规范类型的改造、形成具有创新意义的制度体系是环境法超越综合性的可行路径。目前归于环境法名下、为应对环境问题而设计的各类规范,可以按照其创新程度进行筛选和区分。对于无实质性创新、仅仅是对传统法律规范进行重复性扩展的规范,虽然以应对环境问题为目标,但是本质上仍属于传统类型的法律规范,以及虽有创新但是与传统法律规范更为接近、联系更为密切的规范,应当纳入传统部门法体系加以设计和研究。对于适应环境问题解决之需要而进行了实质性改造的法律规范,虽然其形式和基本框架采用了传统法律规范的模式,但其内在逻辑适应了环境保护基本需要的,应当构成环境法制度体系的核心内容。通过对环境法核心内容的抽象、提升和改造,同时将边缘性的环境法律规范归入传统法律部门,当可以凝练环境法的

---

〔1〕[美]J. R. 麦克尼尔:《阳光下的新事物:20 世纪世界环境史》,韩莉、韩晓雯译,商务印书馆 2013 年版,第 1 页。

基本体系，超越其综合性。那么，哪些规范属于环境法的核心内容？应当回到环境问题本质并考察各类法律应对途径的适当性和有效性。

二、环境法的内在逻辑分析

由于各类以解决环境问题为名的法律规范的大量出现，仅仅观察"环境法律规范"已经难以发现其内在逻辑。从形式上看，环境管理法律规范是现行环境立法的主体部分，而环境侵权和环境刑事法律规范在环境保护实践中发挥了重大作用，以公益诉讼为突破口的环境诉讼法律规范近年来也在快速发展，甚至环境标准也被认为应当纳入环境法体系，[1]各类规范虽有保护环境的共同目标，但并没有统一的逻辑思路。回到对环境问题的本质探讨是发现和重整环境法内在逻辑的基础。

环境问题是指因自然变化或者人类活动引起的环境破坏和环境质量变化，以及由此给人类的生存和发展带来的不利影响。[2] 社会所能够或者说应当应对的是人类活动引起的环境问题，主要是环境污染和资源破坏。从本质上看，现代环境问题是人类开发利用环境的行为失控引起的。"人类开发其环境，充分利用其资源，这并无过错。"[3]问题在于过度的开发和利用所造成的外部性。虽然不排除私人物品也可能存在外部性问题，但外部性一般被认为是来自公共物品的属性。[4] 环境的公共属性得到了比较一致的认可，[5]而对于自然资源，一般认为还是属于私人物品，但不能否认其具有一定的公共性。[6] 由此，过度开发利用环境资源的后果是造成公共利益损失但行为人未承担相应的成本。法律上应对环境问题当立足于公共利益的保护，控制对环境资

---

〔1〕 常纪文：《环境标准的法律属性和作用机制》，载《环境保护》2010年第9期。

〔2〕 吕忠梅主编：《环境法》（第2版），高等教育出版社2017年版，第3页。

〔3〕 [美]霍尔姆斯·罗尔斯顿：《环境伦理学》，杨通进译，中国社会科学出版社2000年版，第214～215页。

〔4〕 张军：《现代产权经济学》，上海三联书店、上海人民出版社1994年版，第66页。

〔5〕 经济学上区分公共物品和私人物品，公共物品具有典型的公共属性。环境是公共物品几乎毫无争议，如[日]宫本宪一：《环境经济学》，朴玉译，三联书店2004年版，第60页。

〔6〕 肖国兴：《中国自然资源产权制度创新的法律抉择》，载《环境保护》2002年第4期。

源的过度开发利用,要求开发利用者承担相应的环境成本。

法律的基本作用在于界定人的行为规范、调整社会关系,从而寻求私人利益与公共利益的一致和协调。在此意义上,公共利益一直都是法律所追求的保护目标,即使在私人权利彰显的现代社会也是如此;环境问题带来的公共利益和私人利益受损应当都可以通过法律设定行为规范加以解决,困难在于环境问题的技术的复杂性和科学的不确定性。技术的复杂性和科学的不确定性是环境问题的基本特征,二者是相互关联的,科学的不确定性决定了风险是技术的内在属性。[1] 因此,至少从程度上看,这些都是传统法律制度所不曾面对过的问题。在环境问题的应对过程中,技术性要求有更多的专业技术判断,而不确定性要求更高的预测能力、对结果的主观判断和偏好预设。在现代科技提供的量化环境下,通常的利益包括公共利益,都在很大程度上具有确定性并可以计量,环境公共利益显然具有不同的特质。

因此,法律在应对环境问题、保护环境公共利益以及私人利益时,应当立足于环境问题的特殊性构建具体规则和制度体系。这未必意味着创设全新性质的规范和制度模式,事实上,与公私划分的社会结构相应的法律制度模式已难有根本意义的创新。那么,改造既有制度以适应环境保护的现实需求当是法律应对环境问题的可行选择。现代法律制度框架下,公共利益的维护主要还依赖行政法律机制,政府行政管控是维护公共利益的主要手段。在作为前提的立法和作为保障的司法之间,实体法上需要行政机关通过行政管理代表社会公众主张和保护公共利益。[2] 环境公共利益的维护也应当以行政管理手段为主,遵循行政权优先原则,充分发挥行政权的专业性以适应环境问题的技术复杂性,[3]构建环境行政法律制度。基于环境问题的技术复杂性和不确定

[1] 毛明芳:《论现代技术风险的内在生成》,载《武汉理工大学学报(社会科学版)》2010 年第 6 期。

[2] 高志宏:《公共利益法律关系的主体论及其功能实现》,载《南京社会科学》2017 年第 6 期。

[3] 王明远:《论我国环境公益诉讼的发展方向:基于行政权与司法权关系理论的分析》,载《中国法学》2016 年第 1 期。

性,风险行政理论可成为环境行政制度发展的基本依据。风险社会的到来已经改变了社会的运行逻辑,[1]行政国家需要适应风险社会现实进行系统的重构,[2]风险行政等理论应运而生,风险行政法也在世界范围内兴起。针对现代风险及风险规制对行政法制度和理论的挑战,力图实现行政法的转型,[3]这正是环境行政法所需要的转型。

由此,透过多种途径应对环境问题所导致的环境法律规范繁杂和多样的表象,从环境问题的本质特征出发,可以发现环境法制度建构所应遵循的基本逻辑,即适应技术的复杂性和科学的不确定性特征构建环境行政法律制度体系。宏观的分析可能忽略了环境问题应对的多方面细节,但是对环境法的体系化具有决定性意义,是环境法超越综合性的逻辑支点。

三、环境法的体系需求与展开

体系化一直被认为是成文法发展成熟的标志,大陆法系法学家不仅将体系化视为法学学科理论和科学的象征,更认为唯有体系化才能维护法秩序的安定和正义。[4] 环境法理论和制度的整体发展,有赖于并且呈现为环境法制度的体系化。

环境法的体系化也是环境法秩序稳定与持续的前提。尽管经过了几十年的发展,目前为止我国的环境法理论还面临诸多根本性争议,执法和司法实践更面临规则供给不足和不切实际带来的种种混乱,[5]环境保护领域的稳定秩序还远未建立。考虑到我国已经制定了大量的环境法律法规,继续通过规则数量的扩张和形式创新显然无助于局面的

---

〔1〕［德］乌尔里希·贝克:《风险社会:新的现代性之路》,张文杰、何博闻译,译林出版社2018年版,第3～10页。

〔2〕刘鹏:《风险社会与行政国家再造:一个行政学的阐释框架》,载《学海》2017年第3期。

〔3〕金自宁:《风险中的行政法》,法律出版社2014年版,第4～5页。

〔4〕［德］K. 茨威格特、［德］H. 克茨:《比较法总论》,潘汉典、米健等译,法律出版社2003年版,第109页。

〔5〕近年来不断出现的环境公共事件以及饱受诟病的环境执法不力、环境司法不公等问题,无不表明环境保护实践面临重大困难。环境法律法规的大量出台还未从根本上扭转环境保护的严峻形势,甚至环境立法本身也会引起社会争议,如2019年年初的上海垃圾分类立法等。

根本改观，提升环境立法的科学性才是可行选择。科学立法要求法律体系的一致性和完备性，[1]这不仅是法律制度理论自洽的需要，也是减少执法阻力和冲突、提升司法裁判结果社会接受度的需要。在此意义上，建立在稳定的逻辑基础上的环境法体系化是环境保护的现实需要。

环境法体系的展开需要明确的中心和主线。前已述及，超越环境法的综合性应当遵循特定的规范模式创新制度体系，其基本途径是以风险行政法理论支撑环境行政法律制度构建，这应当是环境法体系化的中心所在。围绕环境公共利益的行政法保护这一中心，以环境行政权的界定和规范为主线，设计环境行政的各项具体制度，针对环境问题的技术的复杂性和科学的不确定性实施有效的管理，从而控制对环境的不合理开发和利用，应当是环境法制度展开的基本思路，也是环境法典设计的基本路线。当然，环境法体系也不应当封闭在既定的领域之内，适当的扩展在特定情况下仍是必要的。

总之，环境法典编纂不能满足于形式上对相关法律规范的汇集，而应当基于环境问题的本质，寻找适当的法律应对途径，形成明确而一贯的逻辑，并以之为主线对各类应对环境问题的法律规范进行取舍、整合和提升、创制，用法律语言与技术将生态系统及其规律的正当性要求与现实的法律关系合理地对接于一体，[2]形成内在逻辑融贯的制度体系。如果说涉及环境保护的法律规范都属于广义的环境法，那么体系化的环境法律制度可以归属于狭义的环境法，后者是实质意义上的环境法典的主体内容，具体包括哪些规则还需要甄别、筛选和梳理。

---

〔1〕 熊明辉、杜文静：《科学立法的逻辑》，载《法学论坛》2017 年第 1 期。

〔2〕 邓海峰、俞黎芳：《环境法法典化的内在逻辑基础》，载《中国人民大学学报》2019 年第 2 期。

第三节　以实施为目标的环境法律体系构造

在厘清内在逻辑和外部关系的基础上，环境法典在将上述内容编排在一起的过程中，具体的法律规范或者说法律条文是否纳入法典进行规定，还需要更明确的体系化考量，最终在编纂过程中通过对规范的实质筛选形成环境法典的清晰边界，集中体现环境法的体系性。

一、以环境管理权为中心的环境法典体系构造

环境行政法律制度的核心是环境管理权，环境法典应当围绕环境管理权的界定和行使构造体系化的环境行政管理制度，在此意义上，环境管理权是环境法典体系构造的基本支点。环境管理权的行使是政府履行国家环境保护义务的主要方式，[1]需要环境立法的确认。

环境法对环境管理权的界定，体现在环境监督管理制度对政府职权的规定，基于政府职权与职责的统一性，法条上也可以表述为环境管理职责。环境管理权的最终目的是维护环境相关权益，但通常直接体现为对环境的管理和保护，总则性的政府环境管理职权规定以及基本环境法律制度中隐含的环境管理职权规定，都应当纳入环境法典，形成环境管理权的总体架构。进而，在分则制度中，各项具体的环境管理制度从不同角度界定环境管理权的内容和行使规则，与总则性规定呼应形成环境行政管理的制度体系，即为环境法典的体系内容。

二、环境管理权的二元结构及其展开

由于环境管理的内容繁杂、环境管理职权的配置分散，长期以来我国政府的环境管理权并未形成稳定而有效的运行格局，环境管理职责权限不明、衔接不畅，乃至相互冲突等问题层出不穷。在 2018 年开启的新一轮国家机构改革中，基本形成了生态环境管理与自然资源管理并立的二元结构，有效整合了不同的环境保护管理职权，分别实现了污

---

〔1〕 刘长兴：《环境保护的国家义务与政府责任》，载《法治论坛》2018 年第 4 辑，中国法制出版社 2018 年版，第 107～119 页。

染防治的统一管理和自然资源的统一管理。虽然并未将所有环境和资源管理职权统一起来形成大一统的格局，但是分别对应于环境污染防治和自然资源保护的职权划分结构具有合理性和可行性，并与环境法的两个主要领域相对应，足以作为环境行政管理制度展开的现实基础。

环境管理目标的实现需要自然资源管理和生态环境监管的明确分工。现代政府组织将不同领域的管理职责交由相对专业的部门承担，在部门分工的基础之上建立相互协作的体系。由于政府职责范围广泛和劳动分工理论的影响，部门分工已成为政府完成职责的基本形式，尽管环境管理领域本身是一个相对专门化的行政管理领域，但其内部也应进行合理划分。目前我国环境管理领域的部门职责分工还缺乏清晰的标准和逻辑，存在较严重的职责交叉重叠，[1]环境管理职权二元划分的基础是环境问题的类型不同，对应的政府管理目标、管理前提和管理模式不同。

资源管理权的统一有助于自然资源保护制度的统合和完善。除了水资源管理权之外，我国的自然资源管理权统一到自然资源管理部门行使，有助于突出自然资源的公共物品属性，限制和减少部门分割、地方保护导致的资源无序和过度开发。具体来说，对自然资源的管制性规定都是资源管理权展开的具体形式，环境法典应当立足于对自然资源开发利用权的限制和规范，根据自然资源保护的实际需要设计资源管理的具体制度，在合理限制开发利用权的基础上实现对自然资源的适当保护。对于自然资源开发利用权的行使规则等，可以交由民事法律去明确。

污染监管权统一由生态环境部门行使，有助于污染防治制度的统一。污染防治法律制度以政府的污染监管权为中心，规定具体的监督和管理措施，实质上明确了政府污染监管权的具体规则。对纳入政府管理的污染类型、污染方式和程度的具体规定，限定着政府污染监管的

---

〔1〕 杨志云、殷培红、和夏冰：《政府部门职责分工及交叉的公众感知：基于环境管理领域的分析》，载《中国行政管理》2015 年第 6 期。

界限,并决定着污染管制的强度和方式。环境法典应当立足于对污染的总体控制,设计合理的污染防治法律制度,在允许合理排污的基础上对污染行为进行规范和约束,以实现污染总量控制目标和环境质量目标。排污领域的自由交易规则等可以交由合同法等法律法规规定。

总之,实质上对环境管理权进行界定和明确的规范应当整合纳入环境法典,而环境管理相关的规则需要根据其与环境管理行使的关联程度加以筛选,虽然法典不能完全排除体系外规则追求逻辑上的纯粹性,但是过多相关规则的纳入,从形式和实质上都可能对环境法典的体系性造成损害。除了实体上对环境管理权的界定,程序性规则对于环境管理权的明确也具有重要意义,是为环境法典的内容。

三、环境法典与环境单行法的关系构造

环境法典的实质整合难免排除不少环境法律规范于法典之外,在民法典的制定中也面临相同的问题,[1]解决之道是制定单行法。现行环境法律法规不能全部整合进入环境法典,未来也需要针对特定环境事务制定法律法规,这些环境单行法的存在本身具有独立的价值,也是对环境法典的必要补充,环境法典和环境单行法、环境相关法律规范共同构成广义的环境法体系。环境法典的边界也在很大程度上体现在其与环境单行法的关系中。

环境法典应当致力于应对环境问题的一般法律规则的建构,规定可以相对普遍地适用于污染防治和资源保护的一般性规则,以利于保持法典的稳定性和开放性。而环境单行法应当集中规定某一方面环境事务的特殊规则,发挥补充环境法典之内容、强化环境法典之功能的作用。环境单行法可以不再强调规范模式的统一,而是将应对某一环境问题或者规范某类环境事务的法律规范集中在一部法律中,实现对特定领域事项的专门调整。

---

〔1〕 许中缘:《论民法典与民事单行法律的关系——兼评我国物权法草案》,载《法学》2006年第2期。

第四章 体系化与环境立法可实施性的提升

在分析环境立法的实施问题并开展相关理论分析的基础上，在此尝试开展提升环境立法可实施性的对策分析，尽力提出环境立法可实施性提升的基本思路、实现方式和方法以及推进的具体措施，为环境立法的科学化、为生态文明建设制度支撑体系的完善化提供参考。

第一节 环境法律实施的基本理论

环境法律实施的理论要建立在法律实施的一般理论的基础上，结合环境法律的特点展开。法律实施理论是法理学的重要内容之一，近年来在社会主义法律体系基本建成的背景下，国内对法律实施的理论研究更趋深入，已经有学者提出“法律实施学”的概念。[1] 但是，关于法律实施的研究方法和内容、思路都有比较大的分歧，本书不以对法律实施理论本身的探讨和整合为目标，仅对既有法律实施理论进行归纳和梳理，运用其基本观点和结论作为对环境法律实施进行分析的理论前提。

一、环境法律实施的一般性和特殊性

环境法律的实施既有法律实施的一般特性，也有其他领域法律实施所不具有的特征。认识环境法律实施的特性、提升环境立法的可实

[1] 肖强：《法律实施学刍议》，载《法学杂志》2017 年第 1 期。

施性，需要分析环境法律实施所面临的共通问题和特殊问题。环境立法是我国法律体系的重要组成部分，其实施中遇到的问题有些可能是法律实施的共通问题，有些可能是环境法律实施的特殊问题。辨认和区分环境法律实施过程中所遇问题的基本类型和特征，才能运用法律实施理论及相关理论进行具体的分析，从而发展和深化法律实施理论，展开法律实施理论运用的具体场景，为环境立法实施的理论分析奠定基础。

环境法律实施也要遵从法律实施的一般规律，法律实施具有规则依赖性、对人依赖性、资源依赖性和易受干扰性等四项特征，[1]环境法律的实施也具有这些基本特征。因此，环境法律的实施要立足于规则的完善和实施主体的能力建设等方面，充分利用相关资源并排除各种干扰因素，才能取得预期的效果。从环境法律实践来看，环境法律规范的不科学是妨碍环境法律实施的最重要因素，执法能力的不足、环境保护法律意识淡薄是环境法律实施的不利因素。另外比较普遍的现象是，环境法律实施极易受到各种因素的干扰，如对经济发展的追求会极大妨碍环境法律的实施。

同时，环境法律的实施要考虑环境法律自身的特色。环境法的综合性、技术性是其基本特征，反映在环境法律的实施方面，就需要充分考虑这些特征才能取得预期的效果。环境法的综合性决定了环境法律的实施是一个全社会联动的过程，虽然政府在环境法律的实施中发挥着主要和关键的作用，但是其他主体包括司法机关、社会组织和个人，在环境法律实施中都具有重要作用。例如，在对环境保护的推动作用明显的环境公益诉讼中，环境保护社会组织、检察机关都发挥着重要作用。环境法的技术性决定了其实施过程需要各种专业技术的支持，如对环境违法的判断经常需要专业的环境监测或者环境专业技术鉴定，环境治理方案需要相关的专业技术支撑，在环境司法过程中也严重依

---

〔1〕 王红霞：《论法律实施的一般特性与基本原则——基于法理思维和实践理性的分析》，载《法制与社会发展》2018 年第 4 期。

赖技术鉴定以及专家辅助、专家咨询等。[1]

二、提升环境立法可实施性的基本立场

提升环境立法的可实施性要立足于环境法律实施理论，将其运用于环境立法的运行过程展开分析。在上述分析的基础上，遵从法律实施理论的一般思路和方法，立足于环境法律实施的特殊问题，发现关于环境立法实施的限制条件与影响因素的系统化理论，全面考察环境立法实施中遇到的问题与可能的解决之道，才能形成环境立法实施的理论分析框架，作为针对具体环境立法文本和环境执法问题开展对策性分析的理论指引。

首先，法律实施理论是提升环境立法可实施性的基本指引。法律实施是法律运行的重要方面，但长期以来被立法的重要性掩盖，并未受到应有的重视。随着我国立法不断增多、依法治国进程的不断推进，法律实施的重要性日益凸显，有学者指出注重法律实施是法治建设战略转移的客观要求。[2] 法律实施具有规则依赖性、对人的依赖性、资源依赖性以及易受干扰性，[3]其保障需要法律规定内容的细化和精确、适当加重违法者的责任等。[4] 环境法律可实施性的提升，应当以法律实施的基本理论为指引，完善法律制度体系和实施保障机制。

其次，环境保护的社会条件是提升环境立法可实施性的基本考量。法律系统是社会系统的一个组成部分，提升环境立法的可实施性，必须在整体上提升环境法律与社会条件的适应性，切合社会现实需要的法律制度才更容易得到顺利的实施。不少环境法律在实施中遇到较大阻力甚至抵制，与法律设定的目标和规则与社会现实的差距较大有关。例如，为实现污染达标而需要大面积关闭工厂时，防治污染的法律制度设计就与社会经济发展需要存在激烈冲突，其实施难免遇到困难，从而

---

[1] 王德新、王蕾：《环境司法中技术专家导入机制整合性研究》，载《河北科技大学学报（社会科学版）》2017 年第 3 期。

[2] 徐汉明：《法治的核心是宪法和法律的实施》，载《中国法学》2013 年第 1 期。

[3] 王红霞：《论法律实施的一般特性与基本原则——基于法理思维和实践理性的分析》，载《法制与社会发展》2018 年第 4 期。

[4] 刘松山：《保障法律实施的若干条件》，载《华东政法大学学报》2008 年第 1 期。

表现出较低的可实施性。具体来说,提升环境立法可实施性需要设定合理的环境保护目标,并对应设计致力于实现环境保护目标的具体制度,避免过度追求环境保护目标而损害其他社会经济目标,引起对环境法实施的阻滞或者抵制。进而,要合理利用既有的社会运行机制和权力结构来设计环境法律制度,另行建立全新的制度和规则更容易在实施中遇到阻力,同时难以获得足够的支持力量。总之,综合考虑环境立法实施的社会条件,建立和健全与之相适应的制度体系,应当是提升环境立法可实施性的基本考量。

最后,合理对待环境法律的特殊性是提升环境立法可实施性的关键因素。在法律实施的一般理论的指导下,考虑环境立法推行的社会条件,还应当准确把握环境法律自身的特征,才能全面提升环境立法的可实施性。环境法律的综合性、技术性等特征,决定了其实施也具有一定的特殊性,需要在法律实施一般理论的指引下采取更具针对性的措施,方可最终达到提升其可实施性的目的。一方面,环境法的综合性特征要求其实施途径多样化。这表现在合作型环境法〔1〕的倡导、环境执法手段的多样化、环境司法的专门化发展,〔2〕以及环境守法在生态环境法治中的地位凸显等。〔3〕另一方面,环境法的技术性特征要求其规则的设计更多考虑技术要求,并符合以及合理运用科学技术规律。取得预期的环境效果需要合理运用科学技术,环境法律制度对技术进行适当定位并融入行为规则之中,才能展现更高的可实施性。

三、提升环境立法可实施性的基本思路

提升环境立法的可实施性需要注重其外部适应性和内部协调性。一方面,环境立法的外部适应性取决于立法内容与社会经济条件、社会环境预期、政府管理能力等外部因素的适应和协调一致,虽然可以通过

---

〔1〕 邓可祝:《重罚主义背景下的合作型环境法:模式、机制与实效》,载《法学评论》2018年第2期。

〔2〕 吕忠梅、刘长兴:《环境司法专门化与专业化创新发展:2017—2018年度观察》,载《中国应用法学》2019年第2期。

〔3〕 肖爱:《生态守法论——以环境法治的时代转型为指向》,载《湖南师范大学社会科学学报》2020年第2期。

环境立法推进环境保护的目标，但是该目标及其实现方式不能脱离既定的外部条件，适应客观条件但并非屈从于外部制约是环境立法顺利实施的基本保证。另一方面，环境立法的内部协调性需要注重各项具体制度之间的衔接和配合，达成自身的体系完善和内容协调、避免自相矛盾，这是环境立法顺利实施的重要支撑。

具体来说，立足于环境法律的实施效果提升环境立法的可实施性，需要考虑两个方面的因素，即环境立法本身的科学性和环境立法对其他因素的适应性。在既定的社会经济和环境条件下，环境立法的可实施性主要由立法本身所决定，同时也受到实施过程中各种因素的影响。因此需要从两个方面着手来提升环境立法的可实施性：一是从环境立法的内在品质着手，按照一定的体系逻辑，运用适当的立法技术，进行适当的繁简剪裁，制定具有科学性的法律文件；二是从环境立法的外部关系入手，注重环境法律规则与社会需求主要是经济发展水平、环境基础条件、公众环境诉求的匹配性，制定具有社会适应性的环境法。

第二节　提升环境立法可实施性的内部体系构造

提升环境立法的可实施性首先应当立足于提升立法的科学性。科学性是法律的实质性特征，立法的科学性主要指立法要符合社会规律、符合法律逻辑，具有客观的良法特征。法律缺乏科学性将阻碍社会和谐有序发展，甚至导致人权保护的不充分、社会诚信的缺失。[1] 依法治国所依据的法律应当具有科学性，否则将影响法治目标的实现。立法科学性是法律实施的基础和保障，也是立法工作追求的目标。

一、提升环境立法的科学性

环境立法的科学性对于环境法律的实施也具有决定性作用。可以说，提高环境立法质量是实现环境法治的前提，因此亟须加强环境立法的科学性研究，切实提升环境立法的科学性。提升环境立法的科学性

[1] 余向阳：《论法律的科学性与法治》，载《求索》2015 年第 8 期。

是从内在方面提升环境立法可实施性的总体要求，从本质上提升环境立法的质量。当前，提升环境立法的科学性是一个相对紧迫的问题，需要克服既有环境立法的弊端，完成环境立法从被动应对向主动引导的转变，形成主动的、有目的的、系统的、引导性的、具有适度超前性的立法。[1]

具体来说，实现环境科学立法首先要改变环境立法的基本思路，立足于环境问题解决的客观需要而不是临时应对。立法过程中必须以符合法律所调整的事态的客观规律作为价值判断的标准，并使法律规范严格地与其规制的事项保持最大限度的和谐，法律的制定过程应尽可能满足法律赖以存在的内外在条件。[2] 照此理解，立法的科学性涵盖了法律与社会条件的契合性，但狭义来看，立法的科学性更偏重于法律的内在方面，即立法内容与客观规律的适应性。在此按照狭义理解使用立法科学性概念，即环境立法的内在逻辑必须与环境事务运行的客观规律相适应，立法与外部条件的适应性稍后讨论。环境事务的根本特征是直接或者间接处理人与自然的关系，因此环境立法的科学性一是要求法律规则要适应人与自然关系协调的需要，即符合人与自然关系的发展规律；二是要适应法律制度运行的基本规律，即运用历史形成的法律概念、法律原则和法律技术来完成对环境保护社会关系的调整。

其次，环境立法要充分考虑中国问题、立足于中国实践来发展完善相关制度，不能盲目移植国外立法、避免制定不符合实践需要的制度规则。在人与自然关系的意义上，环境立法所要适应的客观规律具有相当广泛的一致性，因此国外的环境法律制度可以为国内环境立法所借鉴。但是，从法律制度本身的运行规律来看，中国的环境立法必须尊重中国的法律传统，在整体的法律制度体系之内寻找发展的空间，这就要避免照搬国外环境立法，而是要经过分析、筛选和甄别，发现国外立法中可以为中国环境立法所借鉴的部分或者成分，制定符合中国社会发展需要的法律。

---

〔1〕 腾延娟：《论环境立法的科学性》，载《浙江大学学报（人文社会科学版）》2015 年第 5 期。
〔2〕 关保英：《科学立法科学性之解读》，载《社会科学》2007 年第 3 期。

最后,要完善环境立法程序,在充分调研的基础上由利益相关方特别是社会公众、相关专家充分发表意见,形成环境保护的制度共识并固定在立法文件中。立法程序是立法科学性的基本保障,特别是公众意见和专家意见征集程序对提升立法的科学性具有重要意义。虽然不能排除意见的主观成分,但是特别是专家意见有助于环境立法反映客观规律,从而提升环境立法的科学性。

二、注重环境立法的合逻辑性

法律逻辑应当贯穿于法律运行的整个过程,合逻辑性标准应当是科学立法的核心标准,在立法中扮演着"理性监督者"的角色。[1] 逻辑学上的同一律、矛盾律、排中律以及充足理由律等,可以为立法的合逻辑性提供理论支撑,即立法的合逻辑性要体现在立法同一、立法无矛盾、立法排中以及立法理由充足等方面,[2] 环境立法也需要从这些方面着手提升自身的合逻辑性,从而提升立法质量,为环境立法的可实施性奠定基础。

首先,环境立法同一要求保持立法思路的确定性,在环境保护目标的确定等方面不能摇摆不定;对法律概念和术语的适用要力求确定同一,使立法文本在形式结构上形成用语规范、严谨的统一整体。其次,环境立法无矛盾要求法律规则保持前后一致、不互相矛盾,形成内容相互协调的体系;不同环境立法之间要保持统一协调,不存在明显的制度冲突和不一致;同一部环境法律更要前后连贯、思路统一、逻辑严密、内在一致,形成从立法精神、法律目的到具体制度和规则的协调整体。再次,立法排中要求在同一立法思维过程中,对于同一对象只有一种思想,不允许有中间模糊状态的存在,这就要求尽量排除环境立法的模糊性,追求法律规则的明确性,力争法律条文的清晰易懂、容易被人们理解和预测,并在立法表达上尽量做到用语简洁、规范和明确。最后,环境立法需要有充足的理由,立法过程中要对立法理由进行充分的论证和说明,对法律文本的内容、用词进行逻辑考量,运用逻辑学上的充足

[1] 冯玉军、王柏荣:《科学立法的科学性标准探析》,载《中国人民大学学报》2014 年第 1 期。
[2] 冯玉军、王柏荣:《科学立法的科学性标准探析》,载《中国人民大学学报》2014 年第 1 期。

理由律来分析环境法律问题，确保制定的规则必要、可行。

三、运用适当的立法技术

所谓立法技术，广义上指的是在立法活动中所形成和运用的知识、经验、方法、技巧和手段的总称，具体来说，包括立法体制技术、立法程序技术、法律结构安排技术、语言文体表达技术、规划计划方法、工作技能技巧、法律案修改废止形式、法律清理和汇编方式、立法性文件的格式等。[1] 科学的环境立法不仅要树立环境立法的时空观，注意环境立法的内部性协调和外部性协调，强化环境立法的协调观，还要重视环境立法技术。[2]

立法技术包括很多方面，整体上法律文本的表达就是运用立法技术的结果，狭义上的立法技术主要是指立法文本的结构、条文表述、词语概念等表达规范。环境立法中对立法技术的运用可以从多个方面把握。首先，从法律结构方面，要规范设定立法目的条款、定义条款、过渡性条款等基本条款，并按照一定逻辑顺序对法律条文进行排列。例如，立法目的条款一般作为法律的第一条，要定位于立法活动的方向选择、立法论证的有效途径、法律解释的重要标准、公民守法的规范指南，需要一定的表述技术加以适当设计。[3] 其次，法律条文要遵守一定的表述规范。例如，"立法目的的内容表述应当直接、具体、明确，一般按照由直接到间接、由具体到抽象、由微观到宏观的顺序排列"。[4] 其他如立法依据条文、引用法律和适用法律的条文等都要按照规范进行表述。再次，法律条文的排序要遵循一定的逻辑，把同类性质的条文、同类事项的规定安排在一起，性质不同的事项按照一定次序排列，力争"把调整同类行为或者同类关系的数条法律条文作为完整而独立的部分进行归类并集中排列，力戒杂乱无章地分散排列"。[5] 最后，法律的用语要准确、专业、简洁，避免口语化、政治化的表达。立法语言应当"准确肯

---

[1] 李高协：《浅议地方立法技术及其规范》，载《人大研究》2015 年第 3 期。

[2] 腾延娟：《论环境立法的科学性》，载《浙江大学学报（人文社会科学版）》2015 年第 5 期。

[3] 刘风景：《立法目的条款之法理基础及表述技术》，载《法商研究》2013 年第 3 期。

[4] 《立法技术规范（试行）（一）》，全国人大常委会法制工作委员会 2009 年发布。

[5] 徐向华主编：《立法学教程》（第 2 版），北京大学出版社 2017 年版，第 313 页。

定、简洁凝练、规范严谨、庄重严肃和通俗朴实”，[1]并且要尊重用语习惯。全国人大常委会法制工作委员会于2009年发布了《立法技术规范(试行)(一)》,2011年发布了《立法技术规范(试行)(二)》,对法律结构、法律条文表述、法律常用词语等提出了基本规范,其中对立法用语作出了不少明确规定,是立法用语选择的重要依据。

四、把握环境立法的规范限度

环境立法的科学性还体现在法律规范表达的合理限度上:一方面,法律规则对执法、司法和守法活动有明确指引,具有法律确定性;另一方面,也要保留执法和司法的裁量空间,保持法律规定的灵活性。确定性和灵活性相结合,才能既保证法律目的的实现,又能适应不同的具体情形,确保立法的可实施性。

确定性是法律的基本追求,法律的可预测性等正是建立在法律确定性的基础之上,甚至可以说法律规则的基本功能之一是克服不确定性,环境立法也需要具有相当的确定性才能够真正实施。立法的确定性可以为人们提供稳定的行为预期,为执法和司法提供明确的依据,是法律实施的根本保证。反过来看,法律规定的不确定性将增大守法、执法和司法的成本,特别是法律的模糊规定会使当事人的行为后果不可预期,无助于自觉守法;同时不确定性规定扩大了行政和司法的自由裁量权,从而增大法律实施中偏离立法目的的风险,从根本上损害法律的可实施性。因此,环境立法需要以环境保护目标为中心明确具体的规范,以相对确定的行为规则为当事人提供可预期的行为规范,并为环境行政执法和环境司法提供相对确定的依据。

同时,立法要保持适当的灵活性才能更好实施,环境立法也要保持一定的灵活性,为执法和司法中运用自由裁量权作出最合理的决策或者判决预留空间。虽然法律的实施总离不开解释,在这个意义上法律的执行总需要根据具体情况进行裁量,但是法律规范的确定性不同对裁量权的大小具有决定性作用。在追求立法确定性的同时,保留部分的原则性规定、例外规定等,有利于法律规定适用于不同的现实情形,

---

〔1〕 朱力宇、叶传星主编:《立法学》(第4版),中国人民大学出版社2015年版,第169页。

提升法律规则对社会现实的适应性,从而在另外一个层次上提升法律的可实施性。环境立法也需要在很多领域预留一定空间,如对于环境目标的确定、环境标准的执行等,保持灵活性才能取得更理想的实施效果。

总之,环境立法要在追求确定性的同时保持灵活性,保持法律规范的合理弹性,以适应不同情形下法律适用的有效性。

第三节　提升环境立法可实施性的具体措施

要提升环境立法的科学性和适应性,最终提升环境立法的可实施性,需要从立法程序、立法的基本考量以及法律的实施机制完善等方面着手,改善环境法律实施的内在条件和外在条件。提升环境立法可实施性的具体措施包括但不限于以下方面,即推动民主立法、增强立法专业性、加强配套制度建设和执法能力建设等。

一、推动民主立法

科学立法和民主立法是立法工作的基本要求,前者更关注立法的实质内容,后者更关注立法的程序要求,二者在一定程度上是相互关联的,特别是民主立法是科学立法的保障。法律的科学性必须以开放立法来保障,让公民参与并表达意见和建议,并通过评价机制对不科学的法律进行修改或废止,进而通过责任追究机制让立法者承担责任以规范立法者的立法行为。[1]

民主立法是对科学立法的保障,立法过程中广泛吸收各方意见特别是专家意见有助于提升立法的科学性。但是,科学立法与民主立法之间也存在潜在的张力,科学立法追求立法的合规律性,导向由了解规律的精英来作出决策的制度设计;而民主立法主要追求符合大多数人的意志,导向由大众作出决策的制度设计。[2] 二者之间张力的化解需

---

〔1〕 余向阳:《论法律的科学性与法治》,载《求索》2015 年第 8 期。

〔2〕 黄建武:《科学立法与民主立法的潜在张力及化解》,载《地方立法研究》2020 年第 2 期。

要通过立法程序和机制的完善来完成。

就环境立法而言,由于环境问题在更强和更直接的意义上涉及社会公众的利益,因此为解决环境问题而开展的环境立法,首先需要在更广的范围和更多的具体问题上征询社会公众的意见。其次,由于环境问题的解决需要依赖于技术手段,环境法律制度的设计也需要更多考虑技术问题,因此环境立法应当更加关注专家参与,选择技术上可能和可行的制度措施。

具体而言,在环境立法的过程中,要充分吸收各相关方、环境保护领域专家和社会公众的意见,提升环境立法的社会接受度,在制度上凝聚社会共识减少实施的阻力,为环境立法的实施奠定良好的社会共识基础。

二、增强环境立法专业性

环境法因其与科学技术的紧密联系而呈现更明显的专业性,环境保护领域和环境法律领域都需要专业化的应对措施和专业化的人员配备。在环境立法阶段,提升环境立法的专业性需要充分考虑环境立法的科学技术性特点,在立法阶段将技术因素考虑在内,遵从自然规律、准确认识现有技术能力,努力使立法适应现有的技术条件,从而为环境立法的实施提供具有适应性的技术基础。环境治理中的专家模式和公众模式需要弥合分歧并对环境风险治理机制进行重大变革,[1]环境立法中也同样需要处理专家立法与民主立法之间的关系,妥当处理专家意见对于提升环境立法的科学性具有重要意义。

同时,环境立法的专业性还反映在制度中对环境技术的定位和管理等方面。应当借鉴欧美环境技术管理制度在法律制定、技术评价方法、实施机制等方面的经验,从夯实最佳可行技术法律基础、构建技术筛选和管理制度等方面,完善中国环境立法的技术管理机制,[2]为环

---

〔1〕 蔡文灿:《论环境风险治理中公众与专家的分歧与弥合》,载《华侨大学学报(哲学社会科学版)》2017 年第 6 期。

〔2〕 王志增、史菲菲等:《欧美经验对我国环境技术管理的启示》,载《环境科学与技术》2015 年第 S2 期。

境立法的实施奠定更好的专业技术基础。

三、加强配套制度建设

立法确定的制度难免具有抽象性,需要具体的解释乃至配套规定才能够顺利、全面实施。特别是在过去粗放型立法的思路下,我国法律的有效实施曾依赖大量的法律配套规定,这给法律本身和社会治理带来了不少消极影响,因此立法应当转向具体、可操作性、逐步精细化的道路,减少对法律配套规定的依赖。[1] 但是,这在很大程度上只能是相对的,立法的落实必然需要执法和司法的解释性、补充性、细化性文件的配合。

环境立法的实施也需要依赖配套制度的健全。我国不少环境法律制度的落实情况不理想,与配套制度缺失导致的操作规则缺失、地方执法部门无所适从不无关系。提升环境立法的可实施性,需要从配套制度的完善入手增强其可操作性和明确性,规范和约束法律执行机关的自由裁量权,切实落实立法的目标和任务。当前,加强配套环境法规和规章的制定,加快健全完善生态环境保护法律体系,是实现环境治理体系与治理能力的现代化的关键。[2]

四、加强执法能力建设

尽管法律的实施包括执法、司法乃至守法和法律监督等方面,但是行政执法无疑是法律实施的最重要途径,环境立法的实施更是如此。从这个角度看,环境立法的实施状况与行政机关的执法能力密切相关。加强行政机关的执法能力建设,通过执法权的集中和合理分配、行政裁量基准的完善、执法技术装备的改善等提升行政机关的执法能力,有助于环境立法的实施。当然,提升司法水平、加强环境法律实施的司法保障,推动环境司法专门化提升环境司法水平,可以为环境执法提供充分的支持和合理的制约,并公正解决当事人的环境纠纷,促进环境立法的真正落实。但环境立法的实施仍需要以行政执法为中心,这与行政权的特性有关,也与我国行政权的地位有关。

---

〔1〕 张瑞:《论我国法律配套规定的消减》,载《河北法学》2017 年第 3 期。

〔2〕 孙佑海:《我国 70 年环境立法:回顾、反思与展望》,载《中国环境管理》2019 年第 6 期。

行政机关执法能力建设包括行政执法体制的完善、执法力量的配备和执法人员素质的提高等方面，具体到执法人员层面还包括对法律的理解能力、执法方案的选择能力、执法行动的协调能力等方面。[1]总体上，实质上合理行使行政裁量权、形式上开辟多元化执法途径等有助于环境立法的切实贯彻实施。

---

〔1〕 黄仕红、宋小娥：《关于提升行政执法能力的思考——以成都市城市管理为视角》，载《吉首大学学报（社会科学版）》2016 年第 S2 期。

第二编　环境立法体系化理论分析

第五章　环境立法体系化的基本理论

第一节　环境立法体系化的内涵

“法是人的行为的一种秩序。一种‘秩序’是许多规则的一个体系。法并不是像有时所说的一个规则,它是具有那种我们理解为体系的统一性的一系列规则。”[1]因此,法律体系是一个由法律规范构成的体系。[2] 环境法律体系,亦即“环境立法体系”,则是一个由环境法律规范构成的体系。所谓体系化,则是如何实现体系的一种动态的追求过程。孙宪忠教授指出:“民法体系一词,在民法学中基本上没有太大的争议,它指的是民法的各种规范和制度,依据民法自身的逻辑所形成的内在和谐统一的系统。……民法上的规范群体数量巨大。这个庞大的民法规范群体是按照科学的逻辑形成的一个统一而且和谐的整体,并不是像一麻袋土豆一样无关联地堆积在一起。民法科学自古以来就在研究和讨论着庞大的民法规范的体系化问题,尤其是民法规范、制度、体系及其逻辑这些基本问题。”[3]与民法相似,由于环境问题涉及的范围广泛复杂,环境法律规范的数量也十分庞大。为避免这些环境法律规范散乱堆积,体系化应当成为环境法学研究的重点。

---

〔1〕［奥］凯尔森:《法与国家的一般理论》,沈宗灵译,中国大百科全书出版社 1996 年版,第 1 页。

〔2〕钱大军、卢学英:《论法律体系理论在我国立法中的应用》,载《吉林大学社会科学学报》2010 年第 4 期。

〔3〕孙宪忠:《我国民法立法的体系化与科学化问题》,载《清华法学》2012 年第 6 期。

有学者指出："环境法的体系化是一项阶段性的立法工程。"[1]这实际上是为体系化提供基础材料，即环境法律规范。通过针对不同的环境问题进行立法，可以填补环境立法体系中的空白，实现环境立法体系的完整性，这是形成体系的基础。但正如前所述，仅有充足的环境法律规范尚不足够，只有通过有逻辑、有秩序的方式将其排列整合，才能形成内部融贯性的环境立法体系。因此，形成统一的逻辑成为实现体系化的手段。环境立法体系化因此需要在形成一致的价值理念的前提下，在同一方法论的指导下整合现有的环境法律规范，进行新的立法活动。

第二节　环境立法体系化的限制因素

我国环境法经过40余年的发展，其间不乏体系化的尝试，但却依然未能脱离碎片化的泥淖。究其原因，显然并非法律移植的先天性缺陷与法律变更的后天性因素两者所能全然解释的。事物的发展既取决于自身的特性，也取决于所处的环境。从这两个方面来看，环境立法体系化的限制因素可以归结为环境法律特征、环境法学研究和环境立法体制这三个方面。

一、环境法的领域法特征对部门法体系化理论的挑战

环境法是问题导向的新兴法律领域，具有调整对象和调整方法上的多元性、变动性与综合性。鉴于此，部分学者将环境法定性为"领域法"，有别于民法、行政法、刑法等传统法律部门。[2] 环境法的领域法特征导致部门法的体系化理论难以直接适用，需要加以变革与创新，因而增大了环境立法体系化的难度。

---

〔1〕鄢德奎：《中国环境法的形成及其体系化建构》，载《重庆大学学报（社会科学版）》2020年第6期。

〔2〕王明远：《"环境法学的危机与出路：从浅层环境法学到深层环境法学"研讨会纪要》，载高鸿钧、王明远主编：《清华法治论衡》第22辑，清华大学出版社2014年版；刘剑文：《论领域法学：一种立足新兴交叉领域的法学研究范式》，载《政法论丛》2016年第5期。

第一,由于环境法调整对象和调整方法的多元性与变动性,环境法律规范间重复、不一致等连贯性缺失问题特别突出。我国环境立法体系的发展历史已经充分说明了环境法的上述特征。首先,环境法的调整对象不断丰富拓展。环境立法经过40余年的发展,从最初的污染防治法为主逐步拓展到自然资源法和生态保护法,这三大子部门的内容尚在不断丰富之中。除此之外,气候变化等新型环境问题将引发新的立法需求,形成对既存环境立法体系的冲击,导致连贯性缺失问题的出现与加重。[1] 其次,环境法的调整方法也在不断改进更新。在环境法的发展历程中,最初法律仅提供民事侵权手段和行政管制手段用以保护环境,而后才逐渐发展环境税、排污权交易、环境责任保险等市场化环境保护机制,以及开辟公众参与环境保护的渠道。新的调整手段往往先由某项环境单行法确立,然后才为其他环境单行法或环境基本法所吸纳。例如,排污许可制度最初由1988年原国家环保局颁发的《水污染物排放许可证管理暂行办法》确立,然后分别于1996年与2000年被纳入修改后的《水污染防治法》和《大气污染防治法》,最终才于2014年被规定在《环境保护法》之中。[2] 相比之下,民法等传统部门法的调整对象和调整方法单一且稳定,连贯性缺失的问题不那么显著。

第二,由于环境法调整对象与调整方法的综合性,环境立法体系化不仅需要处理环境法律规范间重复、不一致等连贯性缺失问题,还需要应对单项环境要素立法或单项环境事务立法相互孤立、缺乏协调的融贯性不足问题。生态系统的整体性要求各环境单行法互相协调,形成

---

〔1〕 部分学者认为,气候变化法不应归入污染防治法、自然资源法或生态保护法,而应自成一类,或与其他能源与节能减排法共同构成一类。参见王灿发:《论生态文明建设法律保障体系的构建》,载《中国法学》2014年第3期;黄锡生、史玉成:《中国环境法律体系的架构与完善》,载《当代法学》2014年第1期;夏凌:《环境法的法典化——中国环境立法模式的路径选择》,华东政法大学2007年博士学位论文,第134~135页。

〔2〕 1996年的《水污染防治法修正案》未明确规定"国家建立水污染物排放许可制度",而是采用了国家建立"重点水污染物排放核定制度"的表述方式。孙佑海教授认为,"虽然该法没有明确注明'建立水污染物排放许可制度',但全国人大在法律层级实质上认可了污染物排放的许可制度,是历史性的突破"。参见孙佑海:《排污许可制度:立法回顾、问题分析与方案建议》,载《环境影响评价》2016年第2期。

保护环境的合力。例如,为了有效保护水生态系统,需要协调《水法》与《水污染防治法》的有关规范与制度,甚至还需要协调《水土保持法》《防洪法》等相关法律。相较而言,民法等传统部门法的体系化理论更加关注体系的形式一致性、价值一致性与逻辑自洽性,较少为了同一政策目的而协调不同规范、不同制度乃至不同立法。[1] 因此,环境立法体系化的研究需要超越传统部门法体系化理论的局限,探索适应环境法特点的体系化理论。

二、环境法学对环境立法体系的理论研究不足

人们对环境问题、环境法的认识以及环境法学理论的积累是一个渐进的过程。环境法是一个新兴法律领域,而且具有区别于传统部门法的领域法特征,因而环境法的体系化受法学研究水平的限制较为严重。从我国环境法学研究的发展历史来看,关于环境立法体系的研究主要经历了从零散研究到整合研究的演进过程。

在环境立法体系发展的前三个阶段,与我国环境立法的进程相呼应,学者们主要是站在环境单行法的层面,关注环境问题的逐个解决,围绕相对单一的环境要素进行论述的。具体而言,这一时期的环境立法研究主要是分别关注污染防治立法、自然资源和能源立法、特定领域环境保护立法等个别领域的零散研究,[2] 缺乏着眼于整个环境立法体

〔1〕 王利明教授认为民法典的体系应当具有上述特征。虽然王利明教授认为形式一致性包括制度一致性,即"民法的规范群要逻辑自洽、相互衔接、共同调整",并以"违约责任和侵权责任制度的关联、无权处分和善意取得制度的协调等"为例,但是,制度的一致性所关注的本质还是为同一调整对象确定同一调整方法,不涉及调整对象的交叉与调整方法的协同。参见王利明:《民法典体系研究》(第2版),中国人民大学出版社2012年版,第11～16页。

〔2〕 张梓太教授对这一时期以我国环境立法为主题的学术论文与著作进行了梳理,并分为有关环境基本法立法、污染防治立法、自然资源和能源立法、特定领域环境保护立法和从宏观角度论述我国环境立法等五类。参见张梓太、李传轩、陶蕾:《环境法法典化研究》,北京大学出版社2008年版,第166～169页。

系范围或结构的整合研究。[1] 虽然学者们也不乏以环境法律体系为题的文章，如马骧聪、文伯屏等前辈学者，早在20世纪80年代就对我国环境法的形成与体系等方面提出了论述，[2]并且原国家环境保护总局和武汉大学曾在1986年专门召开"全国环境立法体系学术研讨会"探讨"如何建立具有中国特色的环境立法体系"，[3]但这些文章多着眼于我国环境立法体系的完备性问题，而过于忽视我国环境立法体系的结构性问题。当然，学者们的这一研究进路与我国恢复法制建设初期"成熟一个、制定一个"的立法指导思想以及实现"有法可依"的现实需求不无关系。

进入环境立法体系的融合发展阶段以来，学者更关注整个环境立法体系的健全和完善问题，而不仅仅是个别原则、制度、规范的问题。其中，金瑞林、汪劲教授所著的《中国环境与自然资源立法若干问题研究》一书可谓是先驱之作，作者观察到欧洲大陆法系国家环境法的一体化与法典化发展倾向，开始考虑我国环境立法体系的理想模式问题。[4] 近年来，学界也不乏对环境立法体系、环境基本法和环境法法典化的讨论。[5] 但目前的环境立法体系化研究依然存在几个方面的不足，将制约环境立法体系化的实践进展：第一，与民法等传统部门法

---

〔1〕 王树义教授在考察我国环境法学研究从1978年到2008年的发展历史后，认为"由于环境法的复合性，环境法律规范常常分散在各种法律、法规之中……我们的研究却常常'头疼医头，脚痛医脚'"，"这样零售式的研究自然不利于法律法规的配合与协调统一"。参见王树义、汪再祥：《中国环境法学三十年（1978—2008）》，载教育部人文社会科学重点研究基地——法学基地（9+1）合作编写：《中国法学三十年（1978—2008）》，中国人民大学出版社2008年版，第488页。

〔2〕 马骧聪：《环境保护立法体系探讨》，载《中国环境科学》1981年第1期；文伯屏：《试论环境保护法的体系》，载《环境管理》1984年第1期。

〔3〕 陈研明：《全国环境法体系学术讨论会综述》，载《武汉大学学报（社会科学版）》1987年第2期。

〔4〕 金瑞林、汪劲：《中国环境与自然资源立法若干问题研究》，北京大学出版社1999年版，第16页。

〔5〕 研究环境立法体系的代表性著作如杜群：《环境法融合论：环境·资源·生态法律保护一体化》，科学出版社2003年版；研究环境基本法的代表性著作如李挚萍：《环境基本法比较研究》，中国政法大学出版社2013年版；研究环境法法典化的代表性著作如张梓太、李传轩、陶蕾：《环境法法典化研究》，北京大学出版社2008年版。

相比，环境法的体系化研究水平比较落后，尤其在如何实现环境立法体系的统一、协调、简化、透明等规范体系化目标方面，亟须借鉴其他部门法的成熟理论加以提升；第二，作为问题导向的领域法，环境立法体系化的另一重要目标是环境规制政策的一体化，而我国现有文献未能区分环境法的规范体系化与规制体系化问题，对如何通过体系化保护生态的整体性考量不足；第三，虽然目前研究环境法法典化的文献意识到了环境立法体系存在的问题，但局限于立法形式和立法技术层面的讨论，未能深入探讨作为法典化内核的体系化理论。总而言之，国内的环境立法体系化研究还不够全面深入，无法为环境立法体系的连贯性缺失与融贯性不足问题提供系统化的合理解释与有效方案。

三、部门主导的环境立法体制对体系化的制约

在我国的环境立法中，分散立法与行政主管部门主导立法的现象比较显著。[1] 由于不同部门有各自的目标与利益追求，因此它们负责的环境立法在实现环境目标上存在天然的碎片化倾向。[2] 首先，环境保护行政主管部门虽然以环境保护为主要任务，但长期以来把对“环境保护”的理解局限于“污染防治”的范围内。这一部门目标集中体现在《环境保护法》上，致使该法长期呈现明显的“为城市立法、为工业立法、为污染防治立法”的特征，为我国环境法相对忽视农村和农业、轻

〔1〕 许多学者曾指出分散立法与环境立法的部门主导模式及其弊端。参见吕忠梅：《将环境法典编撰纳入十三届全国人大立法计划》，载《前进论坛》2017 年第 4 期；杜万平：《关于环境立法的过程与程序》，载《武汉大学学报（哲学社会科学版）》2008 年第 3 期；王灿发：《对中国环境法的反思》，载高鸿钧、王明远主编：《清华法治论衡》第 13 辑，清华大学出版社 2010 年版，第 27 页；马骧聪、王明远：《中国环境资源法的发展：回顾与展望》，载王曦主编：《国际环境法与比较环境法评论》第 1 卷，法律出版社 2002 年版，第 342 页。

〔2〕 部门立法的问题不在于部门参与立法，而在于“行政机关借助于立法的方式使部门利益‘合法化’”。参见宋方青、周刚志：《论立法公平之程序构建》，载《厦门大学学报（哲学社会科学版）》2007 年第 1 期。

视资源保护和生态保护埋下了伏笔。[1] 其次，自然资源行政主管部门以合理开发利用自然资源为核心职能，它们主导的自然资源立法虽受可持续发展理念的影响，增加了保护自然资源的内容，但同环境保护之间的关系缺乏协调。[2] 例如，《水法》只顾构建自身的水资源管理法律体系，而忽视了与《水污染防治法》等水污染防治法律的协调。[3] 最后，其他经济行政主管部门也拥有部分环境立法职能，如国家发展和改革委员会长期主导气候变化立法与政策制定。

受协调发展原则约束，行政主管部门的立法参与和政策制定需要纳入对环境目标的考量，但不同部门对环境目标的不同考量方式和程度，使得碎片化难以避免。协调发展原则是我国环境法的基本原则，要求政府在作决策时把环境议题置于中心位置，在部门政策的核心和实质中体现对环境议题的考量。协调发展原则已为《环境保护法》所确认，在2014年《环境保护法》修订前被表述为“使环境保护工作同经济建设和社会发展相协调”，修订后被表述为“使经济社会发展与环境保护相协调”，即发生了从“经济社会优先”到“环境保护优先”的转变。[4] 但是，无论何者优先，立法决策必然面对可持续发展的三个维度——环境、经济与社会——之间的权衡，而这种权衡高度复杂并且易于引发政治争议。[5] 由于权衡部门核心职能和环境议题上的困难，适

---

〔1〕 学者们从不同角度解释了《环境保护法》对污染防治的侧重。有学者认为，《环境保护法》的部门立法倾向“一方面与上世纪80年代中国确定的环境保护任务有关，也与环境保护局刚成为独立机构需要显示自身存在有关”。参见吕忠梅：《〈环境保护法〉的前世今生》，载《政法论丛》2014年第5期。也有学者认为，各部门围绕单行环境与资源立法展开“跑马圈地”运动，“抢先”在《环境保护法》修改前通过海洋、水、森林、土地、草原等方面的环境与资源单行法，使得环保部门主导的1989年《环境保护法》修改工作因各部门的意见分歧而全面退缩到污染防治法领域。参见汪劲：《环境法治的中国路径：反思与探索》，中国环境科学出版社2011年版，第55页。

〔2〕 孟庆瑜、刘武朝：《自然资源法基本问题研究》，中国法制出版社2006年版，第195页。

〔3〕 杜群、杜寅：《水保护法律体系的冲突与协调——以入河排污口监督管理为切入点》，载《武汉大学学报（哲学社会科学版）》2016年第1期。

〔4〕 汪劲：《环境法学》（第3版），北京大学出版社2014年版，第106～107页。

〔5〕 Asa Perrson, *Environmental Policy Integration: An Introduction*, Stockholm Environmental Institute, 2004, p. 1.

用协调发展原则可能导致不同部门采用高度碎片化的方式来处理环境问题。此外,协调发展原则迟迟未能上升到环境优先原则,未能给立法决策提供明确指引和划定“红线”,也是导致碎片化的重要原因。[1]

第三节　环境立法体系的主要内容

在法学学科中,体系的基本特征都是由诸多个体(规范)形成的统一秩序,秩序的类型取决于素材的属性和体系的建构目的。[2] 利益法学的代表黑克认为,一个完整的体系应当由表现规范秩序的外部体系与践行价值理念的内部体系共同构成。[3] 从表现形式上来看,无论是作为搭建外部体系的规则,还是体现内部体系的原则,最终都需要通过规范的形式得到认可,才得以诉诸实践。因此,环境立法体系的主要内容指的是环境法范畴下的规范的有机集合。环境立法的体系化具体表现为,个体的环境法律规范基于各自的属性和环境立法的内在价值而形成的逻辑自洽的规则秩序,需要从调整范围和划分方法两个方面来实现这一过程。

一、环境立法体系化主要内容的调整范围

根据“环境立法体系”的表述,环境立法体系化的主要内容应当涵盖现行以及未来所有的环境法律规范。现行的环境法律规范存在三种表现形式:(1)环境保护的综合性法律,如《环境保护法》;(2)环境或资源保护相关的专门性法律,如《大气污染防治法》《土地管理法》等;(3)散见于部门法中的环境法律规范,如《宪法》第 9 条有关自然资源权属的规定、《民法典》中关于环境侵权的规定以及《民事诉讼法》中关于环境公益诉讼的规定等。无论是环境保护的综合性法律还是专门性

---

〔1〕 王灿发:《对中国环境法的反思》,载高鸿钧、王明远主编:《清华法治论衡》第 13 辑,清华大学出版社 2010 年版,第 25 页。

〔2〕 谢鸿飞:《民法典的外部体系效益及其扩张》,载《环球法律评论》2018 年第 2 期。

〔3〕 方新军:《融贯民法典外在体系和内在体系的编纂技术》,载《法制与社会发展》2019 年第 2 期。

法律，都作为独立于其他法律的形式存在，无疑应当被纳入环境法律规范的范围。值得注意的是，散见于部门法中的环境保护法律规范，在内容上与环境立法的目的相一致，在形式上已隶属于其他立法体系，其应当被纳入环境立法体系的论断并非不证而立。一方面，这些零散的环境法律规范作为其他法律体系的组成部分再纳入环境立法体系不利于整个法学体系的融贯性；另一方面，某些零散的环境法律规范也在环境立法体系中起到重要作用，如环境公益诉讼制度的有关规定是环境实体法在司法中得到适用的重要途径之一。

事实上，出现这一现象的原因在于近年来法律体系内部公私混合的趋势。不仅环境法这一新兴学科中存在这一矛盾，在诸如民法等传统部门法中也无法在自身体系中实现所有规范的闭环。即便是在历经了法典编纂过程的民法领域，仍有部分相关规范因具有较强的公法性质而滞留于民法典之外，如《民法典》第 58 条第 2 款规定，法人成立的具体条件和程序，需要依照法律、行政法规的规定；《企业法人登记管理条例》则对企业法人的登记进行了详细的规定。就环境法而言，环境问题的出现是刺激环境法出现的诱因，环境法也因此必须对环境问题作出回应。[1] 而导致环境问题出现的人类活动通常不是一次简单的民事或行政行为，而是一系列的公私混合的各个领域的行为共同导致的结果，这便使环境法的法律性质模糊难辨，且具有领域法的特征。在环境立法体系尚未成熟前，大量重要的环境法律规范不得不借助其他法律加以表达。基于环境法的领域法特征，对不同类型法律行为的环保规制是未来环境法预防和控制环境问题的必然之势。随着零散环境法律规范的增多，许多具有共同凝聚力的零散规范间也可以相互吸引成为独立的法律。例如，中国从 20 世纪 50 年代起就开设了自然保护区，但并未就自然保护区的建设和管理作出规定。从 1979 年颁布第一部《环境保护法（试行）》开始，中国在有关土地、海洋、森林、野生动植物资源保护管理等法律法规中对自然保护和自然保护区作出了一些

〔1〕［美］理查德·拉撒路斯：《环境法的形成》，庄汉译，中国社会科学出版社 2017 年版，第 2 页。

原则性的规定……直至 1994 年,为履行生物多样性保护的国际义务,加强自然保护区的建设和管理,保护自然环境和自然资源,国务院制定了《自然保护区条例》(2017 年修正)。因此,虽然将散见于其他法律中的环境法律规范作为环境立法体系的内容可能会导致其与其他法律体系间的冲突,但从环境立法体系化的最终目的出发,对于其中发挥重要作用的规范(如环境侵权救济),仍然应当将其作为环境立法体系的主要内容,同时应通过环境立法体系化的技术手段实现将这些规范从其他法律体系中抽离的独立的目标。

除了表现形式外,环境法的调整范围还由其调整对象决定。传统法学理论通常认为法律的调整对象是人的行为或基于人的行为而形成的社会关系。马克思曾指出,对于法律来说,除了我的行为以外,我是根本不存在的,我根本不是法律的调整对象。我的行为就是我同法律打交道的唯一领域,因为行为就是我为之要求生存权利,要求现实权利的唯一东西,而且因此我才受到现行法的支配。〔1〕张文显教授亦认为,法律是通过影响人们的行为而实现对社会关系的调整。〔2〕孙国华教授则进一步将其表述为"人与人的关系中的意志行为"。〔3〕"从本质上来看,法律是特定情境的产物,法律必须回应其旨在规范的行为或活动的性质。一些法律领域聚焦于法律规则本身,……另一些法律领域则首先必须适应某些固有的事实和影响法律的整个外部环境,这些事实或外部环境决定了法律旨在规范的问题和相关人类活动的性质。……环境法显然属于后者,属于与外部性高度相关的法律类别。"〔4〕简言之,相较于沉浸在"社会环境"中追求逻辑闭环的传统部门法,环境法的形成、运行与发展都离不开作为载体存在的"自然环境"。因此,关于环境法的调整对象,有学者提出与传统法学理论相左

〔1〕《马克思恩格斯全集》(第 1 卷),中共中央马克思恩格斯列宁斯大林著作编译局译,人民出版社 1956 年版,第 16～17 页。

〔2〕张文显:《法哲学范畴研究》(修订版),中国政法大学出版社 2001 年版,第 61 页。

〔3〕孙国华、朱景文主编:《法理学》,中国人民大学出版社 1999 年版,第 229 页。

〔4〕[美]理查德·拉撒路斯:《环境法的形成》,庄汉译,中国社会科学出版社 2017 年版,第 2 页。

的意见。蔡守秋教授认为，环境法调整的是法学意义上的“环境”，亦即一种公众共用物。[1] 所谓公众共用物指的是不特定多数人（公众）可以自由、直接、非排他性享用的东西，[2]是一种“公众利益”。公众对此类利益所享有的权利和承担的义务源于人与自然的关系，是对马克思主义理论的一项重要解读。[3] 换言之，环境法的调整对象已经超越了人与人之间的关系，转型为人与自然的关系。吕忠梅教授则进一步指出，“环境”作为人类生产和发展的物质、空间、时间载体，与传统法理中的“物”的概念相似相关但不相同。传统法理下“物”的概念的出现是为了调整人与人之间的关系，而环境法中的“环境”概念，则是为了解决“人—自然—人”之间的关系。[4] 自然成为环境法调整对象中必不可少的一部分。然而，值得注意的是，从法理视角观之，权利义务的调整机制决定了环境法所调整的必然是主体之间的关系，不可能是主体与抽象客体之间的关系。[5] 王树义教授认为：“环境法的调整对象，依然应当是人的行为，或者说作为人之行为结果的社会关系。只不过这种社会关系被特定在人与自然界相互作用的领域里因人的行为或活动而形成的人与人之间的关系。”[6]从行为的视角出发，无论是人与人的关系、人与自然的关系抑或人与人之间关于自然的关系，法律所能够调整的只能是人的行为，人之外的一切动物、植物、环境要素乃至整个生态系统的行为都遵循自然规则，而不受法律规则的控制。归根结底，环境法的调整对象是与环境保护有关的人的行为。由此，需要进一步明确的便是环境立法体系化语境下的“环境”概念以及“与环境保护

[1] 何跃军、陈淋淋：《人与自然是生命共同体——“环境法中的法理”学术研讨会暨“法理研究行动计划”第十三次例会述评》，载《法制与社会发展》2020 年第 2 期。

[2] 蔡守秋：《公众共用物的治理模式》，载《现代法学》2017 年第 3 期。

[3] 蔡守秋：《人与自然关系中的伦理与法》（上卷），湖南大学出版社 2009 年版，第 49 ~ 82 页。

[4] 何跃军、陈淋淋：《人与自然是生命共同体——“环境法中的法理”学术研讨会暨“法理研究行动计划”第十三次例会述评》，载《法制与社会发展》2020 年第 2 期。

[5] 何跃军、陈淋淋：《人与自然是生命共同体——“环境法中的法理”学术研讨会暨“法理研究行动计划”第十三次例会述评》，载《法制与社会发展》2020 年第 2 期。

[6] 王树义、桑东莉：《客观地认识环境法的调整对象》，载《法学评论》2003 年第 4 期。

有关”的边界如何。

《环境保护法》第2条规定，本法所称环境，是指影响人类生存和发展的各种天然的和经过人工改造的自然因素的总体，包括大气、水、海洋、土地、矿藏、森林、草原、湿地、野生生物、自然遗迹、人文遗迹、自然保护区、风景名胜区、城市和乡村等。这一规定明确了环境的法律概念，根据所列举内容的特征可以将其分为环境要素、自然资源与生态空间三类。从环境法的立法进程来看，“环境”概念的范围呈扩大趋势。“自然资源”作为人类生存和发展的重要物质资料，最早进入环境立法视野之中。早在先秦时期便有关于生产与保护、开发与抚育自然资源的基本思想，中华民国时期也存在《渔业法》(1929年)、《土地法》(1930年)、《森林法》(1932年)、《狩猎法》(1932年)等自然资源相关立法，中华人民共和国成立以后，1954年《宪法》中便确立了自然资源权属制度，并在水土保持、森林保护、矿产资源保护等方面制定了若干纲要和条例。[1] 1972年首届联合国人类环境会议于瑞典首都斯德哥尔摩举行，参加完此次会议后，我国政府对环境保护有了新的认识，如何实现环境要素的污染防治工作成为这一时期环境法的重要内容。这意味着“环境”概念的法律范畴从自然资源扩大至环境要素，污染物的概念也随之产生。随着工业化的推进，环保事业越来越受到重视。《大气污染防治法》《水污染防治法》《环境保护法》等都相继进行了修订。2007年党的十七大报告中提出了要建设生态文明，2012年党的十八大报告中更是强调“必须树立尊重自然、顺应自然、保护自然的生态文明理念，把生态文明建设放在突出地位，融入经济建设、政治建设、文化建设、社会建设各方面和全过程”，标志着生态文明理念的诞生。生态文明理念，指的是人类遵循自然生态规律和社会经济发展规律，为实现人与自然和谐相处及以环境为中介的人与人和谐相处，而取得的物质与精神文明成果的总和；是指以人与自然及人与人和谐共生、良性循环、协调发展、持续繁荣为基本宗旨的文化伦理形态。[2] 蔡守秋教授

---

〔1〕 汪劲：《环境法学》(第4版)，北京大学出版社2018年版，第39～40页。

〔2〕 蔡守秋：《生态文明建设的法律和制度》，中国法制出版社2017年版，第1～2页。

认为,生态文明理念的出现为环境资源法律的基本理念带来了新的发展,[1]其中"空间均衡"和"山水林田湖是一个生命共同体"的新理念的出现使以"生态空间"为保护对象的自然保护地立法备受关注。而受此次新冠肺炎疫情的影响,生态安全立法也成为环境立法的重点。

随着这些新的立法趋势的出现,环境立法体系的内涵外延日益扩大,但必须警惕的是,这些新兴的甚至传统的法律是否真的属于环境立法体系?以核能利用为例,一方面,核能作为一种清洁能源,其开发利用是践行环境保护的一种方式,核安全事故的发生也会对环境造成不可逆的巨大影响;另一方面,核能的开发利用也可以缓解能源短缺、居民日常用能不足的危机,对维护社会稳定和国家安全亦至关重要。核能利用行为不是单纯以保护环境为目的,其所实现的环境保护效果本质上是其为实现能源安全和国家安全所带来的环境效益。此外,即便是在传统的环境法领域亦存在类似矛盾。有学者指出:"环境法的监管前提与自然资源保护法的监管前提是截然不同的。绝对的财产权观念下对自然资源的所有权构成了政府可以全权处理自然资源提取和拨款事项的请求权基础;而环境法的规制前提挑战了而不是接受了绝对财产权观念,许多环境保护法的核心规制前提是主权国家享有的警察权力。"[2]事实上,由于自然环境是人类生存活动的基石,一切人类活动(包括法律行为)都离不开环境,都可能对环境带来或好或坏的辐射效益。因此,单单以是否与环境保护相关来判断某一法律能否被纳入环境立法体系在本质上不具有较大的参考价值。吕忠梅教授指出,人们在社会经济活动中因从事与环境有关的活动而形成的环境社会关系广泛而复杂,并不是所有的环境社会关系均需要且也可以纳入环境法的调整范围。[3] 在环境立法体系化的过程中须得为其内容设立边

---

[1] 蔡守秋:《生态文明建设的法律和制度》,中国法制出版社 2017 年版,第 52 ~ 72 页。

[2] [美]理查德·拉撒路斯:《环境法的形成》,庄汉译,中国社会科学出版社 2017 年版,第 53 页。

[3] 吕忠梅:《环境法回归 路在何方?——关于环境法与传统部门法关系的再思考》,载《清华法学》2018 年第 5 期。

界,[1]只有以环境保护为直接目的的法律才属于环境立法体系化的主要内容。

二、环境立法体系主要内容的划分方法

除调整范围的不统一外,对现行环境法主要教材分编的设置进行整理归纳(见表1)可以发现,如何对环境立法体系的主要内容进行划分,学术界亦存在不同的观点。

表1　环境法主要教材分编设置情况

教材信息	分编结构
《环境法学》(第4版)(汪劲,北京大学出版社)	· 污染控制法(包括环境污染防治法、物质循环与化学物质环境风险管理法、能量危害防除法) · 自然保护法(包括自然地域保护法在内) · 环境责任法(环境损害救济法、环境公益诉讼、危害环境犯罪制裁法) · 中国与国际环境法
《环境与资源保护法学》(第3版)(张璐,北京大学出版社)	· 污染防治法 · 自然资源法 · 特殊区域保护法
《环境保护法教程》(第8版)(韩德培,法律出版社)	· 自然资源保护法(包括水土保持和防沙治沙的法律规定、保护特殊自然区域的法律规定、节约能源和可再生能源的法律规定、保护城乡环境和农业环境的法律规定) · 污染防治法 · 环境责任法(包括行政责任、民事责任和刑事责任) · 国际环境保护法

[1] 刘长兴:《论环境法法典化的边界》,载《甘肃社会科学》2020年第1期。

续表

教材信息	分编结构
《环境法》(第2版)(吕忠梅,高等教育出版社)	· 环境污染防治法 · 生态保护法(包括环境要素资源保护法、特殊区域和生物多样性保护法) · 环境法律责任(包括民事、行政、刑事责任和专门环境法律责任) · 环境侵权救济 · 国际环境法
《环境资源法教程》(第3版)(蔡守秋,高等教育出版社)	· 环境污染防治法 · 自然资源法 · 生态保护建设法(包括野生动物保护法、野生植物保护法、自然保护区法、自然遗迹和人文遗迹保护法、水土保持法、防沙治沙法、防洪法、抗震法、城乡规划建设法) · 环境资源民事责任 · 环境资源刑事责任 · 国际环境法
《环境资源法概论》(孟庆瑜、徐以祥,高等教育出版社)	· 环境保护法论(包括环境法律责任与环境公益诉讼、污染防治具体法律规定) · 自然资源与生态保护法论(其中关于野生动植物保护的法律规定与关于自然保护区的法律规定属于生态平衡维护与生态环境改善法) · 国际环境法论
《环境法学》(第4版)(金瑞林,北京大学出版社)	· 环境污染防治法 · 自然资源保护法(包括能源及其立法、特殊区域环境保护法) · 国际环境法
《环境法》(第5版)(周珂,中国人民大学出版社)	· 环境污染防治法 · 生态环境保护法(包括生物资源保护法、非生物资源保护法、生态空间保护法) · 国际环境法基础

续表

教材信息	分编结构
《环境法学》(王社坤,北京大学出版社)	· 污染防治法(包括清洁生产与循环经济促进法) · 生态保护法(包括野生生物保护法、特殊区域保护法、水土保持与防沙治沙法) · 自然资源法 · 国际环境法
《环境与资源保护法学》(黄锡生、史玉成,重庆大学出版社)	· 自然资源保护法 · 环境污染防治法 · 生态保护法 · 国际环境法 (分论中没有关于野生动植物保护法的规定)
《环境与资源保护法》(第2版)(曹明德,中国人民大学出版社)	· 环境污染防治法 · 自然资源保护法 · 生态保护法(包括野生动植物保护法、自然保护区法、风景名胜区和文化古迹保护法、水土保持和荒漠化防治法) · 国际环境法
《环境法教程》(罗丽,中国法制出版社)	· 污染防治法 · 自然保护法(包括生态保护法、自然资源法) · 物质循环管理法(包括循环经济促进法、清洁生产促进法、节约能源法、可再生能源法、废弃电器电子产品回收处理管理条例) · 环境责任(包括环境行政、刑事、民事责任和环境公益诉讼) · 国际环境法

由表1可知,我国学术界对环境立法体系内容的划分标准并不统一。其中,污染防治法作为特色最为鲜明的环境法律领域,内容体系争议最小,只是在是否应当包含清洁生产与循环经济促进法上意见不一。

国际环境法虽然在教学视角下是环境法的重要组成部分,但从立法体系化的角度来看,国际环境法的内容可以且需要通过立法技术借助国内法的形式加以表达,因而不作为环境立法体系化的关注重点。相对而言,自然资源法、生态保护法与环境责任法不仅对环境立法体系具有重要的支撑作用,而且在各自内容的确定上具有较大的争议,尤其以自然资源法与生态保护法的划分为最。二者的矛盾主要体现在野生动物资源保护法的归属上,要解决这一矛盾必须要厘清自然资源法与生态保护法的调整范围,进一步而言,需要统一划定自然资源法与生态保护法调整范围的标准。

具体而言,《野生动物保护法》第 1 条规定了该法的立法目的,即"为了保护野生动物,拯救珍贵、濒危野生动物,维护生物多样性和生态平衡,推进生态文明建设,制定本法"。根据该条,《野生动物保护法》的立法目的系维护生物多样性和生态平衡,即保障国家的生态安全。基于此,有学者以立法目的为标准划定环境立法子体系的调整范围,将其与自然保护地相关立法、《防沙治沙法》、《水土保持法》等共同作为生态安全法的组成部分。

另一部分学者则以调整的法律关系作为划分各个子体系的标准。法律关系理论起源于康德的哲学理念,被萨维尼正式引入法学体系,并将其内容抽象概括为权利与义务。[1] 萨维尼之后,法律关系理论逐渐被一些法哲学或法理学家(如托恩、比尔林、鲁道夫·施塔姆勒)以及少数以法律关系作为专题研究的学者(如彭莎尔特)继承和发展,[2]成为法理学的重要研究内容。传统的法律关系理论以权利义务为内容,强调权利义务之间的对等性。张文显教授指出,"法律关系是以权利和义务为内容的社会关系。法律关系,一般说来,从一个人看是他的'权利',从另外一个人看就是一种'义务'",[3]即"权利与义务之间是

---

〔1〕 朱虎:《法律关系与私法体系:以萨维尼为中心的研究》,中国法制出版社 2010 年版,第 1 页。

〔2〕 唐晓晴、陈怡:《法律关系理论的传播脉络与争议焦点》,载《国家检察官学院学报》2019 年第 5 期。

〔3〕 张文显主编:《法理学》(第 5 版),高等教育出版社 2018 年版,第 153 页。

相互对应的，若某人拥有某种权利，那么，另外的人就需要承担相应的义务”。[1] 然而，仅仅将权利义务作为法律关系理论的全部内容会使很多本属于法律调整的社会关系被排除在法律领域之外，[2] 法律关系理论在整个法学界的应用也会受到限制。耶鲁大学教授霍菲尔德对传统法律关系理论提出了质疑，他指出，“法律关系”并不属于“基本法律概念”的范畴，[3] 他对人们把所有法律关系都约化为“权利”与“义务”的观点提出了批评，他认为这将成为人们清晰表述、深刻理解以及正确解决法律问题的最大障碍之一。[4] 为解决这一问题，霍菲尔德将法律话语中混乱无序的权利概念概括为极具逻辑性的几组概念（权利以及其对应和相反状况）并作成两个清晰的图示：[5]

图 1 系霍菲尔德从权利这一基本法律概念出发，寻求到与之相对应的“义务”、“特权”、“无权利”三个重要法律概念，并基于此建立了“针对行为的法律关系”；图 2 则反映了一种“针对法律关系的法律关系”。[6] 霍菲尔德认为，“权利”与“特权”及其相连的“义务”与“无权利”属于第一层次的基础范畴，它更多的是属于一种意志与行动自由的内容，而“权力”与“豁免”及其相连的“责任”与“无权力”则属于第二层次的范畴，它更多地依赖于第一层次的行为与自由而产生，是对第一层次意义上“权利”的基础上而形成的“法律关系”的一种考察。[7] 科克里克对霍菲尔德的理论进行了修正，科克里克认为霍菲尔德理论

〔1〕 陈锐：《法律关系内容的重构：从线性结构到立体模型》，载《法制与社会发展》2020 年第 2 期。

〔2〕 陈锐：《法律关系内容的重构：从线性结构到立体模型》，载《法制与社会发展》2020 年第 2 期。

〔3〕 陈运生：《一个二元性权利的分析体系——对霍菲尔德权利理论的一种解读》，载《公法研究》2008 年第 00 期。

〔4〕 ［美］霍菲尔德：《基本法律概念》，张书友编译，中国法制出版社 2009 年版，第 26 页。

〔5〕 Wesley Newcomb Hohfeld, *Fundamental Legal Conceptions as Applied in Judicial Reasoning and Other Legal Essays* , Yale University Press, 1923, p. 65.

〔6〕 林孝文、金若山：《从法律概念中探寻法律关系——霍菲尔德法律关系理论研究》，载《湘潭大学学报（哲学社会科学版）》2013 年第 4 期。

〔7〕 陈运生：《一个二元性权利的分析体系——对霍菲尔德权利理论的一种解读》，载《公法研究》2008 年第 00 期。

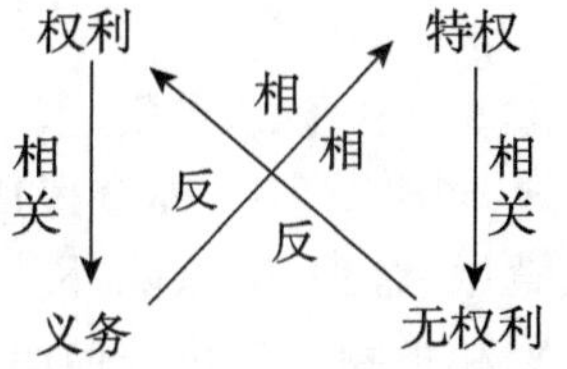

图1 针对行为的法律关系

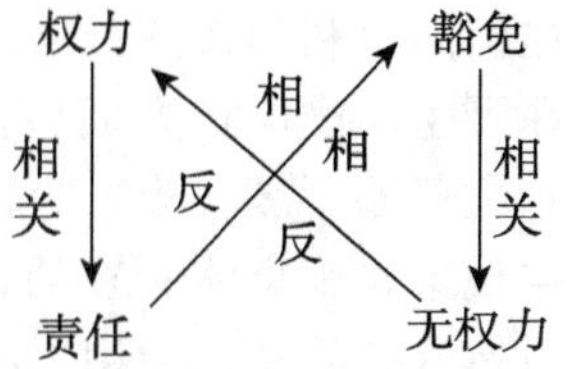

图2 针对法律关系的法律关系

的最大缺陷在于未能厘清法律关系与法律事实这两个基本概念的区别,从而导致对立关系与相关关系两个图示中有一半的内容都与法律关系无关。[1] 据此,他进一步推出否定性的关系(无权利—无义务、无权力—无责任)不是法律关系的观点 ,并总结认为只存在两种基本的法律关系:权利(claims)与权力(power)。[2] 科克里克的理论又引发了大量美国法学家就法律关系理论的探讨,这些讨论经凯尔森(Hans Kelsen)等法理学家阐释后日益深刻,并转而影响大陆法系各国。[3] 圣彼得堡大学公法学教授科库诺夫(N. M. Korkunov)在19世纪末出版的《法的一般理论》中非常清楚地展示了俄罗斯法学与欧洲法学的这种紧密关系。[4] 苏联法学视域下的法律关系理论得到了一定的发展,从仅用于私法领域的特殊法律关系理论上升为可用于所有部门法的普遍法律理论。[5] 我国法律学界基本上继承了苏联法学的法律关系理论,认为法律关系是在法律规范调整社会关系的过程中所形成的

---

〔1〕 Albert Kocourek, *The Hohfeld System of Fundamental Legal Concepts*, *University of Illinois Law Review*, No. 15, p. 39(1920 – 1921).

〔2〕 唐晓晴、陈怡:《法律关系理论的传播脉络与争议焦点》,载《国家检察官学院学报》2019年第5期。

〔3〕 王涌:《法律关系的元形式——分析法学方法论之基础》,载《北大法律评论》1998年第2期;王涌:《权利的结构》,载郑永流主编:《法哲学与法社会学论丛》第4卷,中国政法大学出版社2001年版,第243～245页。

〔4〕 唐晓晴、陈怡:《法律关系理论的传播脉络与争议焦点》,载《国家检察官学院学报》2019年第5期。

〔5〕 陈锐:《法律关系内容的重构:从线性结构到立体模型》,载《法制与社会发展》2020年第2期。

人们之间的权利和义务关系。[1]

在野生动物保护方面，首先，根据《宪法》第9条，“矿藏、水流、森林、山岭、草原、荒地、滩涂等自然资源，都属于国家所有，即全民所有；由法律规定属于集体所有的森林和山岭、草原、荒地、滩涂除外。国家保障自然资源的合理利用，保护珍贵的动物和植物。禁止任何组织或者个人用任何手段侵占或者破坏自然资源”。根据《野生动物保护法》第3条第1款，“野生动物资源属于国家所有”。从调整对象上来看，野生动物资源与土地资源、水资源等都属于国家所有的自然资源。其次，尽管《野生动物保护法》第二章作出了大量关于野生动物栖息地保护的规定，但总体而言，第二章野生动物及其栖息地保护、第三章野生动物管理与第四章法律责任中关于“野生动物分级分类保护”（第10条）、“禁猎区、禁猎期以及特许猎捕证的取得”（第20~23、45~46条）、“为科研或相关目的利用野生动物”（第25、40条）、“人工繁育饲养野生动物”（第26、47条）以及“生产、出售、购买、利用野生动物制品”（第15条第3款，第27~37、39、44、48~52、55条）的规定构成了《野生动物保护法》的主要内容，更是《野生动物保护法》如何实现合理利用野生动物资源的具体体现。易言之，尽管存在生态保护的部分内容，但《野生动物保护法》的主要调整对象系对野生动物资源进行利用的权利与义务，即调整野生动物资源利用法律关系，这与其他自然资源法的调整对象（自然资源利用法律关系）相一致。因此，根据调整的法律关系，部分环境法学者将《野生动物保护法》与《水法》《土地管理法》等共同作为自然资源法的组成部分。

从我国法学理论的发展历史来看，由于深受苏联法学的影响，相较于立法目的，法律关系相比于其他概念在法的一般理论中更具有代表性，法律关系在法律概念体系中具有基础性地位。[2] 早期部门法的划分亦以具有“独立的调整对象”和“特有的调整方法”作为判断一种法

---

〔1〕 张文显主编：《法理学》（第5版），高等教育出版社2018年版，第152~153页。

〔2〕 雷磊：《法的一般理论及其在中国的发展》，载《中国法学》2020年第1期。

律现象是否可以成为一个独立法律部门的标准。[1] 其中,“独立的调整对象”即独立的法律关系是不同部门法内容间相互区隔的依据。尽管随着领域法理论的兴起,主客观相一致的判断标准逐渐取代苏联模式下“独立调整对象” + “特有调整方法”的区分标准,但在民法典的制定过程中,法律关系仍然是选择民法典调整范围的一种重要思路。谢鸿飞教授指出,民法典的调整范围可以按照法律关系将社会关系分为人和物的关系与人和人的关系,后者的模型包括两个人之间的关系、任何人和任何人之间的关系、三个人之间的关系。[2] 由此可见,“法律关系”在确定法律调整范围的过程中始终占据主要地位。

就环境法本身的立法情况而言,受生态系统的整体性、协调性特征和以保护生态环境为共同根本目的的影响,环境立法体系内的各个单行立法在立法目的上可能有所交叉,如《森林法》第 1 条规定:“为了践行绿水青山就是金山银山理念,保护、培育和合理利用森林资源,加快国土绿化,保障森林生态安全,建设生态文明,实现人与自然和谐共生,制定本法。”该条明确了《森林法》的立法目的包括保护、培育和合理利用森林资源与保障森林生态安全,同时符合“以合理利用自然资源”为目的的自然资源保护法以及以“保障生态安全”为目的的生态安全法的要求,这使仅依据立法目的划分各个子体系调整范围不具有可行性。由此可见,环境立法体系化的实现仍然应当将法律关系作为环境立法体系主要内容的划分标准。

除不同子体系调整范围的划分标准外,如何进行环境责任法的内部设置也是环境立法体系化过程所需要重视的一项重要内容。从教材的设置来看,环境责任法的内部分歧在于除传统的环境民事责任、环境行政责任和环境刑事责任分类外,是否存在单独的环境法律责任。吕忠梅教授认为,除传统的三种法律责任形式外,专门的环境法律责任可能也有必要存在。[3] 专门环境法律责任特指违法者对其环境违法行

[1] 李艳芳:《论生态文明建设与环境法的独立部门法地位》,载《清华法学》2018 年第 5 期。
[2] 谢鸿飞:《民法典的外部体系效益及其扩张》,载《环球法律评论》2018 年第 2 期。
[3] 吕忠梅:《环境法》(第 2 版),高等教育出版社 2017 年版,第 190 页。

为所应承担的专门由环境法律规范所规定的不利的法律后果。这种专门责任源于特定的环境法律义务,代表了环境法律对环境违法行为的否定性评价。并且不同于根源于传统法律责任类型的环境民事责任、环境行政责任和环境刑事责任,其本身具有不可替代性。[1] 换言之,传统的法律责任类型并不一定能够完全涵盖所有的环境法律责任形式。以生态环境修复责任为例,2015 年 1 月最高人民法院颁布施行了《关于审理环境民事公益诉讼案件适用法律若干问题的解释》(2020 年修正),明确了生态修复责任的法律地位。2017 年 12 月中共中央办公厅、国务院办公厅印发的《生态环境损害赔偿制度改革方案》中提出要"通过在全国范围内试行生态环境损害赔偿制度,进一步明确生态环境损害赔偿范围、责任主体、索赔主体、损害赔偿解决途径等,形成相应的鉴定评估管理和技术体系、资金保障和运行机制,逐步建立生态环境损害的修复和赔偿制度,加快推进生态文明建设",将生态环境修复责任作为一种承担环境法律责任的重要方式。尽管在一系列政策文件的推动下,生态环境修复责任已在司法中开展了大量实践,但学术界关于生态环境修复责任的法律性质莫衷一是。持恢复原状说的学者认为,生态环境修复责任可以被民事责任中的"恢复原状"所涵盖,这一观点也在立法和司法上得到了认可。就立法而言,《民法总则(草案)》一审稿第八章第 160 条民事责任中曾规定了"恢复原状、修复生态环境"责任形式,王利明教授对该条的解释为:"现在生态环境更加被重视,也是 21 世纪我们面临的共同挑战,民法应该承担相应的功能。草案增加了恢复原状、修复生态环境的责任方式,从而承担起必要的维护环境、保护生态的义务。"[2]然而,在二审稿以后的草案及通过的正式法律中只保留了"恢复原状"的责任形式,"修复生态环境"被删除。[3] 这一修改反映了立法者在认定生态环境修复责任性质上持保守态度,仍将

---

〔1〕 吕忠梅:《环境法》(第 2 版),高等教育出版社 2017 年版,第 190 页。

〔2〕 蒲晓磊:《民法总则草案十大亮点解读》,载中国人大网,http://www.npc.gov.cn/zgrdw/npc/xinwen/lfgz/2016-06/28/content_1992355.htm。

〔3〕 李挚萍:《生态环境修复责任法律性质辨析》,载《中国地质大学学报(社会科学版)》2018 年第 2 期。

其作为恢复原状的一种类型。就立法而言,《关于审理环境民事公益诉讼案件适用法律若干问题的解释》第20条第1款规定:“原告请求修复生态环境的,人民法院可以依法判决被告将生态环境修复到损害发生之前的状态和功能。无法完全修复的,可以准许采用替代性修复方式。”有学者指出:从该条规范所表达的含义上来看,生态环境损害赔偿诉讼中的修复生态环境责任仍属于民事责任。且囿于司法解释的法律渊源位阶和性质,司法解释无权创设法律责任。可以说,在生态环境损害赔偿诉讼案件中,修复生态环境责任是为了实现维护受损生态环境的诉讼而对恢复原状责任的具体化。[1]

更多的学者,尤其是环境法学者则持相反的观点,认为生态环境修复责任与恢复原状的民事责任存在根本的区别。一方面,从形式上来看,吕忠梅教授指出,虽然生态环境修复责任在司法实践中是民事责任中“恢复原状”的一种形式,但其责任判断标准、责任内容、履行方式等,都与民法上的“恢复原状”大相径庭,更多体现的是环境法的整体主义思维、风险预防和公众参与原则、技术与法律的协同等理念和制度,因而“修复生态环境”是违反环境法、造成生态环境损害的法律责任形式。[2] 另一方面,从内容上来看,有学者指出:“作为侵权责任承担形式的‘恢复原状’,并不是恢复环境的原状,而是恢复受害人受损财产的原状,显然‘环境’并非民法上的‘财产’,因此不能将‘恢复原状’简单等同于‘修复环境’。在实践中,恢复环境原状往往是一种行政制裁手段,而非受害人直接享有的权利。”[3]此外,还有学者以土壤修复责任为例,从性质的角度分析认为,“土壤修复责任属于公法责任而非私法责任”,[4]因此,其更难以为作为民事责任的恢复原状所吸

〔1〕 吴一冉:《生态环境损害赔偿诉讼中修复生态环境责任及其承担》,载《法律适用》2019年第21期。

〔2〕 吕忠梅、窦海阳:《修复生态环境责任的实证解析》,载《法学研究》2017年第3期。

〔3〕 侯佳儒:《生态环境损害的赔偿、移转与预防:从私法到公法》,载《法学论坛》2017年第3期。

〔4〕 胡静:《污染场地修复的行为责任和状态责任》,载《北京理工大学学报(社会科学版)》2015年第6期。

收。由此可见,现行法律责任体系无法通过解释的方法涵盖所有的环境法律责任。因此,环境立法体系化过程中不能一味依赖传统的法律责任划分理论,需要在此基础上结合环境保护的特点发展出能够在环境法律体系内部实现逻辑自洽并与其他法律责任相协调的专门环境法律责任。这既是法律自身发展的一种表现,又能体现生态环境保护的特殊性,通过有针对性的责任方式更有效率地实现生态环境保护的目的。

第六章　环境立法体系化的方法论基础

近年来，随着环境立法的快速推进，体系化已经成为环境法学界关注的热点问题。中国法学会环境资源法学研究会会长吕忠梅教授在多个场合反复提出，在这个新的历史时代，环境法学人应该承担起新的历史使命——推进环境立法法典化，通过编纂环境法典实现法律之间的有机协调和建立统一实施机制。[1] 我国环境立法正面临着紧迫的体系化需求。那么，进一步的问题是，环境法学人应当如何推进环境法体系化，在这一过程之中，应当坚持何种方法论上的自觉？对于这一问题，环境法学界尚未展开深入的思考与探讨。规范的体系化依赖于法学方法的运用，这同时也是法学的基本任务和功能。对此，拉伦茨教授指出："发现个别法规范、规整之间，及其与法秩序主导原则间的意义脉络，并以得以概观的方式，质言之，以体系的形式将之表现出来，乃是法学最重要的任务之一。"[2] 因此，环境法学者在体系化过程中的主要任务应当是依靠法教义学方法，通过对具有普遍约束力的规范进行解释和体系化，建构一个符合法的形式性标准的规范体系（法教义体系），为体系化进行理论上的准备。除此之外，在这一过程中，为了使环境法典能够适当地发挥其作为社会控制工具的功能，法规范体系不能完全封闭和固化，而必须对社会发展变化保持一定的开放性，因此，

---

〔1〕 蒲晓磊：《十九大报告提出加快生态文明体制改革　专家认为推进我国环境立法法典化恰逢其时》，载中国法院网 2017 年 10 月 31 日，https://www. chinacourt. org/index. php/article/detail/2017/10/id/3035261. shtml。

〔2〕 [德]卡尔·拉伦茨：《法学方法论》，陈爱娥译，商务印书馆 2003 年版，第 316 页。

环境法学者对环境法规范体系的建构也不能回避实质层面上的价值判断问题。形式性体系化与实质性价值判断之间的关系,构成了环境法体系化过程中的基本矛盾,也是环境立法体系化所必须解决的基本问题。对于这一问题,有必要展开系统的学理阐述,确保环境法体系化过程中的理论自觉。

第一节 环境立法体系化的基本目标

体系化与法治之间存在紧密的关联。从既有民法通过法典化来实现体系化的经验来看,体系化是法治精神的表现,也是法治高度发达的产物。杨立新教授在讨论中国当代民法的历史性跨越时就指出,《民法总则》全面展现了中国当代社会的法治精神,是当代法治精神的鲜明体现。[1] 作为一种"政治—法律"理想,学者们能够对法治的内涵达成一个基本共识,即法治的基本要求是实现"形式法治"(formal rule of law)。形式法治包含了"法律等于法体系"与"法治是一种法律美德"两个要求。一方面,体系性是法律的根本属性,有法律就等于有法体系。每一种法律必然属于一种法律体系。[2] 法治需要一个在形式上封闭的、在逻辑上自我指涉的系统,从而清晰地界定与其他社会治理体系的边界。另一方面,法治意味着不仅仅存在一个法体系,该法体系还需要具备使它成为优越法体系的其他一些条件,并且只有依靠这种优越法体系的统治,才能被合理地称作一种"作为理想的法治"。[3] 法体系要获得优越性,首先必须具备形式上的要求。"按照形式法治论者的界定,法治仅仅包含一套形式化或程序化的法律原则,而不包括实体化的法律原则。这套原则仅仅设定了所有法律在行使或程序上应达到

---

〔1〕 杨立新:《民法总则:当代法治精神的鲜明体现》,载《北京日报》2017 年 3 月 20 日,第 13 版。

〔2〕 [英]约瑟夫·拉兹:《法律体系的概念》,吴玉章译,商务印书馆 2017 年版,第 1 页。

〔3〕 陈景辉:《法治必然承诺特定价值吗?》,载《清华法学》2017 年第 1 期。

的标准，而不干涉各项法律处理问题的实体价值导向。”[1]对于法治形式化的要求，学者们进行了概括与总结。富勒认为，一套规则系统可致力于追求八种法律上的卓越品质（legal excellence），即法律的一般性、法律的公开性、法律非溯及既往、法律的明晰性、法律不相互矛盾、法律的可行性、法律的稳定性和连续性、官方行动与公布的规则之间的一致性。[2] 拉兹则认为，形式法治的原则包括：法律必须是可预期的、公开的和明确的；法律必须是稳定的；特别法应当在公开的、稳定的、明确的而又一般的规则的指导下制定；自然正义的原则必须遵守；法院应对各项原则的实施享有审查权；法院之门应当容易进入；刑事执法机构不能利用自由裁量权歪曲法律等。[3] 菲尼斯也提出了法律规则的八项基本要求，即法律规则适用于未来而非溯及既往；法律规则必须可行；法律规则的公开性；法律规则的明确性；法律规则彼此协调；法律规则的稳定性；适用于特定情形的法令和命令的制定受已公布的、清晰的、稳定的和较为一般性的规则的指导；以官方身份制定、实施和适用规则的人必须遵守规则并以前后一致和符合法律精神的方式执行法律。[4] 形式法治的上述要求是关涉法本身的，即法本身应该以何种面貌呈现，而不是将法律作为一种实现目的的手段。“许多法律人不愿承认法律是一种工具，或是法律除了公平正义、维持社会秩序外，还有其他目的，传统的法学家强调的是适用法律本身就是法律的目的所在，他们完全排斥法律作为一种达成其他目的之工具的观念。”[5]因此，形式法治是体系化的最低要求，体系化必须满足以下基本目标，即立法体系中的法律规范必须构成一个独立的、完整的体系以及这一体系必须具备明确性、溯及既往、不相互矛盾等形式性要求。

---

〔1〕 黄文艺：《为形式法治理论辩护——兼评〈法治：理念与制度〉》，载《政法论坛》2008年第1期。

〔2〕 ［美］富勒：《法律的道德性》，郑戈译，商务印书馆2005年版，第49～107页。

〔3〕 ［英］约瑟夫·拉兹：《法律的权威》，朱峰译，法律出版社2005年版，第187～190页。

〔4〕 ［美］约翰·菲尼斯：《自然法与自然权利》，董娇娇、杨奕、梁晓晖译，中国政法大学出版社2005年版，第216页。

〔5〕 陈铭祥：《法政策学》，台北，元照出版有限公司2011年版，第4页。

为了满足体系化的基本要求，在环境立法体系化过程中，环境法学者应当将环境法典作为“环境法的统治”的象征而不是“以环境法为手段实现环境保护的目的”的工具，抽离出实质性的环境保护的内容，建构一个满足形式性标准的环境立法体系，这一体系应该符合以下要求：一是一般性。这一体系应该为行为和社会关系提供一般性的规则而不是个案基础上的具体的解决方案，这使法律可以被预测，并指引行为，从而形成稳定的法秩序。二是清晰性。这一体系中的规范应该是清晰且没有歧义的，能够被正确地理解，从而避免模糊的规则带来的执法和司法的不确定性。三是稳定性和连续性。这一体系应该是稳定的，所包含的有效的、具有普遍约束力的规范不能被轻易地挑战和改变，体系的发展变迁必须有其内在的连贯的逻辑或理由。四是一致性或协调性。这一体系中的规范并不是随便排列在一起，而是按照一定的逻辑进行组合，因此，这一体系中规范的相互矛盾或者说“不相容”(incompatibilities)、“不一致”(repugnant)或者“不协调”(inconvenient)之处应该被消除或者得到合理的解释。总的来说，环境法的体系化过程应该成为环境法学者施展环境法技艺或者技术的舞台，其作品应当是一个理想的、具有“法律的美德”的纯粹体系。

综上所述，环境立法体系化的基本目标是实现规范的体系化，建构一个符合形式法治要求的规范体系，这也是所有的体系化活动的基本要求。在民法典编纂过程中，体系化的要求也构成了民法法典化的基本前提。《关于〈中华人民共和国民法总则(草案)〉的说明》就明确提出，要制定“体例科学、结构严谨、规范合理、内容协调一致的法典”。[1]对此，许中缘教授的评论一语中的，“民法典体系化的根本目的，在于获得一个关于民法典的完备体系，在该体系支撑下制定出一部蕴含民族性并且具有高度逻辑性和体系性的民法典。在体系化价值下，从民法典由自身特有的法律概念以及逻辑出发并沿着法典体系展开，拒绝

[1] 李建国：《关于〈中华人民共和国民法总则(草案)〉的说明》，载中国人大网，http://www.npc.gov.cn/npc/xinwen/2017-03/09/content_2013899.htm。

其他非体系内因素,从而构成法治基础”。[1] 环境立法体系化也同样如此,首先必须满足形式法治的规范性标准,这是体系化的基本前提。

对于环境法学者在环境立法体系化中的主要任务,环境法学界的认识十分模糊。相对于传统部门法学来说,环境法学的发展时间十分短暂,且环境法学与环境科学、环境管理学、环境伦理学等存在一定的交叉关系,因此,环境法学普遍存在“将环境法作为解决环境问题、实现环境保护的法”的研究倾向。这种倾向将环境法作为一种与其他社会治理手段相并列的手段,而不是目的本身,这实际上是法律工具主义在环境法学中的反映。对于法律工具主义倾向,有很多学者提出了批判,如陈景辉教授认为:虽然在 20 世纪末,中国法学界开始集中讨论“法治”的问题,但是由于他们不约而同地将法治视为某种社会治理的工具,过分强调了法治所拥有的工具性价值,这在很大程度上伤害了法治原本拥有的重要性,尽管法治的确也是解决有些社会问题或者回应社会转型的重要工具。[2] 在环境法学界,也有学者针对这一倾向进行了自觉的反思。王明远教授用“浅层环境法学”这一术语来描述这一现象,认为“浅层环境法学”是指环境学视角、思维模式和方法下的“目的—手段型”“环境问题—法律对策型”环境法学。[3] 在方法论上,这种环境法学实际上采用的是环境科学的视角、思维和方法,而不是法学的视角、思维和方法。因此,这种环境法学追求的是针对层出不穷的新的环境问题的“最为有效的”实践方案,而不是一种规则之治。由于环境问题往往需要迅速的回应,这种环境法学所生产的零散的、仓促的和权宜的制度创新和规范设计往往会违反法治的形式标准,从而在提供临时解决方案的同时破坏了稳定的法秩序。

环境法学要实现建构符合形式要求的法体系的目标,就必须避免“弯道超车”的尝试,重走传统法学走过的路,在方法论上回归法学的

---

〔1〕 许中缘:《政治性、民族性、体系性与中国民法典》,载《法学家》2018 年第 6 期。

〔2〕 陈景辉:《法律的内在价值与法治》,载《法制与社会发展》2012 年第 1 期。

〔3〕 王明远:《“环境法学的危机与出路:从浅层环境法学到深层环境法学”研讨会纪要》,载《清华法治论衡》2014 年第 3 期。

视角、思维和方法。王明远教授认为,环境法学必须发展成为一种"深层环境法学",即"法学,特别是大陆法学视角、思维模式和方法、ARI模型和路径下的'一体、多维'环境法学"。[1] 这一理论实际上明确地指出了环境法学者建构符合形式要求的法体系目标的路径,即在方法论上依靠法学特别是大陆法学视角、思维模式和方法。这种视角、思维模式和方法实际上就是指法教义学。"法教义学指运用法律自身的原理,遵循逻辑和体系的要求,以原则、规则、概念等要素制定、编纂和发展法律以及通过适当的解释规则运用和阐释法律的做法。"[2]"法教义学具有维护法律秩序的一致性、安定性,简化法律工作,保证法律知识和技艺的可传承,以及为实践中争议的解决提供指引的功能。因此,以法治为目标的法学就必然是教义性的。"[3]只有通过法教义学的方法,才能够构建法体系,使形式法治成为可能。因此,对于部门法学或者领域法学来说,法教义学是一种基本的方法论,法的教义化是法学必须要完成的学术工作。真正意义上的法学的基本任务不是为实践中层出不穷的情况提供具体的解决方案,而是通过建立法体系的方法维护法律秩序的一致性和安定性。

因此,对于环境法学来说,回归传统法学,就是指在方法论上回归法教义学,从而构建符合形式标准的环境立法体系。法教义学的基本工作是解释与体系化。解释是对法律规范之客观有效意义的认识和阐明,而体系化则是发现规范与规范之间的深层次的脉络关联,并且以体系的形式表现出来,以整合各种价值、消除规范之间的矛盾。[4] 解释是体系化的基础,而体系化则是确保解释与法律基本精神和价值导向相互契合的保障,避免解释的零散性和随意性。解释和体系化并没有先后关系,而是对于既有的法律素材的双重加工。拉德布鲁赫对此进行了细致的解释:"由上述可知,对于法教义学而言,其任务在于对其

---

〔1〕 王明远:《"环境法学的危机与出路:从浅层环境法学到深层环境法学"研讨会纪要》,载《清华法治论衡》2014年第3期。

〔2〕 许德风:《法教义学的应用》,载《中外法学》2013年第5期。

〔3〕 张翔:《宪法教义学初阶》,载《中外法学》2013年第5期。

〔4〕 白斌:《论法教义学:源流、特征及其功能》,载《环球法律评论》2010年第3期。

材料进行双重加工:其一是范畴论的工作,即将法作为法概念以及组成法概念的各种法律范畴的实现加以显示;其二是目的论的工作,即将法阐明为法理念尝试性的现实化。这一双重工作就被称为'建构'(konstruktion),而当它所关联的不仅是各个法律制度而且是法秩序的整体时,就被称为'体系化'(system)。所以,也就产生双重的建构和体系化:范畴论的以及目的论的。"[1]因此,对于环境法学者来说,体系化工作的主要内容是从所有的法律素材(环境法的立法条文和司法案例)中提取出具有约束力和支配力的有效规范,通过解释和体系化的方法澄清其中的模糊之处,弥补法律漏洞并消除规范之间的矛盾和冲突,建构能够被法律共同体理解和掌握的统一的法体系,从而形成被信奉和遵从的实定法秩序。首先,需要从现行有效的法律素材中提取出具有约束力和支配力的有效规范。法教义学致力于解释的法规范,是"约束性或支配性规则"(binding or governing rules),只有具有约束力或支配力的有效规范,才是法教义学的研究对象。那些"不完全法条"以及没有创造而只是适用具体规则的司法案例,都不构成实定法秩序的一部分,因此都不是法教义学必须尊重和解释的法规范。[2] 其次,需要通过解释和体系化的工作,实现建构法体系的目标。法律解释能够对法规范的客观有效意义进行认识和阐明,得出规范的唯一含义,而体系化则能够通过勾连和排斥的方法,发现规范和规范之间的脉络关联,消除规范间的矛盾冲突之处,从而形成统一的法体系。[3] 通过法教义学的方法,不仅能够实现建构法体系的目标,还能够确保法体系在形式层面上遵守基本准则,使形式法治获得技术上的保障。法教义学通过对某种裁判模式的总结和概括,使未来的裁判有可遵循的规则,使法律判决的作出在很长的时间段内被固定化。通过提供安定的行为规则,群体行为得以稳定,社会冲突得以缓和。同时,固定化也意味着一般化,

---

〔1〕 [德]古斯塔夫·拉德布鲁赫:《法教义学的逻辑》,白斌译,载《清华法学》2016年第4期。

〔2〕 凌斌:《什么是法教义学:一个法哲学追问》,载《中外法学》2015年第1期。

〔3〕 白斌:《论法教义学:源流、特征及其功能》,载《环球法律评论》2010年第3期。

也就是让相同问题基于教义学的通说而能得到相同的处理，这使形式法治所要求的法律的一般性有了技术上的保障。[1]

综上所述，以“环境法治”为目的的体系化的前提是对具有普遍约束力的环境法规范进行体系整合，环境法学者要完成以“环境法治”为目标的体系化工作，就必须将建构符合形式法治要求的法体系作为主要任务。建构法体系和确保法体系符合形式条件实际上是同一个过程，是环境法法律规范的教义化过程。通过法教义学的工作，能够在形式上将法体系与其他的社会治理体系相互区分，缓和纷繁复杂、层出不穷的环境问题对于环境法实定法秩序的冲击。因此，体系化的当代使命毫无疑问地首先指向环境法“规范”的体系化。

第二节　环境立法体系化与价值判断的关系

一、环境法规范体系的价值开放性

虽然体系化背后反映了法学学者对于一部具有法律卓越品质的完备的法律文本的追求，但是需要注意的是，体系化本身与政治过程有着紧密的关联，决策者更加关注体系化是否能够有效地解决现实问题。“法律家往往容易偏重法的具体内容，而法却是社会和政治的产物，因此它要发挥出一定的社会和政治职能。”[2]正因如此，民法典编纂过程中特别强调要“编纂一部具有中国特色、体现时代精神的民法典”。[3]环境法体系化虽然有其特殊性，但是不能背离体系化的一般规律，因此，虽然在法典化过程中主要依赖教义学的方法进行大量的解释和体系化的工作，环境法学者也必须考虑规范体系与实质性价值之间的联系。

---

〔1〕 张翔：《形式法治与法教义学》，载《法学研究》2012 年第 6 期。

〔2〕 [日]加藤雅信：《从民法典的制定看法与政治的关系》，渠涛译，载《环球法律评论》2001 年第 3 期。

〔3〕 李建国：《关于〈中华人民共和国民法总则（草案）〉的说明》，载中国人大网，http://www.npc.gov.cn/npc/xinwen/2017-03/09/content_2013899.htm。

强调规范体系与实质性价值之间的联系与法教义学方法的基本特征有着紧密的关联。通过法教义学进行规范体系的建构，虽然能够维护形式法治的价值，但同时也带来了体系与社会现实脱节的危险。法教义学的基本立场是尊重实定法秩序，仅仅探寻法的实然状态而非应然内容。因此，通过法教义学工作建立的法体系在规范上必须是自我指涉的、封闭的系统。[1] 为了维护法的体系性和安定性价值，法教义学通过提供一系列相对稳定的法律解释和适用规范，确保法律的基本精神得到准确贯彻，避免不确定、不统一后果的发生，从而维护裁判统一，确保相同事实相同对待。[2] 然而，当考虑法的社会内涵及目的时，法体系对于教义学的过分依赖不可避免地带来了另一种危险，即"价值"与"事实"的分离带来的法体系的固化和僵硬，从而导致法规范丧失对于社会发展变化的敏感性。对于这种危险，拉伦茨进行了深刻的论述："假使外部体系可以充分实现，则所有法律事件均可涵摄于体系之概念下，并因此归属于法律所提供之规则下的理想就可以达成了。这项理想无疑根本不可能实现。一方面，体系在任何时候都不可能如此圆满封闭，以致所有法律关系及重要的法律构成事实，均可于体系中发现其被精确规整的所在……一方面，生活事实之间并不具有概念体系所要求的僵硬界限，毋宁常有过渡阶段、混合形式及以新形态出现的变化。另一方面，生活本身经常带来新的创构，它不是已终结的体系所能预见的……因此，借抽象概念建构一个封闭、无漏洞体系的理想，即使在'概念法学'鼎盛的时期也未完全实现，斯亦无足为怪。"[3] 罗克辛在讨论刑法教义学时也表达了对这种危险的担忧："对法律素材的体系性加工，确实具有明显的优点，严格来说，这是没有任何争议的。但是，令人不舒服的是，总是不断存在这样的疑问，也就是，我们运用精致的概念精心构建了教义学，而教义学中这种体系化的精工细作是否会导致深奥的学理研究与实际收益之间的脱节。若只是涉及顺序、均

---

〔1〕 刘涛：《法教义学危机？——系统理论的解读》，载《法学家》2016 年第 5 期。

〔2〕 许德风：《论法教义学与价值判断 以民法方法为重点》，载《中外法学》2008 年第 2 期。

〔3〕 [德]卡尔·拉伦茨：《法学方法论》，陈爱娥译，商务印书馆 2003 年版，第 330 页。

衡和对材料的掌握,那么对于什么是'正确的'体系的讨论,也许只有很少的实益。"[1]邓正来教授则更加直接地强调法教义学有走向"法条主义"的危险,法教义学中的概念法学或实证主义倾向会导致法律的发展在适应新的且不断变化的社会与经济环境时遭受不适当的限制。[2]

对于这种担忧,法教义学的支持者进行了澄清,认为这种担心实际上是对法教义学的误解。教义学的支持者认为,教义学本身建立在价值判断的基础上,是对价值判断的形式表达。因此,教义学并不排斥价值判断,也接受价值判断的挑战,法教义学的体系在形式上是封闭的,但是在实质内容上仍然保持对价值的开放性。例如,陈辉在论证德国法教义学的结构与演变时明确指出:"当科学面向的法教义学构建起一个概念抽象的形式体系时,这个抽象体系的形成是以教义学预先设定为真理的罗马法经验内容为起点的,在这个否定禁令的基础上我们构建了整个教义学的形式体系。因此,在概念体系的法教义学之前已经存在对过去经验内容的前理解和前判断。教义学的概念和体系将对这些经验材料的前理解和前判断信息贮存并传达出来,并且通过这套概念逻辑的体系加以验证。"[3]又如,雷磊在论证法教义学立场时指出:在宏观的层面上,它并不认为规范体系是个闭合的系统,规范的意义受到既有的语言使用规则的制约,也受到许多其他因素的影响(目的、发生史、历史、社会、理性等),从而多少显现出某些不确定的面相……与此相应,在微观的层面上,在法律适用的过程中对规范以及规范背后的意义进行阐释和发展时,并不排斥对经验事实(社科知识)与价值判断的运用。[4] 总而言之,法教义学支持者认为,传统法教义学观念已经发生了很大转变,封闭体系的观念已经被打破,法律论证理论

---

〔1〕[德]克劳斯·罗克辛:《刑事政策与刑法体系》,蔡桂生译,中国人民大学出版社2011年版,第6页。

〔2〕邓正来:《中国法学向何处去(上)——构建"中国法律理想图景"时代的论纲》,载《政法论坛》2005年第1期。

〔3〕陈辉:《德国法教义学的结构与演变》,载《环球法律评论》2017年第1期。

〔4〕雷磊:《法教义学的基本立场》,载《中外法学》2015年第1期。

的出现要求在开放体系之内进行论证。[1] 因此，作为法教义学核心内容的解释和体系化工作并不是完全中立的，事实上需要价值判断的进入，尤其是对那些概括性条款或一般性概念的解释更是如此。[2]

法教义学支持者的解释表明，在规范的体系化过程中实质性的价值判断仍然可以发挥作用，但是法教义学支持者并没有去解释价值判断的作用机理。因此，进一步的问题是，价值判断如何在规范的体系化过程中发挥作用？

二、价值判断在环境立法体系化中的作用

从一般意义上来说，价值判断是指特定主体对于特定客体是否满足主体需要的判断。"价值判断是判断主体根据价值主体的需要，衡量价值客体是否满足价值主体的需要，以及在多大程度上满足价值主体需要的一种判断。"[3] 因此，价值判断是一个与主体相互关联的概念，价值判断包含了主观能动性的意蕴。价值判断通常包括两个类型，即法律制定中的价值判断和法律适用中的价值判断：法律制定中的价值判断主要是指法律制定中立法者依据一定的价值导向进行的利益衡量和取舍；法律适用中的价值判断则是指法律适用者针对某个法律问题或者针对某项法律适用主张而作出的一种导向于法律原则或法律价值的判断或评价。[4]

在立法活动中，价值判断是立法者制定法律规范的前提和基础。吕特斯教授认为："法是去实施政治性意志决定的一种特殊工具。每项法规范都是一项规范上所确立的（'凝成的'）政策。"[5] 立法者在制定法律时，必须对相互冲突的利益进行衡量和取舍，这需要立法者根据

---

〔1〕 焦宝乾：《法教义学的观念及其演变》，载《法商研究》2006 年第 4 期。

〔2〕 孙海波：《法教义学与社科法学之争的方法论反省——以法学与司法的互动关系为重点》，载《东方法学》2015 年第 4 期。

〔3〕 卓泽渊：《法的价值论》，法律出版社 1999 年版，第 616 页。

〔4〕 孙海波：《法条主义如何穿越错综复杂》，载《法律科学（西北政法大学学报）》2018 年第 1 期。

〔5〕 ［德］伯恩德·吕特斯：《法官法影响下的法教义学和法政策学》，季红明译，载李昊、明辉主编：《北航法律评论》，法律出版社 2016 年版。

特定的价值导向对相应的利益关系进行妥当的安排,这在任何部门法或领域法中都十分普遍。例如,在农村土地承包经营权继承问题上,立法者需要对其中的不同利益进行衡量:一方面,如果法规范否定土地承包经营权的可继承性,则原定的承包期限会因承包人的死亡而突然中止,使原承包人的生产和投资无法获得预期成效甚至难以收回,从而对土地的经济绩效造成影响;另一方面,允许土地承包经营权的继承,则可能导致农民事实上享有对承包地的"永佃"权利,使基层政权丧失对集体土地的控制和这种控制带来的实际收益。[1] 又如,姜战军教授在讨论损害赔偿范围问题时指出:"除了极个别纯粹技术性规则外,法律制度均体现着一定法律秩序对当事人利益衡量后的不同取舍……利益衡量并不是在当事人之间确定一个绝对公平的规则,而是衡量受害方的利益和加害方的利益,如果受害人的利益更值得保护,则赋予其损害赔偿请求权,如果加害人的行为具有更大的正当性,则不产生损害赔偿。在此利益衡量过程中,决定是受害人利益更值得保护还是加害人行为具有更大正当性的实质是一定法律政策选择下的价值优先性。"[2]正因如此,王轶教授在讨论民法价值判断问题时指出,民法需要对不同类型的冲突的利益关系设置相应的协调规则,民法依据特定的价值导向对上述冲突利益关系作出取舍或安排利益实现的先后序位的过程,就是一个作出价值判断的过程。[3]

在环境立法活动中,立法者在制定规范时,也需要对不同的利益进行衡量并且作出判断,环境法规范背后必然反映立法者的价值判断。在环境法规范中,一般条款往往直接体现了立法者直接的价值导向。例如,1989 年《环境保护法》第 4 条规定:"国家……使环境保护工作同经济建设和社会发展相协调。"而 2014 年新修订的《环境保护法》则将这一规定修改为:"国家……使经济社会发展与环境保护相协调。"这

---

〔1〕 汪洋:《土地承包经营权继承问题研究——对现行规范的法构造阐释与法政策考量》,载《清华法学》2014 年第 4 期。

〔2〕 姜战军:《损害赔偿范围确定中的法律政策》,载《法学研究》2009 年第 6 期。

〔3〕 王轶:《民法价值判断问题的实体性论证规则——以中国民法学的学术实践为背景》,载《中国社会科学》2004 年第 6 期。

一修改表明立法者对环境保护和经济社会发展关系的价值判断发生了明显的变化。在具体的制度设计中，立法者也需要进行价值判断。例如，从内容和基本功能来看，探矿权与采矿权应属于财产性权利，属于民事权利范畴，因此，依据纯粹教义学路径，应该允许其自由转让，但是《矿产资源法》并没有采用这一更合逻辑的安排，而是对矿业权转让设置了严格的转让审批条件和程序，并规定"禁止将探矿权、采矿权倒卖牟利"，这表明了立法者否定矿业权财产属性的价值导向。[1]

在立法活动中，由于利益关系和价值顺序有待确定，立法者不管作出何种价值判断都有合理性和正当性。但是在特定价值判断已经通过立法固定的情况下，法律适用过程中是否仍然可以进行价值判断？对于这一问题，学者们普遍持肯定态度。黄京平教授在讨论刑法适用中的价值判断时认为，需要价值判断基于以下两点理由：一是法律规范的不完美性。立法者对于现在的社会生活和未来的社会生活都不可能有充分认识，其表达途径也有缺陷，因此需要依赖于价值判断进行解释。二是法律规范的抽象性。由于规范的抽象性，法官在适用法律时必须依赖于法官的理解，这种理解也不可避免地带有价值判断的因素。[2] 许德风教授也认为，在法律适用过程中仍然需要进行价值判断，理由包括：一般条款中往往包含直接的价值判断因素，在适用这些规则时，虽然法典颁布以来的类型化努力有助于为裁判者提供依据，但是类型之间的选择本身仍然需要价值判断，而且类型有限，实践中难免还会有裁判者必须直接进行价值判断的情形；并非所有的法律规则都明确而具有可操作性，需要适时运用价值判断加以补充；法律制度的设计与体例安排本身，通常会采取价值判断"优于"通行的法教义原理的路径；一般的法律适用过程也离不开价值判断，在三段论推理中，找法过程本身常常需要借助价值判断，选择事实和认定事实的法律意义也需要借助

〔1〕 张璐：《〈矿产资源法〉修改中的"权证分开"问题研究》，载《甘肃政法学院学报》2010 年第 6 期。

〔2〕 黄京平、陈鹏展：《刑事裁判过程中价值判断问题研究》，载《法学家》2005 年第 6 期。

价值判断。[1] 总而言之，尽管法学依赖于实证法，但为防止实证主义扼杀法学自身的科学性，必须允许超越实证法范围的价值判断，不能将实证法规范所体现的价值判断固定化，甚至作僵化的处理，以为规范背后的价值判断是永恒不变的。[2]

因此，环境法学者在规范体系化过程中仍然需要在一些情况下依赖价值判断。一方面，在对规范之客观有效意义的认识和阐明也就是解释时，必然会引入价值判断。尽管传统法学已经发展出了系统的解释方法，如文义解释、目的解释等，并且界定了不同解释方法的标准和操作流程，法律解释仍然不能完全脱离对价值判断的依赖。“法律解释是对客观存在的法律文本的主观认识，而主观认识都是以解释主体的价值观作为导向的。不存在没有任何价值观指引的法律解释。”[3] 法律解释不仅仅需要对立法者主观认识和价值导向进行考察，更重要的是探究规范在客观上的合理意义，这需要解释主体的价值判断。对此，拉德布鲁赫形象地描述道：“所以，法律学解释不是对先前考虑过的东西作事后思考，而是对其作穷根究底的思考。它也可能从法的语文学解释出发，但很快就超越了它——就像一条即将出港的轮船，在启航时被引导走预先划定的航道以通过港口水域，然后就在船长的指挥下进入辽阔的大海探索自己独特的航路。”首先，在对规范中的一般性条款或者不确定法律概念进行解释时，通常需要依赖价值判断。例如，在“中国政法大学污染受害者援助中心诉国家电网宁夏电力公司案”中，原告诉称国家电网宁夏电力公司（以下简称电网公司）没有按照《可再生能源法》规定对其区内的风电和光伏发电进行全额收购，而改为收购煤炭发电替代可再生能源发电，导致环境损害。[4] 本案中电网公司是否适格，涉及对环境民事公益诉讼司法解释中“损害社会公共

[1] 许德风：《论法教义学与价值判断 以民法方法为重点》，载《中外法学》2008 年第 2 期。

[2] 劳东燕：《罪刑规范的刑事政策分析——一个规范刑法学意义上的解读》，载《中国法学》2011 年第 1 期。

[3] 邹海林：《私法规范文本解释之价值判断》，载《环球法律评论》2013 年第 5 期。

[4] 《宁夏电网“弃风弃光”环保诉讼将开庭 谁的责任?》，载贤集网 2018 年 12 月 5 日，https://www.xianjichina.com/special/detail_321473.html。

利益或者具有损害社会公共利益重大风险的污染环境、破坏生态的行为”的解释。电网公司收购煤炭发电属于其业务范围，并无直接污染环境、破坏生态的行为，未能全额收购与发电厂排放污染物之间是否存在必然的因果关系，从而成为“损害社会公共利益或者具有损害社会公共利益重大风险的污染环境、破坏生态的行为”，需要在解释时进行价值判断。其次，在规范背后存在多种价值判断的可能性时，也需要进行价值判断。例如，按照《环境保护法》第 58 条规定，有权提起环境民事公益诉讼的组织必须满足“专门从事环境保护公益活动连续五年以上且无违法记录”的条件。对于这一条件的起算点，既可以解释为实际从事活动之日，也可以解释为登记设立之日。在“自然之友、福建绿家园诉谢某锦等环境民事公益诉讼案”中，原告自然之友环境研究所自登记之日起到提起诉讼时存续未满 5 年，被告据此认为其并不具有起诉资格。法院最终判决认为，原告自然之友虽然其自登记之日起至本案起诉之日止成立不满 5 年，但其在登记前已经依法从事环境保护公益活动，至提起本案诉讼前从事环境保护公益活动已满 5 年，符合主体资格要求。[1] 在这一判决中，法院采用了更为宽松的“活动”标准，对于法院对规范的解释是否合理，环境法学者也需要进行价值判断。除了解释之外，在体系化过程中同样也需要依赖价值判断的作用。前已述及，体系化的目的是发现规范与规范之间的深层次的脉络关联，并且以体系的形式表现出来，以整合各种价值，消除规范之间的矛盾，因此，在对不同规范的效力和优先性进行论证时，必然要涉及对不同价值之间的比较，并且确保不同的规范符合体系所认可的基础性的价值，因此，体系化过程也必须依赖于价值判断。

由此可见，环境法律规范的体系化并不意味着对规范的简单的形式化处理，环境法学者要实现对规范内涵及其相互关系的清晰阐明，仍然需要依赖于价值判断的作用。价值判断的作用在于避免体系与实质性价值之间的脱节，从而确保体系的实质合理性，这是法典化回应社会需求的基本前提，也是获得新的规范性内涵的基础。对此，阿列克西也

---

[1] 福建省南平市中级人民法院民事判决书，(2015)南民初字第 38 号。

指出：法律论辩理论的一个重要的但也是最困难的任务，就是要揭示出概念—体系论述的局限及合理根据。[1] 要完成这一任务，需要在进行体系化过程中，在适当的情况下进行必要的价值判断，对既有规范背后的价值导向进行批判，从而获得新的规范性内涵。

第三节　环境立法体系中价值判断的规范化

既然价值判断在环境法规范体系化过程中不可避免，那么，是否需要对价值判断施加必要的限制，以避免价值判断可能对环境法规范体系的负面影响？答案是肯定的。劳东燕教授在论述刑法体系和价值判断的关系时指出："刑法体系中，妥当的价值判断至关重要……与此同时，价值判断的规范化问题也绝对不容忽视。在法律世界中，脱离法律规则的单纯的价值判断通常没有什么意义，它充其量只能表明人们所持的价值立场，却没有多少建设性的意义。相反，因为无法通过法解释与相关的法律规则建立起必要的关联，单纯的价值判断不仅容易流于对既有立法进行苍白的批判，也无法从根本上改变'有法律而无法治'的尴尬局面。"[2] 在环境法学研究中，这种单纯依赖价值判断对立法或既有的部门法规范和理论进行苍白批判的情况十分普遍，在批判过程中，研究所持的价值导向的来源也十分随意，这导致作为法律秩序基础的价值秩序的混乱。因此，作为受过专业训练的法学共同体成员，环境法学者不应当像普通人一样从经验、喜好、常识、利益出发进行价值判断，而必须共享一套共同的价值判断规则，这是避免价值判断冲击体系，影响体系稳定性、协调性和一致性的基本保证。

从价值判断的过程来看，价值判断包含了价值识别和价值选择两

〔1〕［德］罗伯特·阿列克西：《法律论证理论——作为法律证立理论的理性论辩理论》，舒国滢译，中国法制出版社2002年版，第315页。

〔2〕劳东燕：《刑事政策与刑法解释中的价值判断——兼论解释论上的"以刑制罪"现象》，载《政法论坛》2012年第4期。

个环节：首先，需要识别出需要通过解释和体系化纳入体系之中的基本价值。并不是所有的价值都可以成为具有规范性意义的价值，必须对不同的价值进行类型化的划分，剔除不能够被纳入体系之内的价值。其次，要依据特定的规则进行价值选择。虽然选择何种价值是可以论证的，但是无论进行何种价值选择，都必须在相同的价值选择规则之下进行，否则，价值选择过程就会流于武断和任意，从而引起规范体系价值秩序的混乱。

一、价值识别的规范化

对于哪些价值可以进入环境法规范体系，环境法学界其实已经进行了大量的研究。但这些研究各自建立在不同的价值来源和论证规则之上，缺少整体上的对环境法价值的类型化研究。正因如此，在环境法学研究中，可以观察到各种各样的从不同价值立场出发的研究，其中，既包含了从法律面向的宪法、传统部门法、环境法本身或者环境政策中识别出的价值，也包含了从环境保护面向的环境哲学、环境伦理中识别出的价值，这使环境法成为各种价值的“竞技场”。那么，进一步的问题是，在这些价值之中，哪些价值应当成为体系化过程中作为导向的价值？本书认为，以规则之治为目标的环境法应当以法律面向的价值作为主导价值，在这一前提下，环境法也必须在一定程度上体现国家对环境问题的整体反应。因此，以下价值应当被识别并可以被纳入环境法的规范体系：

第一，作为一个独立的规范体系，环境法在发展过程中已经识别出了一些独特的价值导向，这些价值导向构成了环境法的独特精神所在，并最终体现在环境法的基本原则之中。基本原则是“法律在调整各种社会关系时所体现的最基本的精神价值，反映了它所涵盖的各部门法或子部门的共同要求”。[1] 与具体的规则不同，“法的基本原则体现着法的本质和根本价值，是整个法律活动的指导思想和出发点，构成法律

---

〔1〕 公丕祥主编：《法理学》（第2版），复旦大学出版社2008年版，第249页。

体系中的灵魂,决定着法的统一性和稳定性”。[1] 每一个部门法或者领域法在发展过程中,都会基于该部门或领域法律关系的特殊性逐渐形成基本价值观念。例如,《民法总则》第3~9条(现为《民法典》第3~9条)列举了权益保护、平等、私人自治等基本原则,民事立法者借此以十分直观的方式表达了其意欲追求的基本价值观念或理想的社会生活蓝图。[2] 在环境法的发展过程中,也逐步发展出了其独特的基本原则。《环境保护法》第5条规定:“环境保护坚持保护优先、预防为主、综合治理、公众参与、损害担责的原则。”这一规定明确了环境法的基本原则,是对环境法基本原则的立法表达。上述原则蕴含了环境法需要实现的若干基本价值导向。例如,保护优先原则反映了环境价值优于经济价值的导向,公众参与原则反映了民主和多元共治价值在环境法中的基础性地位等。对于损害担责原则背后的价值导向,王江副教授认为,损害担责原则因矫正环境污染治理中的“不正义”而起,以实现正义为目标,故其向上寻绎的价值是正义,具体表现为环境正义。[3] 由于基本原则蕴含了环境法的基本价值导向,环境法学者在进行规范的解释和体系化工作时,首先必须将这些原则中所蕴含的价值导向作为价值判断时优先考虑的价值导向。

第二,环境法规范体系虽然是一个独立的规范体系,但同时也是更大的整个法的规范体系的组成部分,因此,环境法规范的体系化也必须允许宪法和其他部门法保护和实现的价值的进入,这是整个法规范体系价值秩序一致性的基本要求。就环境法与宪法的关系而言,环境法与宪法具有价值的共通性。具体的部门法和领域法具有对宪法具体化的功能,反过来在“依宪治国”的宪法秩序的要求下,环境法所不能自足的价值以及规范诉求也可以由宪法进行供给,通过宪法来实现法秩

---

〔1〕[美]M. D. 贝勒斯:《法律的原则——一个规范的分析》,张文显等译,中国大百科全书出版社1996年版,第469页。

〔2〕易军:《民法基本原则的意义脉络》,载《法学研究》2018年第6期。

〔3〕王江:《环境法“损害担责原则”的解读与反思——以法律原则的结构性功能为主线》,载《法学评论》2018年第3期。

序的协调与重构。[1] 因此，对于环境法规范体系化过程中应当纳入的价值，也可以从宪法价值之中去寻找。例如，对于环境法中国家和政府功能和角色定位的价值判断，仅仅以环境法基本原则作为依据尚不充分，需要上溯到宪法规范中去识别法规范体系的整体价值导向。对此，陈海嵩教授进行了深入研究并指出，我国宪法所确立的基本价值诉求是"保障和改善民生"，因此，现行宪法所形塑的"通过国家积极作为实现公民权利"的路径，是我国国家和公民关系的主要方面，要求国家积极主动地采取必要和可能的措施以维护社会公共利益，这使积极性国家义务的履行成为当前中国环境法治的核心和关键。[2] 又如，对于公民是否应当承担环境义务的价值判断，仅仅依靠公众参与原则难以识别其中的基本价值，也必须上溯到宪法层面。对此，张震教授指出，仅在部门法层面谈公民的环境义务是不够的，宪法作为法律体系的核心和基础是近代意义的宪法产生以来各国所遵循的基本规律，无论是大陆法系或英美法系，均对以此形成的具有内在逻辑性的被称为法秩序的体系表示认可，因此，就公民环境义务而言，仍需要在宪法层面进行探析。[3] 总而言之，环境法规范体系中的价值识别，不能超越宪法所确立的基本价值秩序。各部门法学科在价值、伦理层面的根本性思考经常会超越法律体系本身，而诉诸哲学、宗教等层面。但是，在宪法被最终确立了根本法、最高法的地位之后，许多原本属于法体系外的讨论，就转而表现为宪法秩序下的讨论……在宪法规范的约束下，各部门法固有的规范和学理体系向着宪法的方向进行调整，这是现代法治的基本要求。[4] 除了与宪法之间的价值融贯之外，环境法与其他部门法之间也会出现价值的融贯。例如，《民法典》第 9 条规定了"绿色原则"，即"民事主体从事民事活动，应当有利于节约资源、保护生态环境"。吕忠梅教授认为："作为限制性基本原则的绿色原则，既具有民

---

〔1〕 张翔：《环境宪法的新发展及其规范阐释》，载《法学家》2018 年第 3 期。

〔2〕 陈海嵩：《中国环境法治中的政党、国家与社会》，载《法学研究》2018 年第 3 期。

〔3〕 张震：《公民环境义务的宪法表达》，载《求是学刊》2018 年第 6 期。

〔4〕 张翔：《刑法体系的合宪性调控——以"李斯特鸿沟"为视角》，载《法学研究》2016 年第 4 期。

法基本原则的一般功能——指导立法和为司法提供解释空间,也有更为重要的协调环境保护利益与民事权利之关系、平衡个人利益与公共利益的功能。这一功能具体表现为在民法中确立环境保护的价值观并与民法固有价值进行制度化衔接,建立司法判断的基本价值标准。"[1]民法对"绿色原则"的确立,反映了传统部门法和环境法在统一宪法秩序之下的价值融贯,因此,环境法规范的体系化同样可以引入其他部门法的基本价值。

除了上述比较明显的环境法规范体系以及整个规范体系的基本价值之外,还有一种比较特殊的价值来源,即环境法律政策中的价值导向。社会发展变动不居,新情况层出不穷,为了完成有效治理的任务,国家必须对特定的社会事务和活动作出系统的反应,从而形成相应的法律政策。例如,国家为了打击和控制犯罪活动,必须合理有效地组织对犯罪的反应,因此必须形成特定的刑事政策。[2] 又如,国家为了对民事活动进行引导、规制,以维持正常社会秩序,必须对民事活动作出反应,因此必须形成特定的民事政策。[3] 按照宪法中的"环境国原则",在环境国中环境保护是整体政治的一部分,环境保护是现代国家必须完成的国家任务。[4] 因此,国家也必须对环境事务和活动作出整体的反应,从而形成特定的环境政策。法律政策关注的是法的调控和塑造功能,探讨国家如何通过制定和实施规范对社会和政治生活进行塑造。[5] 因此,在法律政策之中,同样蕴含了特定的价值导向,反映了国家对不同价值的衡量和判断。例如,国家采取严打政策,反映了国家优先追求治安改善的价值导向,而非犯罪人权利保护。又如国家制定严格的用工政策,表明了国家优先保障劳动者权益的价值导向,而非加

---

〔1〕 吕忠梅课题组:《"绿色原则"在民法典中的贯彻论纲》,载《中国法学》2018 年第 1 期。

〔2〕 劳东燕:《刑事政策与刑法体系关系之考察》,载《比较法研究》2012 年第 2 期。

〔3〕 齐恩平:《"民事政策"的困境与反思》,载《中国法学》2009 年第 2 期。

〔4〕 陈慈阳:《二十一世纪宪法国家之新挑战:宪法解释与环境国家》,台北,新学林出版股份有限公司 2015 年版,第 138 页。

〔5〕 [德]伯恩德·吕特斯:《法官法影响下的法教义学和法政策学》,季红明译,载李昊、明辉主编:《北航法律评论》,法律出版社 2016 年版。

强劳动力市场灵活化。环境政策中也蕴含了国家的特定价值导向,如对于转基因食品进行标签管理,表明国家在自由价值和风险防范之间更加倾向于前者。这些价值同样也可以作为规范体系内价值的来源。

二、价值选择的规范化

在识别了诸多可供选择的价值之后,进一步的任务是在不同的价值导向之间进行选择,作为解释规范和推动规范体系化的内在依据。为了避免选择的武断和任意,价值选择也必须依据一定的规则进行,也就是说,学者们进行价值选择必须具有方法论上的自觉,即必须明白为何作出此种选择并对选择进行论证,任何未经过论证的价值选择都必然带有武断、任意甚至臆想的色彩。那么,价值选择应当坚持哪些基本的规则?

第一,价值选择应该符合部门法规范体系或者法规范体系的基本价值导向,这是价值选择的核心规则。因此,价值选择的合理性与正当性可以通过与部门法规范体系或者法规范体系的基本原则的内在价值一致性来证成。在传统法中,坚持这种论证规则是学界的共识。例如,王轶教授在分析民法学者讨论价值判断问题的实体性论证规则时就提出了两项基于民法基本原则的论证规则,即在没有足够充分且正当理由的情况下,应当坚持强势意义上的平等对待以及在没有足够充分且正当理由的情况下,不得主张限制民事主体的自由。[1] 劳东燕教授则在讨论刑法价值判断问题时指出,在刑法体系中,基于罪刑法定的制约,并非任何法外的价值判断都允许被引入:一类法外的价值判断能够为刑法文本的开放性所容纳,在通过法解释完成由外在价值向内在价值的转化之后,最终成为刑法体系本身的价值判断;另一类法外的价值判断则由于无法为既有的刑法文本所吸纳(不然便违背罪刑法定原则),在立法作出相应修正之前只能始终保持法外的状态。[2] 当部门

---

〔1〕 王轶:《民法价值判断问题的实体性论证规则——以中国民法学的学术实践为背景》,载《中国社会科学》2004 年第 6 期。

〔2〕 劳东燕:《刑事政策与刑法解释中的价值判断——兼论解释论上的“以刑制罪”现象》,载《政法论坛》2012 年第 4 期。

法规范体系中基本价值已经不能证成某种价值导向时，论证就必须求助于更高层次的整体法秩序中的价值。例如，在著名的埃尔默遗嘱案中，当意思自治与公序良俗发生冲突时，仅仅依靠民法基本价值进行论证已经无法证明价值判断的正当性，因此，厄尔法官提出，既然一条法规是一种更大的智力体系即整个法律的组成部分，那么法规的构思就应使它与那种更大的体系在原则上相符，在任何地方，法律都尊重下述原则，即任何人都不得从其错误的行为中获得利益。[1] 因此，在环境法规范的体系化过程中，一方面，环境法学者对于规范的解释以及规范间关系的阐述，主要需要依赖环境法规范体系的基本原则。除非有足够充分且正当的理由，不能够作出与基本价值不一致、不相容或者矛盾的价值判断。另一方面，当环境法基本原则不能证成价值选择的正当性时，必须求助于更为基础的规范体系的基本价值，尽量避免价值选择向法规范体系外逃逸。

第二，价值选择也不能陷入僵化，可以作出与部门法规范体系乃至整体法秩序不一致的价值选择，但是必须负担论证责任。部门法规范体系乃至于整体法秩序也并非一成不变，而是始终处于变动之中。现代法的基本特征已经从压制型法、自治型法转向回应型法，回应型法关注法律发展的形式理性危机，试图通过从形式理性和实质理性到反思理性的过渡，将形式正义和实质正义统合在具有社会回应性特征的法律制度之内。[2] 因此，学者完全可以为了实现实质正义，通过实践理性作出不同于部门法规范体系乃至整体法秩序的价值选择。例如，为了保护动物的情感乃至生命，要求将保护动物福利纳入环境法的规范体系之内。尽管如此，由于这种价值选择违反了一般的价值选择规则，学者必须负担较重的论证规则，对价值选择的正当性和合理性进行充分的论证。在环境法中，环境法学者经常会依据法律政策甚至依据环境哲学、环境伦理进行价值选择，此时必须依据这一规则施加相应的论

---

〔1〕 陈洪杰：《论法律续造的方法》，载《法律科学（西北政法大学学报）》2010 年第 6 期。

〔2〕 ［美］P. 诺内特、［美］P. 塞尔兹尼克：《转变中的法律与社会：迈向回应型法》，张志铭译，中国政法大学出版社 2004 年版，第 3 页。

证义务,而不是通过新的价值导向随意地引入新的概念或者进行非常规的解释。

总的来说,价值选择必须具有间主体性,能够在学术共同体中形成最低限度的价值共识,尽量避免武断、任意地引入过于超前、非常规的价值判断。这一要求也符合拉德布鲁赫公式的基本原理,即"除非实在法与正义之矛盾达到如此不能容忍的程度,以至于作为'非正当法'的法律必须向正义屈服"。[1]

总而言之,作为实现环境立法体系化的重要路径,本书并不关注环境法法典化是否应当进行、应当编纂一部何种面貌的环境法典,这并非环境法学界应当关注或者说可以独立去完成的任务。环境法法典化的成功,主要取决于目标和方法的一致以及对法典化过程中形式和实质间基本矛盾的妥当处理。环境法法典化是一项艰巨的环境法治整体事业,需要所有环境法学者的参与。由于涉及学术共同体内部的相互协作与共同努力,共同体成员必须对法典化的目标以及理论准备工作的内容和方法达成基本的一致。法典化必须以形式法治作为其基本目标,因此必须满足法治的形式化要求,这就要求环境法学者必须通过解释和体系化的教义学方法对所有具有普遍约束力的环境法律规范进行技术上的处理,在这一过程之中,环境法学者不可避免地要进行实质性的价值判断。虽然为了确保规范体系与社会之间的连接,价值判断不可或缺,但是为了避免价值判断的武断和任意所带来的规范体系的价值秩序的混乱,环境法规范体系化过程中的价值判断必须规范化。无论作出何种价值判断,环境法学者都必须对价值的来源和价值选择的规则达成基本的共识。因此,环境法学界必须提升理论的品格,培养方法论的自觉,这是法典化亦即体系化过程中环境法学界必须完成的蜕变。

---

〔1〕 [德]古斯塔夫·拉德布鲁赫:《法律的不法与超越法律的法》,舒国滢译,载郑永流主编:《法哲学与法社会学论丛》第4辑,中国政法大学出版社2001年版。

第七章　环境立法体系化的整体价值导向

第一节　环境立法的价值导向问题

民法、刑法等传统部门法通过长期的发展，形成了明确的价值导向。虽然其不断经受社会生活变迁的冲击，但是仍然能够通过一般法律思想和基本原则来确保其内在精神和价值的稳定性，对此，无论是立法者还是学术界都能保持认识上的高度的一致性。例如，在民法领域，我国《民法典》对民法基本原则进行了专门规定，国外的立法例虽然大多没有对基本原则进行规定，但是民法的基本价值导向，如私法自治、契约自由等，实际上是不证自明的，是民法赖以存在的基本前提。对此，于飞教授论述道："如私法自治、契约自由、交易保护、信赖保护、善意保护之类，实为民法典赖以存在的前提。民法典的存在，就意味着这些前提一定存在，此即属于'理所当然'而不言自明之事。"[1] 正是因为基本价值导向的稳定性和确定性，虽然学者关于民法中人法和物法的基本逻辑存在一定的不一致之处，但是其体系仍然是融贯的。而在刑法领域，通过罪刑法定和罪刑相适应原则，刑法体系确保了其价值导向的稳定性，避免法外通过政治和道德考量价值直接穿透刑法体系，影响其价值导向的稳定性。对此，劳东燕教授指出："在刑法体系中，基于罪刑法定的制约，并非任何法外的价值判断都允许被引入。因为罪刑法定原则是形式合理性与实质合理性的统一体，它将实质合理性的

---

〔1〕 于飞：《民法基本原则：理论反思与法典表达》，载《法学研究》2016 年第 3 期。

内容即法律之目的及刑事政策的影响，严格限制在该刑事政策对于法律条文文字明示而确实表达的范围内。由此，在法无明文规定之时，一项入罪性的决定即使属于合理的价值判断，在刑法中也并无存在的空间。"[1]即便是在新兴的部门法中，虽然存在关于其主导价值导向的争论，但是总体的价值导向也是一致的、确定的。例如，在行政法领域，行政法学界对于行政法的基本原则的认识先后存在两种不同的观点，早期认为行政法基本原则即"国家行政管理的指导思想和基本原则"，因此其价值导向应当包括"在党的统一领导下实行党政分工和党企分工""广泛吸收人民群众参加国家行政管理""贯彻民主集中制""实行精简""坚持各民族一律平等"等，后期随着对行政活动与行政法关系认识的深入，逐渐转为"行政法治原则论"，提出了合法性原则和合理性原则等法治原则。[2] 虽然学者们的观点有所差异，但是对于基本价值导向的认识始终是一致的，都是基于对行政管理活动的规律的认知或者对行政法活动规律的认识。近来，虽然有一些学者又开始提及关照行政活动的效率或者成本收益在行政法体系之中的基础性作用，但是其对于行政法基本价值导向的认知仍然没有脱离行政活动和行政法关系的范畴。[3]

部门法之所以不存在价值导向的共识性认知问题，乃是因为其本身就是依据某些共同的理念建构起来的，并且通过外在的规范体系予以表达。从这个意义上来说，其所有规范都只是价值的表达而已，共同的价值导向统领整个法律体系。而与传统部门法不同，环境法属于新兴的领域法范畴，基于解决问题而出现，因此呈现交叉性、多样性、复杂性等特征，需要综合运用多种手段调整多种法律关系。"从'法治决定'中'加强重点领域立法'这部分内容看，可谓包罗万象，涵盖经济、政治、文化、社会、生态环境等不同层面的立法任务。具体来看，有些事

[1] 劳东燕：《刑事政策与刑法解释中的价值判断——兼论解释论上的"以刑制罪"现象》，载《政法论坛》2012 年第 4 期。

[2] 周佑勇：《行政法基本原则的反思与重构》，载《中国法学》2003 年第 4 期。

[3] 沈岿：《论行政法上的效能原则》，载《清华法学》2019 年第 4 期；郑雅方：《论我国行政法上的成本收益分析原则：理论证成与适用展开》，载《中国法学》2020 年第 2 期。

项属于典型的‘领域法’,比如‘加快推进反腐败国家立法’就非任何一个法律部门能解决的问题,无论是在反腐败立法时采行集中模式抑或分散模式,相关立法所应包含的内容都横跨行政法、刑法等多个法部门,甚至及于‘国家法—政党法’二元规范的衔接机制。与之类似的还有‘加强互联网领域立法’,其同样涉及多个部门法,至少可从行政法、经济法、刑法、民法等多个维度加以检视。此外,诸如收入分配、生态保护等事项,也是法律意义上多维并举、综合施治的典范,‘领域法’属性凸显。”[1]基于调整的法律关系的复杂性,环境法等领域法是“问题导向”的而不是“价值导向”的,与其说其法律规范是基于共同的价值理念整合在一起,不如说是基于共同的主题黏合在一起。正因如此,领域法的立法中,通常既有私法,又有公法,呈现无序、散乱和碎片化的特征。与此相对应,其内在价值导向也呈现散乱、不一致、不融贯的特点。

在这一问题上,环境法尤其典型。从环境法的基本原则来看,《环境保护法》第5条规定:“环境保护坚持保护优先、预防为主、综合治理、公众参与、损害担责的原则。”依据学界的通说,这一规定确立了保护优先原则、预防原则、公众参与原则和损害担责原则,这应该构成环境法的基本价值导向。但是从内容上来看,这些原则之中既包含了环境管理的基本价值理念(保护优先原则、预防原则、公众参与原则),也包含了环境法治的理念(损害担责原则),实际上将两种不同性质、不同序列的价值导向糅合到了一起。从功能上看,上述基本原则之中,有些仅仅具有价值宣示作用,如保护优先原则,而有些则属于一般概括条款,可以通过进一步具体化形成规则,如损害担责,并不都属于价值导向的内容。从统领性上来说,上述基本原则也并不能完全涵盖整个法律体系,贯穿于法律运行的始终。例如,在环境保护之中,事中和事后的规制同样重要,专家理性相对于公众参与来说也具有重要的作用,当行为人不能够完全承担责任时,应当贯彻社会共担原则。因此,环境法基本原则对于具体的法律体系的指导作用非常有限。

由于环境法缺乏一致的作为前提的指导性的价值导向,目前不同

---

〔1〕 侯卓:《“领域法学”范式:理论拓补与路径探明》,载《政法论丛》2017年第1期。

领域的环境立法的价值导向存在较大的差异。作为环境法的核心组成部分,污染防治立法依据环境要素和污染物的不同进行区分,贯彻的是分要素保护的理念,通过设定相应的环境标准来保护环境和人体健康,因此,污染防治法的主要价值导向是“防治”,主要是要规范人类向环境的排放活动。在这一过程之中,由于污染活动也会带来经济效益,属于人类社会生存发展之必要的副产品,因此防治也必须遵循一定的原则,如效率原则,坚持“有效率的防治”。此外,污染防治也可能会侵犯个体权利,因此也要保证正当性,坚持“在正当性前提下的防治”。而与此相对,自然资源法的主要价值导向则是“利用”。自然资源是人类社会生存发展的基础,只有利用自然资源才能实现人类社会发展,因此,自然资源开发利用的核心问题并不是其过程中产生的环境污染、生态破坏问题,而是理顺其开发利用秩序。另外,自然资源具有巨大的经济价值,如果其开发利用秩序混乱,将会导致大量的纠纷产生。

因此,开发利用自然资源既需要明确其静态归属关系,又必须建立流畅的流转关系,其目标并不是防治开发利用自然资源产生的污染,而是实现对自然资源的永续利用。正因如此,国外很多自然资源立法都采用“Conservation Law”的表述。因此,污染防治法和自然资源法在基本价值导向上实际上存在非常大的差异。正因如此,我国社会主义法律体系将污染防治法的内容放入行政法之中,而将自然资源法的内容放入经济法之中,其内在的逻辑恐怕正是因为价值导向上的巨大差异。除了上述两个主要的子领域外,我国的生态法体系则非常孱弱。在国外,生态保护法是环境保护立法体系的重要组成部分,其重要性甚至超过污染防治法。但是在我国,生态保护立法体系尚不完善,现有的《自然保护区条例》《风景名胜区条例》等都属于行政法规。生态系统是一个完整的具有独立功能的系统,生态保护的主要内容是维护其独立性和完整性,避免人类活动的干扰。因此,生态保护法的主要价值导向是“保护”,相对于经济开发活动来说,保护是更为优先的价值。其与污染防治法、自然资源法的价值导向都不相同。因此,目前来看,环境法的整体价值导向并不明确,不同的子领域的立法价值导向也各不相同,亟待确立整体的明确的价值导向,这就需要在整体上进行价值的转向。

第二节　环境法体系优先保护生态整体性的价值转向

随着生态文明理念的提出，环境法体系的内在价值正在逐步发生转向，优先保护生态系统整体性的价值追求日益清晰，亟须通过制定和完善环境法规范来加以落实。在环境法体系中，宪法环境条款与环境基本法处于最高的抽象层次，是与环境法内在价值距离最近的环境法规范，它们的变迁能够最直接地反映当下环境法体系对优先保护生态整体性的价值期待。

一、生态文明理念下宪法环境条款与环境基本法的价值转向

生态文明理念是对人与自然关系的定位，其基本内涵包括党的十八大报告确立的"尊重自然、顺应自然、保护自然"理念与党的十九大报告进一步指出的"人与自然是生命共同体"理念。[1] 近年来，立法机关在生态文明理念的指引下，先后修改了《环境保护法》与《宪法》环境条款。2014 年修改的《环境保护法》在立法目的条款中增加了"推进生态文明建设"的内容，规定"为保护和改善环境，防治污染和其他公害，保障公众健康，推进生态文明建设，促进经济社会可持续发展，制定本法"。生态文明理念随后获得了更高位阶的宪法的确认。2018 年通过的《宪法修正案》在《宪法》序言第 7 自然段中写入了"生态文明"等内容，规定"推动物质文明、政治文明、精神文明、社会文明、生态文明协调发展，把我国建设成为富强民主文明和谐美丽的社会主义现代化强国，实现中华民族伟大复兴"。《宪法》序言中的生态文明条款与第 26 条共同构成了《宪法》环境条款的核心内容，被学者称为"部门法宪法化"的成果。[2]

《环境保护法》则承担着具体化《宪法》环境条款的任务，具有环境

---

〔1〕 焦艳鹏：《生态文明保障的刑法机制》，载《中国社会科学》2017 年第 11 期；王灿发：《论生态文明建设法律保障体系的构建》，载《中国法学》2014 年第 3 期。

〔2〕 张翔：《环境宪法的新发展及其规范阐释》，载《法学家》2018 年第 3 期。

基本法的体系地位。2014年《环境保护法》修改后，立法机关确认了《环境保护法》在环境法体系中的基础性和综合性地位。全国人大常委会委员长在向第十二届全国人民代表大会第三次会议作全国人大常委会工作报告时提出了对环境保护法的这一定位。〔1〕这一定位在后续环境立法中得到了立法机关的再次确认。例如，原全国人大法律委员会在修改《大气污染防治法》时认为，“环境保护法是环境保护领域的基础性、综合性法律，其确立的基本制度和原则都适用于大气污染防治”。〔2〕

生态文明是对环境法价值的抽象表述，它的具体内涵需要通过分析环境基本法的具体规范来发现。2014年《环境保护法》除修改目的条款之外，还通过增加基本原则条款等方式将环境法体系的价值转向予以具体化。环境法体系的价值转向需要环境法体系中各组成部分的共同努力，其中自然保护地立法主要体现了“优先保护生态整体性”的价值。这一价值期待在《环境保护法》中具体表述为“保护优先”这个新增的环境法基本原则，〔3〕其中保护优先原则确立了生态环境保护相较于资源开发利用的相对优先地位。此外，综合治理原则虽也被认为附属于预防为主原则，但也提出了对生态环境进行整体性保护的要求。

二、从协调发展到保护优先：生态环境保护的相对优先

保护优先原则并非凭空而来。在处理环境保护与经济发展的关系上，环境保护法经历了从协调发展原则到保护优先原则的转变。1989年《环境保护法》第4条规定，国家采取有利于环境保护的经济、技术政策和措施，“使环境保护工作同经济建设和社会发展相协调”。该条

---

〔1〕　张德江：《在十二届全国人大三次会议上张德江作的常委会工作报告（摘登）》，载《人民日报》2015年3月9日，第2版。

〔2〕　孙宝树：《全国人民代表大会法律委员会关于〈中华人民共和国大气污染防治法（修订草案）〉修改情况的汇报》，载中国人大网，http://www.npc.gov.cn/wxzl/gongbao/2015-11/10/content_1951911.htm。

〔3〕　在2014年《环境保护法》新增的第5条基本原则条款中，预防为主、公众参与、损害担责原则虽然是第一次被明确规定在环境基本法中，但已有比较成熟的学理表述，且已在环境基本法的基本制度和环境单行法的具体实践中有充分体现。相较而言，保护优先原则的内涵尚未清晰，属于环境基本法在生态文明理念引领下的立法创新。

款在学理上被解读为“协调发展”原则。[1] 在实践中，协调发展原则导致环境保护较经济发展处于“被协调”的地位，需要在发生冲突时让步于经济发展。[2] 2014 年《环境保护法》修改后，协调发展原则转变为保护优先原则，体现在两处规定中：一是第 4 条中的部分表述改为“使经济社会发展与环境保护相协调”，扭转了环境保护的相对弱势地位；二是新增的第 5 条基本原则条款规定了保护优先原则。《环境保护法》的上述转变提升了生态环境保护的价值地位，与 2018 年《宪法修正案》将生态文明建设融入经济、政治、文化和社会等建设各方面和全过程以及“五位一体”的总体布局相一致。

保护优先原则虽然提升了生态环境保护的价值地位，但并未将生态环境保护置于绝对优先地位，而是确认了它的相对优先地位。首先，从文本解释的角度来看，2014 年《环境保护法》第 5 条规定了保护优先原则，但同时也将保护优先原则的适用范围限定在环境保护领域。环境保护领域包括污染防治与自然保护，但不包括自然资源的开发利用，因此环境保护法并没有明确规定自然资源的开发利用是否适用保护优先原则。[3] 其次，若环境保护法规定生态环境保护的绝对优先地位，可能面临是否合宪的质疑。《宪法》第 9 条第 2 款规定，“国家保障自然资源的合理利用”，生态环境保护的绝对优先地位将使自然资源的合理利用无法实现。运用合宪性解释的方法，应当将保护优先原则解释为生态环境保护的相对优先。[4]

生态环境保护的相对优先地位要求人类活动尊重生态系统的负载有额律，考虑生态系统的环境容量限度，主要具有两个层次的内涵。[5]

---

[1] 李艳芳：《对我国环境法“协调发展”原则重心的思考》，载《中州学刊》2002 年第 2 期。

[2] 王社坤、苗振华：《环境保护优先原则内涵探析》，载《中国矿业大学学报（社会科学版）》2018 年第 1 期。

[3] 汪劲：《环境法学》（第 4 版），北京大学出版社 2018 年版，第 53 页；邓海峰：《生态整体主义视域中的法治问题》，法律出版社 2015 年版，第 9 页。

[4] 张翔：《宪法与部门法的三重关系》，载《中国法律评论》2019 年第 1 期。

[5] 王灿发认为，保护优先原则是“负载有额律”这一生态基本规律的要求。参见王灿发：《论生态文明建设法律保障体系的构建》，载《中国法学》2014 年第 3 期。

在第一个层次上,保护优先原则允许在生态系统的承载能力范围内开发利用环境资源。只要资源开发利用行为没有超过生态系统的承载能力,生态系统自身就能够实现自我保护,生态环境保护的相对优先地位就未受侵犯。在第二个层次上,当资源开发利用行为可能超过生态系统的承载能力时,需要优先确保资源开发利用行为被约束在生态系统的承载能力范围内。只有当资源开发利用行为的价值权重足够大时,资源开发利用行为才能超过生态系统的承载能力。保护优先原则主要在第二个层次上发挥规范功能,但该原则本身并未就如何判断资源开发利用行为的价值权重提供判断标准,需要立法者通过具体的制度设计来加以落实。

综上所述,保护优先原则所蕴含的核心价值理念是生态环境保护相对优先于资源开发利用。生态环境保护的相对优先地位允许在生态系统的承载能力范围内开发利用环境资源,限制和禁止超过承载能力的开发利用行为。在此价值理念的指引下,环境保护法采用了按照生态价值大小划分区域,进而确定不同优先保护级别的规范路径。

三、从要素分治到综合治理:生态环境的整体性保护

综合治理原则是 2014 年《环境保护法》新增的基本原则。对综合治理原则的学理解释存在分歧,主要有以下几类观点:第一类观点认为应当将《环境保护法》第 5 条的“预防为主、综合治理”合并理解为预防原则,“综合治理”不具有独立内涵;[1]第二类观点主张将预防为主、防治结合、综合治理原则统称为“污染综合防治原则”,将其定义为“对污染的整体的、系统的、全过程的、多种环境介质的防治”;[2]第三类观点认为综合治理就是“要用系统论的方法来处理环境问题”,包括“水、气、声、渣等环境要素的治理要统筹考虑,如治理土壤污染,要同时考虑地下水、地表水、大气的环境保护”等含义。[3]

---

〔1〕 竺效:《论中国环境法基本原则的立法发展与再发展》,载《华东政法大学学报》2014 年第 3 期。

〔2〕 蔡守秋主编:《环境资源法教程》(第 2 版),高等教育出版社 2010 年版,第 124 页。

〔3〕 信春鹰主编:《中华人民共和国环境保护法释义》,法律出版社 2014 年版,第 18 页。

综合治理原则的内涵应与第三类观点一致,要求环境保护工作尊重生态系统的物物相关律,超越按照不同环境要素分别治理的局限,秉持整体性理念对生态环境进行系统性保护。首先,运用文义解释方法,综合治理原则的内涵可能包括两个层次:一是治理对象意义上的整体性治理;二是治理方式意义上的全过程治理。其次,进一步从体系解释的角度来看,应当认为综合治理原则的核心内涵是整体性治理。综合治理原则与其余原则并列位于《环境保护法》第5条,综合治理原则也并非仅仅是预防为主原则的辅助和补充。鉴于预防为主原则已经隐含全过程治理的内容,综合治理原则的内涵应当不限于全过程治理,而应指向整体性治理。最后,从目的解释的角度来看,生态文明理念的重要内涵之一是整体性理念,它是建立在生态系统各部分的不可分割性和各环境要素的整体演化规律基础之上的对自然的认知。[1]《生态文明体制改革总体方案》提出的"山水林田湖是一个生命共同体",[2]十九大报告提出的"统筹山水林田湖草系统治理"和十九届四中全会通过的中共中央《关于坚持和完善中国特色社会主义制度　推进国家治理体系和治理能力现代化若干重大问题的决定》提出的"统筹山水林田湖草一体化保护和修复",都是整体性理念的体现。在其他原则均未涉及整体性理念的情况下,由综合治理原则充当这一块价值拼图,符合立法者的预期。

在法律解释的基础上,综合治理原则要求的生态环境整体性保护的具体内涵可以通过比较考察国外的立法例来得到更深入的阐释。在国际环境法和外国环境法中,承担与综合治理原则相似功能的原则是生态系统方式(ecosystem approach)原则。"生态系统方式强调整体的、参与式的以及一体化的方式,不同于仅关注单个物种的方式。……管理的重点是维持生态系统的自然结构和功能,包括自然系统和重要

[1] 王灿发:《论生态文明建设法律保障体系的构建》,载《中国法学》2014年第3期。

[2] 2015年9月中共中央、国务院印发的《生态文明体制改革总体方案》强调:"树立山水林田湖是一个生命共同体的理念,按照生态系统的整体性、系统性及其内在规律,统筹考虑自然生态各要素、山上山下、地上地下、陆地海洋以及流域上下游,进行整体保护、系统修复、综合治理,增强生态系统循环能力,维护生态平衡。"

物种的生物多样性和繁衍能力。”[1]生态系统方式有三个公认的核心要素：第一，对人类活动的整体性管理；第二，基于对生态系统的组成部分、结构和动力机制的最佳可得知识；第三，目标是以不损害生态系统整体性或健康的方式来满足人类的需求。[2] 我国已有学者将生态系统方式原则运用在我国的环境资源法制建设中，形成了综合生态系统管理理论。[3] 生态系统方式原则目前已广泛地体现在国际海洋环境法、生物多样性保护法及外国环境法中。[4] 其中，《联合国海洋法公约》、《关于海洋生态系统负责任渔业的雷克雅未克宣言》、《生物多样性公约》的第 V/6 决定、《约翰内斯堡可持续发展宣言》等，是适用生态系统方式原则的关键性法律机制。[5] 在《生物多样性公约》之下，生态系统方式原则的发展尤其迅速，目前已经成为修改后的《生物多样性

---

[1] D. E. J. Currie, *Ecosystem - Based Management in Multilateral Environmental Agreements: Progress Towards Adopting the Ecosystem Approach in the International Management of Living Marine Resources*, World Wildlife Fund, 2007, p. 1 - 2.

[2] A. Trouwborst, *Evolution and Status of the Precautionary Principle in International Law*, Kluwer Law International, 2002, p. 28.

[3] 蔡守秋：《基于生态文明的法理学》，中国法制出版社 2014 年版，第 349 页。

[4] D. E. J. Currie, *Ecosystem - Based Management in Multilateral Environmental Agreements: Progress Towards Adopting the Ecosystem Approach in the International Management of Living Marine Resources*, World Wildlife Fund, 2007, p. 60.

[5] 1982 年《联合国海洋法公约》规定，“各海洋区域的种种问题都是彼此密切相关的，有必要作为一个整体来加以考虑”。2001 年《关于海洋生态系统负责任渔业的雷克雅未克宣言》强调考虑到生态系统因素的可持续渔业管理，既要考虑到捕鱼对海洋生态系统的影响，又要考虑到海洋生态系统对捕鱼的影响。2000 年《生物多样性公约》缔约方大会通过第 V/6 号决定《生态系统方法》，提出了有关生态系统方式的各种原则、准则和指南。2002 年《约翰内斯堡可持续发展宣言》提出“鼓励到 2010 年应用生态系统方式，注意到《雷克雅未克宣言》和《生物多样性公约》缔约方会议的第 V/6 号决定”。See Froukje Maria Platjouw, *Environmental Law and the Ecosystem Approach: Maintaining Ecological Integrity through Consistency in Law*, Routledge, 2016, p. 40 - 51.

计划(2011—2020)》及其“爱知生物多样性目标”的核心内容。[1]

强化生态环境的整体性保护也是当下自然保护地实践的迫切需要。按照生态系统的边界确定保护区范围,是整体性保护的前提,[2]但《自然保护区条例》等自然保护地法规未能遵循这一前提,导致许多影响自然保护地生态环境的行为被排除在法律视野之外。目前正在试点的十个国家公园,部分是由原先的国家级自然保护区、风景名胜区、森林公园、地质公园、湿地公园等整合而来,面积确实大大增加,但依然未充分考虑保护完整生态系统的需要。例如,钱江源国家公园虽合并了原先的古田山国家级自然保护区、钱江源国家森林公园、钱江源省级风景名胜区,但实际上三者之间的生态走廊建设不足,未能推进更大范围的生态系统整体性保护。[3] 在明确自然保护地范围的基础上,需要对影响自然保护地生态环境的各类行为进行总体控制,但现行自然保护地法规的规范路径往往顾此失彼,注重规范资源开发利用行为而忽视污染排放行为。如祁连山保护区周边的部分企业长期超标排放大气污染物、水污染物等,虽然这些企业不在保护区范围内,但由于污染物的流动性,它们的排污行为必将影响保护区生态环境,应当将其纳入总体控制之中。

通过上述法律解释以及比较分析,可以将综合治理原则的内涵概括为整体性视野和整合式路径。首先,综合治理原则要求环境法超越仅关注单个环境要素或环境行为的局部视野,采用关注不同环境行为之间的互动关系及其整体影响的整体性视野。环境法的规范视野不应局限于单个开发利用行为,而需要着眼于特定区域内开发利用行为的

---

〔1〕《生物多样性计划(2011—2020)》及其“爱知生物多样性目标”要求各国在生态系统方式原则指导下,采取有效且紧迫的措施阻止生物多样性丧失,确保到2020年生态系统具有复原能力并持续提供生态系统服务。See Froukje Maria Platjouw, *Environmental Law and the Ecosystem Approach: Maintaining Ecological Integrity through Consistency in Law*, Routledge, 2016, p. 51.

〔2〕[美]K. A. 沃科特等:《生态系统——平衡与管理的科学》,欧阳华等译,科学出版社2002年版,第275页。

〔3〕陈真亮、诸瑞琦:《钱江源国家公园体制试点现状、问题与对策建议》,载《时代法学》2019年第4期。

整体。单个开发利用行为对生态环境的影响难以单独判断,而是取决于其他开发利用行为的整体影响。其次,综合治理原则要求环境法采用整合式路径。整合式路径要求保护生态系统的立法必须对大气、水、土壤等各类环境要素进行综合调整,并应对污染排放行为、资源开发行为等各类影响环境的行为一视同仁,而且重视它们之间的互动联系,避免因行为转化和后果转移而影响规范效果。

综上可见,现行环境法体系对优先保护生态整体性的价值期待。自然保护地立法不仅应当按照保护优先原则的要求确立生态环境保护较经济发展的相对优先地位,并依照生态价值大小确定不同区域的优先保护级别,而且应依照综合治理原则对自然保护地生态系统进行整体性保护,具有关注生态系统整体的视野,并采用整合不同行为规范的路径。

第三节 生态整体性优先保护价值的立体体现

一、生态整体性优先保护价值的两个方面

生态整体性优先保护价值体现在横向和纵向两个方面。横向上对既有行政区划限制的突破,是生态整体性保护优先于行政区划管辖的表现。从环境自身特点出发可以发现,大多数环境要素具有自然性和流动性。例如,受不同地区气温和气压的影响,大气始终在进行着各类水平或垂直运动,其流动并不以法律上界定的地理区域为界,也不存在一种能够人为完全控制大气流动的机制存在,其运动具有很强的自由性。又如,早在人类出现之前,水流便已存在。根据地势的不同,受重力等各种自然因素的影响,水资源在分布上亦受自然规律调整,人类活动虽然可以对其进行适当调整,但仅能以利用的方式对其进行改造,完全阻断河流等行为可能会导致河流枯竭或改向,或者引发洪水等自然灾害。这种人力不能完全左右自然规律正是生态环境具有整体性、可以自发进行调节的体现。为适应这一特点,环境保护工作的开展必须尊重各类要素之自然规律,以环境要素为中心,突破行政区划的限制,

按照要素区域或流域进行协同保护。

纵向上对单类环境要素保护的突破,即以空间为单位,统筹保护同一空间内的各类环境要素,是生态整体性保护优先于各行政部门权限的体现。实际上,纵向突破是在横向突破,即以要素为依据进行管理的基础上的再一次整体升华。所谓生态系统的整体性,除要遵循生态系统内部各要素的自然规律外,还应当考虑生态系统内部各要素之间的相互规律。工厂向水体排放的污染物在水流经土地时可以通过渗透的方式进入土壤,从而导致土壤污染;水体和土壤污染则可能进一步导致水生生物和植物的死亡或污染的进一步传播,生物多样性的破坏和污染物在食物链中的积累则又会将污染后果作用于人类。这种要素间相互影响的特性使生态环境的保护无法只关注某一类要素而不顾对其他要素的影响。因此,为实现更好的、更高效的生态环境保护结果,以生态环境部为例,其内部的大气环境司、水生态环境司、土壤生态环境司等各要素环境保护部门应当相互联合,统筹规划,以生态整体性保护为目标协同开展环境保护工作。

二、生态整体性对环境立法的新要求

生态整体性的特点对于环境立法提出了较高的要求。首先,在传统的污染防治法领域,环境要素之间的相互关联性要求在一定程度上突破传统的分要素监管的方法,注意不同要素之间污染物的迁移。例如,大气和水污染物会通过淋洗、转移、沉降等作用进入土壤之中,因此土壤污染防治必须和大气污染防治、水污染防治相互连接,实现对污染物的跨要素监管。正因如此,《土壤污染防治法》第 28 条规定:“禁止向农用地排放重金属或者其他有毒有害物质含量超标的污水、污泥,以及可能造成土壤污染的清淤底泥、尾矿、矿渣等。县级以上人民政府有关部门应当加强对畜禽粪便、沼渣、沼液等收集、贮存、利用、处置的监督管理,防止土壤污染。农田灌溉用水应当符合相应的水质标准,防止土壤、地下水和农产品污染。地方人民政府生态环境主管部门应当会同农业农村、水利主管部门加强对农田灌溉用水水质的管理,对农田灌溉用水水质进行监测和监督检查。”

其次,在生态保护法领域,贯彻生态整体性优先保护价值则要求在开发利用活动中加强生态保护,以生态单元为单位展开立法活动。在这一方向上,2021 年出台的《长江保护法》是其中的典型例子。《长江保护法》第 1 条规定了该法的立法目的:“为了加强长江流域生态环境保护和修复,促进资源合理高效利用,保障生态安全,实现人与自然和谐共生、中华民族永续发展,制定本法。”第 4 条规定了长江流域协调机制:“国家建立长江流域协调机制,统一指导、统筹协调长江保护工作,审议长江保护重大政策、重大规划,协调跨地区跨部门重大事项,督促检查长江保护重要工作的落实情况。”除了《长江保护法》之外,未来要制定的“国家公园法”等保护地立法也需要进一步贯彻这一价值。

最后,在自然资源法领域,虽然立法尚未进行全面的更新,但是相关规范性文件和政策性文件已经在进行更新。2017 年 3 月 24 日原国土资源部发布的《自然生态空间用途管制办法(试行)》中指出,环境保护工作应当坚持尊重自然顺应自然保护自然、发展和保护相统一、绿水青山就是金山银山、自然价值和自然资本、空间均衡、山水林田湖是一个生命共同体等理念;应当坚持统筹兼顾原则,综合考虑省级层面宏观管控和市县层面微观管理的双重需求,加强上下联动;做好各相关改革措施间的衔接,强化部门协作,形成改革整体合力。2019 年 5 月 23 日中共中央、国务院发布的《关于建立国土空间规划体系并监督实施的若干意见》中从规划整合的角度强调了以“空间”为单位践行“山水林田湖草生命共同体”理念、开展生态环境保护活动的重要性。

第四节　生态整体性优先保护价值的立法表达

生态整体性优先保护价值属于环境法的基本价值导向,反映了环境法的一般法律精神,是未来环境法发展与革新的总体方向。由于其属于环境法的一般法律精神,因此应当首先通过环境法的基本原则来进行表达。现有的环境法基本原则之中,保护优先虽然在一定程度上反映了环境法生态整体性优先保护价值的内涵，但是由于其表达过于模糊，并不能清晰地体现此种内涵，因此，未来需要对这一原则的具体表达进行相应的调整，可以考虑将“保护优先”调整为“生态整体性优先保护”，以此来凸显生态整体性的重要性，也可以进一步明晰“保护优先”的内涵。至于与其他原则的表述不一致的问题，可以通过模拟《民法典》的体例分立法条来解决，即将不同的原则分别由单独法条进行规定，借此契机也能够对其他相关原则的内涵进行进一步完善，以此完善环境法的内在体系。

其次，生态整体性优先保护价值也可以通过环境法的外在制度规范予以表达，即构建相应的以实现生态整体性优先保护为目的的法律制度来实现，其中，主要是对生态保护法的相关制度予以完善。以自然保护地立法为例。其应当建立两项核心制度：一是在保护优先原则的指导下建立分区定保护级别制度；二是在综合治理原则的整体性保护理念指导下构建总行为控制制度。为了高效地表达这两项核心制度，自然保护地立法体系应采“自然保护地基本法 + 自然保护地特别法”的总分结构，将这两项核心制度确立为自然保护地基本法的基本制度。

一、分区定保护级别制度：对保护优先原则的适用与拓展

环境基本法的保护优先原则确立了生态环境保护的相对优先地位，生态保护红线制度则进一步指明应当通过划分不同区域的方式来确定相应的保护级别。为落实保护优先原则和生态保护红线制度，需要在自然保护地立法中建立分区定保护级别制度，依据特定区域的生态价值确定自然保护地的类型，并依据不同类型自然保护地的生态价值高低，确定相应的保护级别。《自然保护区条例》等自然保护地法规虽然区分了不同的自然保护地类型，且在自然保护地内部进一步划分了不同区域，但特定类型、特定区域的生态价值和保护级别缺乏一致性，难以落实保护优先原则，需要在自然保护地立法中予以纠正。

第一，自然保护地的生态价值高低决定自然保护地的类型。长期

以来,我国自然保护地法规以保护对象的自然要素类型为分类标准,[1]未能反映保护对象的生态价值差异。[2] 由于自然保护地类型与其生态价值高低没有必然联系,现行多类自然保护地实质上统一适用《自然保护区条例》的最严格保护标准,难以因地制宜地平衡保护和利用的关系。为依据保护优先原则平衡保护和利用的关系,自然保护地类型的区分标准不应是保护对象在自然要素类型上的差异,而应是生态价值高低以及所需的保护级别高低,以免对生态价值低的自然保护地确定过高的保护级别。2019 年 6 月中共中央办公厅、国务院办公厅印发的《关于建立以国家公园为主体的自然保护地体系的指导意见》(以下简称"指导意见")按照生态价值高低来区分三类自然保护地:国家公园保护具有国家代表性的自然生态系统;自然保护区保护典型的自然生态系统、珍稀濒危野生动植物种的天然集中分布区、有特殊意义的自然遗迹;自然公园保护重要的自然生态系统、自然遗迹和自然景观。其中"具有国家代表性""典型""重要"是对各类自然保护地生态价值高低的概括性表述,应当在自然保护地立法时明确其规范内涵,作为自然保护地分类的基本标准。

第二,不同类型的自然保护地应依据其生态价值高低,确定相应的保护级别。按照生态价值高低划分自然保护地类型不是最终目的,最终目的是确定保护级别并进行相应的规则设计。为弥补《自然保护区条例》等自然保护地法规在区分保护级别上的不足,近年来主体功能区划制度和生态保护红线制度对各类自然保护地的保护级别进行了二次界分。国务院发布的《全国主体功能区规划》(国发〔2010〕46 号)规

---

〔1〕 我国现有保护地按照保护对象的自然要素类型划分,包括自然保护区、风景名胜区、森林公园、湿地公园、地质公园、水利风景区、水源保护区、海洋保护区、海洋公园、世界遗产地、国家公园(试点)等,分别归属于不同部门管理。参见李文军、徐建华、芦玉:《中国自然保护管理体制改革方向和路径研究》,中国环境出版集团 2018 年版,第 29 页;王磐岩等:《中国国家公园生态系统和自然文化遗产保护措施研究》,中国环境出版集团 2018 年版,第 1 页以下。

〔2〕 刘超:《以国家公园为主体的自然保护地体系的法律表达》,载《吉首大学学报(社会科学版)》2019 年第 5 期。

定，自然保护地应当主要位于禁止开发区域和限制开发区域，其中所有的国家级自然保护地，包括国家级自然保护区、世界文化自然遗产、国家级风景名胜区、国家森林公园、国家地质公园等，应当定位为禁止开发区域，其余自然保护地为限制开发区域。[1] 2014 年《环境保护法》确立的生态红线制度则要求将重点生态功能区、生态脆弱区和敏感区纳入生态保护红线，实施严格保护。上述"禁止开发""限制开发""严格保护"是对保护级别的抽象表述，需要对应不同自然保护地类型予以细化。

与国家公园、自然保护区、自然公园由高到低的生态价值相一致，"指导意见"等政策文件对各类自然保护地的保护级别作了进一步阐述：国家公园的管理目标应当确定为对重要自然生态系统的原真性、完整性的"严格保护"；自然保护区的管理目标是保护其特殊科学研究价值；森林公园、国家地质公园、湿地公园和海洋公园等管理目标是保护某一类型自然公园所设区域的自然特征和自然原貌。[2] 在制定自然保护地立法时，应当将"指导意见"的政策语言转化为法律语言，明确不同保护级别的规范内涵。在自然保护地立法中，可借鉴 2006 年《自然保护地法（草案）》的有关制度设计，[3]将自然保护地根据保护级别分为三大类别：第一类是严格保护级别的国家公园，对国家公园内的生态环境实行严格保护，不允许商业开发活动（如资源开采、旅游等），只允许在不损害生态系统原真性、完整性的前提下适度进行特定类型的开发利用行为（如教育、文化、科研等）；第二类是优先保护级别的自然

[1] 王磐岩等：《中国国家公园生态系统和自然文化遗产保护措施研究》，中国环境出版集团 2018 年版，第 15 页；杜群等：《中国国家公园立法研究》，中国环境出版集团 2018 年版，第 49 页。

[2] 刘超：《以国家公园为主体的自然保护地体系的法律表达》，载《吉首大学学报（社会科学版）》2019 年第 5 期。

[3] 全国人大环资委曾于 2006 年 2 月形成《自然保护地法草案（征求意见稿）》，将某一类别的自然保护地立法转变为体系化的、涵盖所有保护地类型的自然保护地立法，但在国务院各部门征求意见时遭遇各部门的反对，最终没有进入第十届全国人大审读程序。该草案第 38 条规定，自然保护地可以根据保护级别分为三大类别：Ⅰ类是严格保护类；Ⅱ类是保护优先、适度利用类；Ⅲ类是定向保护、可持续利用类。

保护区，允许在不超出自然保护区内生态环境承载力的前提下，在一定限度内组织开发利用活动；第三类是定向保护、可持续利用类的自然公园，可以在不影响自然公园内主要保护对象生存环境和生物多样性的前提下，对自然公园内的自然资源进行可持续利用。

第三，在依据生态价值高低确定整体保护级别的基础上，可以再通过内部分区以实现不同功能定位。如在严格保护级别的国家公园内部，部分区域禁止人类活动，部分区域则可以开放用于科研、文化、教育等。"指导意见"要求，"根据各类自然保护地功能定位，既严格保护又便于基层操作，合理分区，实行差别化管控"。自然保护地立法应据此原则对各类自然保护地予以内部分区。对于国家公园，可以分为核心保护区和一般控制区，原则上核心保护区内禁止人类活动，一般控制区内仅允许科研、文化、教育等特定类型的人类活动。自然保护区也可分为核心保护区和一般控制区，核心保护区同样禁止人类活动，但其一般控制区可以允许更多类型的人类活动，包括特定类型的开发利用行为，为此可以根据需要对一般控制区作进一步划分。自然公园原则上按一般控制区管理，不设置禁止人类活动的核心保护区，且允许的开发利用行为较自然保护区更多、更广，包括建设施工行为等，为此可对一般控制区作进一步划分。

二、总行为控制制度：整体性保护理念下的整合与协调

为实现对各自然保护地的整体性保护，需要依据生态系统的边界确定自然保护地的范围，并且对影响自然保护地生态环境的各类行为实施总体控制。总行为控制制度不否定将行为类型化并予以分别规范，但需要超越关注特定行为的局部视角，按照自然保护地的保护级别对各类行为进行沟通与协调。[1]

第一，自然保护地立法应依据生态系统的边界确定自然保护地的

---

〔1〕 在此所用的"总行为控制制度"概念与徐祥民教授所批判的"总行为控制制度"不同，不仅以控制总行为作为规制目标，通过控制总影响来实现既定的控制目标，而且总行为控制目标与环境质量目标具有一致性，能够满足生态环境整体性保护的需要。参见徐祥民：《环境质量目标主义：关于环境法直接规制目标的思考》，载《中国法学》2015 年第 6 期。

范围。《自然保护区条例》等自然保护地法规对此考量不足，导致行为规范的实效大打折扣，需要在有关自然保护地、国家公园等自然保护地立法中予以改善。一是整合交叉重叠的自然保护地。以保持生态系统完整性为原则，整合自然保护区、风景名胜区、地质公园、森林公园等各类自然保护地，整合后的各类自然保护地统一适用较高的保护级别，解决自然保护地区域交叉、重叠的问题。二是归并相邻自然保护地。对同一生态系统内相邻、相连的各类自然保护地，打破因行政区划、资源要素分类造成的割裂局面，按照保持生态系统完整性的原则进行合并，合理确定归并后的自然保护地类型与保护级别。三是拓展自然保护地范围。在整合现有各类自然保护地的基础上，根据生态系统整体性保护的需要，拓展各自然保护地的范围，确保保护生态系统的完整性保护目标不因范围不足而受阻。

第二，对影响自然保护地生态环境的各类行为实施总体控制。总行为控制制度是实现整体性保护的关键制度依托，以整体性视野关注不同行为对生态系统的整体影响，且采用整合式路径确定对不同行为的规制手段和强度。现行污染防治法和资源保护法在直接规制目标上主要奉行不法行为惩罚主义，以环境利用行为人不违反特定行为规则为直接规制目标，无法控制由不同行为人实施的总行为。[1] 以污染排放的浓度控制标准为例，即使所有污染源都符合大气污染物排放标准，也不必然导致符合要求的空气质量。污染物总量控制制度虽以控制总量作为直接规制目标，但由于作为控制目标的"排污总量"与环境容量脱钩，因此总量控制制度并非真正意义上的总行为控制制度。更关键的是，不法行为惩罚主义可能阻碍对生态环境保护的整体性思考，忽视污染防治与资源保护之间的关系：一方面，污染问题的有效解决常常是资源保护的重要前提；另一方面，污染防治目标的实现也有赖于有效的

〔1〕 徐祥民：《环境质量目标主义：关于环境法直接规制目标的思考》，载《中国法学》2015年第6期。

资源保护。[1] 只有当自然保护地立法按照自然保护地的保护级别来设定总行为控制目标,综合考虑各类行为对生态系统的整体影响并据此确定和调节相应的规范手段和强度,才能有效实现生态系统的整体性保护。

需要注意的是,总行为控制制度并不否定按照行为进行类型化区分的规范路径。各国环境法普遍将影响环境的行为划分为污染排放行为和资源开发行为两大类,再进一步按照环境要素、污染来源等标准细化分类。法律是人类创造的社会治理工具,受人类有限知识与有限理性的约束,类型化区分是实现有效治理的必然选择。[2] 人类有限的认知能力决定了法律无法在整体层面上处理环境问题,而必须将其分解之后分别寻求解决方案。运用法律手段保护环境的过程,本质上是将环境保护的目标转化为人类行为规范的过程。在这个过程中,首先需要运用多个专业领域的知识和信息,构成环境法规则设计的事实判断基础。在此基础上,人们才能够结合自身偏好得出正确的价值判断结论,并将其转化为环境法律规范。由于环境保护相关自然科学领域的学科划分以及有关组织机构分工的必要性,类型划分有助于提高问题处理的效率。[3]

总行为控制制度真正否定的,是划分行为类型后忽视不同行为之间的联系且缺乏相应的整合规范。总行为控制制度的核心是"总控阀门"功能,即协调各类污染防治规范和资源保护规范,适时关闭或开启、强化或弱化特定规范,从而使各类规范保护生态整体性的效果得以

---

〔1〕 例如,一方面,美国切萨皮克湾的水生贝壳类动物等生物群体的保存需要对各类水体污染来源进行控制;另一方面,切萨皮克湾水体质量的控制也有赖于对牡蛎等贝壳类动物及其栖息地的保护,因为牡蛎等贝壳类动物能够通过过滤水中的污染物清洁水体。See Robert L. Fischman, *What is Natural Resources Law?*, University of Colorado Law Review 78, p. 664(2007).

〔2〕 政治学家查尔斯·林布隆认为,指望以完全理性实现政策目标,大多将遭遇失败。See Charles E. Lindblom, *The Science of "Muddling Through"*, Public Administrative Review 19, p. 79 – 80 (1959); Charles E. Lindblom, *Still Muddling, Not Yet Through*, Public Administrative Review 39, p. 517 – 518 (1979).

〔3〕 徐以祥:《论我国环境法律的体系化》,载《现代法学》2019 年第 3 期。

最大化。污染防治法或资源保护法的个别规则或许相互之间不冲突且在价值取向上一致,但它们依然可能对生态整体性考虑不足。只有当自然保护地立法按照保护级别来设定总行为控制目标,并通过总行为控制制度的"总控阀门"功能协调各类行为对生态系统的总体影响时,才能够有效实现对生态系统的整体性保护。

在总行为控制制度的具体设计上,可区分事前预防、过程控制和事后救济三个环节。过程控制是总行为控制制度的关键环节,需要授权行政机关实施"调适性"管理,对此德国经验值得借鉴。德国 1994 年、1997 年、1999 年和 2008 年的历次环境法典草案始终坚持整体性保护理念,1997 年草案在总则部分设置了整合条款和开放条款,其中整合条款要求企业采用对环境整体负担最小的方式来履行环境保护义务,开放条款则允许为增进环境的整体性保护而免除企业的部分环境保护义务。[1] 整合条款和开放条款的实质是赋予行政机关关闭或开启、强化或弱化特定环境保护义务规范的权力,由行政机关在个案中决定如何确定企业的污染防治义务和资源保护义务,从而实现环境的整体性保护。借鉴德国经验,自然保护地立法不仅应当规定各类自然保护地的禁限措施,而且应当授权自然保护地管理部门按照整体性保护的目标调整各类禁限措施的开闭与强度。与此相适应,自然保护地立法需要改革现行环境监测制度等监管执法制度,赋予自然保护地管理部门对自然保护地内各类环境利用行为进行动态监测、综合监测的职权与职责,使得自然保护地管理部门能够时刻掌握自然保护地的生态状况,从而决定是否以及如何调整行为主体的具体义务。

除了在过程控制环节对各类行为进行总体控制,还应在事前预防环节和事后救济环节强化整体性保护。环境影响评价是事前预防环节的核心制度,但现行制度对整体性保护的考量不足。如《环境影响评价法》要求在可行性论证阶段评价建设项目对生态环境的影响,《水

---

〔1〕 刘如慧:《德国环境法典 2009 年草案初探——以整合的开发行为许可制度为中心》,载《台北大学法学论丛》2010 年第 76 期。关于德国历次环境法典草案的简要介绍,还可参见沈百鑫:《两次受挫中前进的德国环境法典编纂》,载《中国人大》2018 年第 5 期。

法》与《取水许可和水资源费征收管理条例》又对涉水建设项目专门规定了事前评价对水资源(包括水量和水质)影响的水资源论证制度。前述两者分别由生态环境部门与水行政部门负责审批。但在自然保护地中,前述两项制度的功能重复不仅没有必要,反而造成执法推诿和执法混乱,导致祁连山保护区内的42座水电站普遍存在生态破坏问题。[1] 在事后救济环节,生态损害救济与修复制度也需要超越单项环境要素的视野,综合考虑环境利用行为对环境的整体影响。[2] 例如,因采矿行为造成的土地、森林资源破坏固然需要重点治理,但间接造成的周边水体污染、野生动植物资源破坏等生态破坏后果也不可忽视。

---

〔1〕 李珣:《中央环保督察|甘肃整改方案62次提及祁连山,将彻底清理》,载澎湃新闻2017年7月26日,https://www.thepaper.cn/newsDetail_forward_1742690。

〔2〕 薄晓波:《论环境法的生态系统整体保护原则》,载《吉首大学学报(社会科学版)》2014年第1期。

第三编　环境法典的制度体系研究

第八章　环境法典制度体系的学理基础

从环境立法的体系化梳理中，可以发现环境法典制度体系化建构的基本轮廓，但是相对紧凑的环境法典制度体系仍需要进一步的探究。在生态文明建设的时代背景下，其对环境法律治理能力和治理体系的现代化提出了更高的要求。环境法典的制度体系安排应当致力于建立健全环境治理体系，实现环境法律制度间的“对话”和协调。环境法法典化的设想就是希冀通过法典化，一方面凝聚学界在环境法基本理论上逐渐达成的共识，另一方面推动环境法规范的日益系统化和体系化。那么，环境法典应该怎样作一个兼具目标性和现实需求性的解释？作为一种成文化的法律作品，环境法典是对法律领域的根本原则和基本规范作出的规定，是统合各个环境单行法中的规范性要求后经过系统编纂的成果，是对法律基本概念的提炼。[1] 由此，环境法法典化是在法律发展到一定阶段后的进一步发展，其致力于提升治理能力和治理水平；针对上述现行法律规范存在的问题，促进制度间的沟通和协调，在规范层面上形成制度体系化的基本格局和模式是环境法法典化的内在动力。

至于何为具体意义上的环境法法典化以及如何实现环境法法典化，观点则是莫衷一是，争论涉及环境法法典化的基本理念、环境法法典化的模式选择、环境法法典化的基本路径等众多问题。总体而言，讨论大多抽象和宏观，鲜少论及环境法典制度体系如何构建以及最终呈

---

〔1〕 吕忠梅：《环境法典编纂：实践需求与理论供给》，载《甘肃社会科学》2020年第1期。

现的样态等较为具象的问题。本书认为,环境法典制度体系的构建逻辑以及表达范式则是环境法法典化运动中的症结所在,因为从结构功能主义的视角看,制度以及由制度所构筑的制度体系是具体承载环境法典的关键性支撑和最终表现形式。

为此,首先要探讨环境法典制度体系的学理基础。主要从制度、体系、制度体系和法典化四个层面阐明本题的基础性范畴。在制度层面,通过对制度概念厘定,明晰制度与机制、体制的区别;辨析多种分类标准观点,尝试以功能面向为标准对制度进行类型化分析,关注制度运行过程中分布规律与发展规律。在体系层面,从成立标准与特征角度,对体系进行界定,分析体系架构与制度运行过程中静态的分布与动态的耦合。在制度体系层面,指出制度体系是以各项制度为构成要素,相互联系、相互补充、相互影响、相互衔接而形成的规范体系;重点在于找寻一定的标准实现动态与静态的分布与调整。在法典化层面,分析和把握法典与法典化的内涵、特质与联系。

第一节　制度与体系的厘清和耦合

一、制度的内涵界定

法律制度是环境法律制度的核心词。广义的法律制度指一个国家或区域内通过法律规范调整社会关系的规则总称,包括了整体意义上的法律原则、法律规则、法律责任等内容;狭义的法律制度用来指称在一个法律部门中调整特定社会关系的法律规范的总称,在该法律部门中,法律规范彼此配合、相互联系构成了一个统一的制度整体。根据调整范围的不同,可以分为基本法律制度和具体法律制度,前者适用于法律基本问题,具有根本的地位,在特定部门法中起着主导作用,具有代表性;后者在具体的局部的法律社会关系中运用,并非起根本、主导作用。基本制度作为实现部门法目标的手段,是作为部门法最基本的要素,具有程序性、确定性和强制性的特点,是一系列法律规范互相关联、互相制约、互相补充构成的具有系统性的有机整体。根据调整对象的不同，可以分为民事法律制度、行政法律制度、刑事法律制度、环境法律制度等，不同部门法下形成的法律制度在主体、客体以及内容上体现了自身的独特性。法律制度的建立和运行过程也是一个利益平衡和协调的过程，重视制度自身针对的范围和对象，注重调整社会关系的特殊性，引入公众的诉求确保公众的参与式法律制度建构。另外，制度的组织和推进需要从国情和地方实际情况出发，因地制宜形成国家特色或地方特色制度，保证制度的适应性和灵活性。同时，制度的建构和执行需要有良好的协调性，避免制度不落地，确保制度的执行力和实施效果。

环境法律制度是指为了实现环境法的目的和任务，对预防环境问题、实现保护生态环境目标发挥保障功能的法律规则、程序等的总称。〔1〕实现生态环境保护和可持续发展是环境法律制度的显著特征，贯穿于环境法律的目的任务中，体现于环境法律基本原则和制度运行中，表现于环境保护工作具体实施和操作过程中。环境基本法律制度指导和整合具体环境法律规范，在整个环境法律部门中具有承上启下的作用，如果没有经过法定程序制定环境法律制度，便不能作为当事人行使权利和履行义务的依据，不能作为调整环境保护法律规范的组成部分。〔2〕环境法律制度的运行需要程序理性，更需要社会理性、自然理性和生态理性。所谓的自然理性，是需要回应现有污染防治、自然资源开发保护和生态环境保护三个制度板块，重视生态环境状况评估和规划在环境法律制度中的基础性地位，确保生态环境资源综合规划在各种规划中的先定性效力，需要在生态状况评估基础上制定总体性的规划。〔3〕社会理性需要在制度设计中保障人体健康和生态安全的同时，不断提升生态环境品质：在公众健康保护层面，有环境标准制度和环境标志制度，同时增加健康风险评估制度、公众环境健康管理制度和

---

〔1〕汪劲：《环境法学》（第2版），北京大学出版社2011年版，第231页。

〔2〕肖国兴：《论可持续发展法的制度选择》，载徐祥民主编：《中国环境资源法学评论》，中国政法大学出版社2006年版，第48～85页。

〔3〕徐以祥：《论我国环境法律的体系化》，载《现代法学》2019年第3期。

环境健康风险交流制度等；生态安全依赖以生态红线和国土空间开发制度为核心的相关制度体系，保证主体功能区和生态空间的安全；环境品质提升需要强化生态环境监管制度，以行为规制和项目监管为重点，实现切实的环境保护、有效的污染防治和绿水青山重现的立法愿景。

二、体系的概念梳理

根据《现代汉语词典》的解释，“体系”，是指“由若干相互联系的事物构成的统一整体”。[1] 一般意义的体系运用到法学领域难免会有以偏概全之嫌，不能充分体现法律本身具备的学科属性。在法学上，法律体系是指由若干法律要素组成的互相联系的整体，按照学者们的观点，可以将法律体系划分为三种模型，法律化—推理性模式、法律目的模式和规范运行模式。[2] 具体来说，法律化—推理性模式要求以法律自身的概念和原则、规范作为法律基本要素，并通过演绎、推理模式进行法律规范与事实论证来形成完整的理论模式。法律目的则要求将法律基本价值和目标作为法律体系内部的构成要素，在此基础上突出法律期望达到的公平和正义，获得法律评价的内在一致性和逻辑统一性。规范论主张以法律规则作为基本的构成要素，与法律原则作为法律体系内部刚性和柔性的结合。[3] 作为法学研究的重要方法，“体系”一词在大陆法系国家运行甚广，体现了法学的学科理性和科学理性特征，具有维护法律自身的制度运行秩序和法律正义的作用。规则—原则的法律体系观能够涵盖法律体系的基本要义，是指具有内在逻辑联系的法律规范所构成的相互联系和融贯的有机整体，其中基本表现形式有法律原则和法律规则，运行机理在于根据体系化的目标指向，通过立法、法律解释等手段将相关法律规范构成统一整体：包括了内在的价值体系和外在的规则体系。[4]

通过梳理现有的文献，对环境法律体系化可以从不同的层面进行

---

〔1〕 孟勤国、黄莹：《法学研究的对象和任务》，载《江汉论坛》2014 年第 4 期。

〔2〕 [德]K. 茨威格特、[德]H. 克茨：《比较法总论》，法律出版社 2003 年版，第 62 页。

〔3〕 熊伟：《问题导向、规范集成与领域法学之精神》，载《政法论丛》2016 年第 6 期。

〔4〕 徐以祥：《论我国环境法律的体系化》，载《现代法学》2019 年第 3 期。

解释和运用。概括来说，主要有两个层面的重要作用：第一，作为一种建立法学学科自身的逻辑体系和法理学构造的重要方法；第二，在法律自身制度学科运行以及立法完善层面的运用和创新。[1] 环境法律是以应对和解决环境问题为宗旨的部门法，要遵循生态理性和环境运转规律，无论是生态问题的复杂性抑或生态系统自身运转的系统性和整体性都决定了环境法律需要遵循系统化的理念和方法。与法律体系的基本要求相一致，环境法律体系也需要秉承内容的全面性、规范的一致性、逻辑的自洽性要求。内容全面是一个体系的必备要件，环境法律规范对环境法律社会关系的调整需要涵盖基本的内容，整合环境法律领域具有相同性质的法律规范，按照某种内在的结构和思路建构在一起，能够覆盖环境法律社会生活的方方面面，为需要法律调整的主要社会关系提供基本的法律规则指引。规范一致性要求保持已经形成的环境法律体系中各个规范的前后协调状态，避免规范之间发生重叠或冲突，包括法律概念表述的内涵与外延的一致性、法律规则规制的环境社会关系的一致性、规范组成的环境法律制度之间预防、控制和救济程序的一致性等层面。逻辑的自洽性要求，是环境法律体系化的实质内容，要求概念表达既反映法理基础，又回应社会现实，具有可操作性的实践功能；要求法律规则既能在思维演变上前后一致，由表及里、层层深入，又能在实证维度上运行畅通、秩序井然；要求法律制度安排得当，形成事前预防、事中控制、事后救济的严密逻辑，有效应对生态环境问题和系统地防范生态环境风险。

环境法体系化除了具备法律体系的基本特征外，更应该符合环境法律自身的实效性要求，增强应对和解决环境问题、预防环境问题、防治环境污染和破坏的能力。在生态文明建设的背景下，要为保护人类利益和增强自然生态环境自身修复能力，构建生态环境保护的核心制度。环境法律制度的体系化要和生态系统运转的整体性相符合，在实现体系性目标的路径选择上，有基本法模式、形式法典化以及适度法典化和实质法典化模式，其中已经修订的《环境保护法》遵循了基本法模

---

〔1〕 黄桂琴、高崇升：《论我国环境法律制度及其完善》，载《河北法学》2003年第1期。

式。在《环境保护法》实施之后理论条件和现实条件大致成熟的基础上,归纳现有环境法律的共有内容,进行适度法典化,由此形成的环境法典制度体系是以编纂环境法典作为基本的内容,通过适度的方式来对我国现有环境法律体系进行整合。具体来说,在形式上需要符合包括总则编、分则编以及附则编在内的适度整合结构。总则以环境法律指导思想、立法理念、立法目的和法律原则为统领,分则以环境法律制度组成环境保护、污染防治、资源利用、主体责任等部分构成前后联系、逻辑一致的整体。在实质内容上,以生态资源开发和保护行为的合理规制作为基本视角,制定环境污染和生态破坏、自然资源的保护与开发利用、环境问题的监测和预防以及生态环境保护总则的原则性规范这几部分,既要实现对环境法律体系的整体统领和规制,又要促进具体制度性规范的运行和管理,以静态的规范支撑和动态的制度运行形成环境法典制度体系。

三、制度运行和体系架构的耦合性

在理论和实践中,各项制度并不是孤立存在的,法律制度之间有一种内在关联性,互相影响,形成整体。在环境法律制度中,对环境法律制度进行体系化研究具有重要意义,在对各项环境法律制度进行协调的基础上,按照共同的理念对制度之中包含的具体法律原则和规则系统性考虑,通过统筹安排,将新的目标、新理念和新的适用方法贯穿到各项法律制度之中,达到体系化目标的实现。[1] 体系化是各个制度协调沟通的理性结果,其基本目标是制度相互协调和衔接,且该衔接并非盲目的勾连和无目标适用,而是以制度的适用范围和功能作为出发点互相衔接的结果。实际上,环境法律制度规制的生态环境损害行为的特殊性决定了环境法律制度的体系化结果,无论是生态环境本身的物质循环、能量流动、信息传递抑或是生态环境损害的整体性运转过程,都是在系统化的过程中实现的,这也在一定程度上决定了环境法律制度之间需要彼此作用和沟通,形成体系化的制度链条来调整和规制生

〔1〕 吕忠梅:《论环境法的沟通与协调机制——以现代环境治理体系为视角》,载《法学论坛》2020 年第 1 期。

态环境保护关系。具体来说,首先,对于各项环境法律制度的分类和适用,能够组成系统化的体系从而找准环境法律体系在整个法律体系中的定位,进一步揭示环境法律制度在运行中的实践效果和信息反馈,厘清具体法律制度和基本法律制度之间的逻辑关系,为处理环境法律制度间的协调和衔接提供理论依据。[1] 其次,构建环境法律制度体系不仅在于类型化以及形成体系化制度的静态规范分布,更在于通过具体实践操作的动态呈现来改进制度,通过实践中的问题来反映理论不足,把握各项具体制度适用的条件,反思现有制度的不足,并利用已有经验进行改造,发展和完善环境法律制度促成环境法律制度的体系化和并保证其良性运转。

环境法律制度体系可以促进各制度间的衔接和配合,遵循体系化的规制路径,形成事前预防—事中控制—事后救济的完整格局。在环境问题未发生阶段,利用事前规制制度进行有效预防,预防原则从法律程序上保障了生态环境保护价值的优先性,即不能以风险不确定或损害不确定作为不采取相关环境保护行动、避免生态环境价值损害的理由。其采取的方法必须要和风险管理的目标保持一致,这是将公法中的比例原则吸收进环境保护法律制度之中,[2]将生态环境价值优先性建立在经济价值、社会价值等其他价值的利益衡量基础之上,在程序上保障环境价值的同时,实体上强调对经济追求的制约。针对已经发生的环境污染和破坏进行事中控制防止损害进一步扩大,需要进行综合治理,对事中已经造成的环境损害利用综合手段进行整治,不仅涉及法律手段、行政手段,更有环境科学技术手段。而已经造成的生态破坏问题需要进行事后追责,救济被损害的生态利益及公共利益承接和解释了损害担责原则,以开发者保护、污染者付费、利用者补偿、破坏者修复为基本内容,从环境责任的角度论证了社会个体不仅享受着环境权利,更有义务的履行和环境责任的承担。这是对损害环境行为的矫正和处罚,通过否定性的评价,实现对环境友好的行为的激励作用,又形成对

---

〔1〕 颜士鹏:《中国当代社会转型与环境法的发展》,科学出版社2008年版,第62页。

〔2〕 徐以祥:《论我国环境法律的体系化》,载《现代法学》2019年第3期。

破坏环境行为的处罚和震慑。环境法律制度架构和法律体系运行可以促使相关配套设施的发展和完善，推动各项制度更好地实施。在环境法律基本制度和具体制度间的指导和被指导关系中，基本制度决定着环境法律发展的基本方向，指导着具体制度的运行和规范，具体制度之间也有配合、辅助的作用，保证各项制度基本单元的良好运行，实现环境法律内部体系性架构的"静态分布"和制度运行过程中的"动态耦合"。

第二节　制度体系的规范和识别

一、制度的类型化分析

德国著名社会学家马克斯·韦伯最早将类型化这一思考方法引入社会学，广泛应用于自然科学、社会科学和人文科学之中，同样类型化对于法学研究来说不可或缺。[1] 拉伦茨说，当抽象——一般的概念和逻辑体系不足以精确描述现有生活状态和意义脉络的丰富多样性时，人们首先会想到类型化的思维形式。[2] 制度的类型化能够体现制度之间的层级特征，明确制度边界和组成要素的固定性；能够体现开放性、意义性和直观性、图像性。其中的意义性表明不同制度类型之间的各自意义和作用，被准确描述和明确其构成要件。由此可见，制度类型化具有开放的特征，虽然边界明确，但对于每一种制度类型都具备自身定义，综合而又直观，既是对具体制度内涵的进一步演绎，同时能够对具体实施过程进一步抽象，疏解了抽象概念的"空洞化"效果，也化解了个人制度的碎片化倾向。[3] 环境法律制度的类型化依据一定的标准对于制度进行具体分类，构建法律制度的类型化基本框架。作为类

---

〔1〕［奥］欧根·埃利希：《法社会学原理》，舒国滢译，中国大百科全书出版社 2009 年版，第 337 页。

〔2〕［德］卡尔·拉伦茨：《法学方法论》，陈爱娥译，商务印书馆 2003 年版，第 337 页。

〔3〕方新军：《内在体系外显与民法典体系融贯性的实现　对〈民法总则〉基本原则规定的评论》，载《中外法学》2017 年第 3 期。

型化方法的基本内涵和首要的任务，这一环节要求分类的标准必须具有科学性和可操作性。其次，在对环境基本法律制度类型化的具体过程中，分类必须对现实环境问题、环境状况有所回应，如果分类不完善、有缺漏或者是重叠，必然会影响制度类型化的科学性和针对性，无法有效解决实际环境问题。最后，环境法律制度的类型化必须考虑和制度的协调配合，明确制度运行的抓手，遵守固定的格式和程序，融入具体化与完善化目标之中。

环境法律制度的类型可以进行纵向和横向划分。纵向划分的法律制度包括环境基本法律制度和环境具体法律制度，前者体现了环境法的价值目标和取向，不针对具体法律问题，只在宏观层面进行法律的约束和指导，与法律原则相类似，在环境具体法律制度无法有效解决环境问题时，环境基本法律制度便发挥作用提供价值性的指引，在环境污染与破坏法律关系中进行协调和规制。横向划分的环境法律制度包括了事前预防制度、事中控制制度和事后救济制度。其中，事前预防制度是在环境问题发生之前，为防治环境问题的产生，采取一系列制度进行环境保护，如环境影响评价制度、环境规划制度、环境标准制度和环境监测制度；事中控制制度侧重于在环境损害发生的过程中进行规制，防止损害扩大，修复环境，如“三同时”制度和排污收费制度等。事后救济制度侧重于对环境利益和公共利益的保护。纵向和横向的法律制度构成了环境保护法律制度的完整体系，构建合乎逻辑的环境制度模式与实践中环境法律关系对照，确定两者之间的差异性和统一性，实现合乎逻辑的环境法律制度类型化的目标。

二、体系的功能性识别

法律体系的外在表现形式是一系列法律规范所构成的整体，内在需求是实现法律价值和规范目标的一致性，以其内容的全面性、规范的一致性和逻辑的自洽性为基本特征；法律理念、法律价值和法律原则在具体法律规则组成的法律制度中进行表达，法律理念用来证明法律体系的价值基础，不仅在法律规范的制定上体现形式合理性要求，而且法律规则之间前后一致，形成结构合理的有机整体，体现法律规范符合价值融贯性的基本要求。另外，法律体系的每一个部门法中都有自身的运转机制，在整体的法律秩序上可以运用法律体系化原理来整合相关法律部门的法律规范，这样的方式最典型的途径便是法典化，尤其以适度法典化来体现法律体系化的精髓和积极意义。观察我国的环境法治实践发现，环境法律制度并没有形成有效的法律体系，我国虽已制定了相对多元、繁杂的生态环境保护法律和法规规章，但明显的问题是制度之间依旧呈现碎片化的倾向。在生态系统服务和服务功能的保护、公众环境健康和受损救济机制、生态环境质量的维护和救济等方面并没有有力的制度保障；在事前环境风险防控阶段的环境与发展综合决策机制、国土空间治理机制以及环境风险管控机制、协同治理机制也缺乏法律制度支撑。[1] 为妥善解决这些问题，推进环境法的适度法典化是符合现实需要并具有比较优势的环境法律制度体系化方案。适度法典化可以为生态环境制度之间提供从互相分离走向统一协调的机会，改变制度之间因规制内容和对象不同造成的割裂，明确制度体系的目标和基本原则，遵循统一的制度适用程序，提高制度之间的内在统一性。

第一，法律体系化的基本原理在环境法领域中具有运用的必要性和正当性。环境法律领域经过近几十年的发展已然成为一个成熟稳定的法律领域，具有数量众多且相对稳定的法律制度和规范。环境问题关乎着人类的生存和发展，是需要社会共同应对的问题，为有效解决环境污染和生态破坏问题，各国纷纷制定了大量的环境法律，主要涉及污染防治、自然资源管理和生态环境保护等方面，从法律规范的形式和数量来看，已经具备了法律体系化的客观要求，且体系化理应成为环境法律规范发展的实践导向，为有序、协调的适用环节提供法理基础。第二，环境法律具有自己独特理念和价值追求，在法律理性上具有了体系化的功能条件。生态环境作为人类共同的财产，具有公共利益的属性，代表社会群体共同的价值诉求。在对环境资源进行开发利用时，又会发生所有权权属的争议，更有因自然资源利用行为造成的私人利益的损害，由此，环境法律所调整的社会关系具有公共利益和私人利益相互

---

〔1〕 吕忠梅：《论环境法的沟通和协调机制——以现代环境治理体系为视角》，载《法学论坛》2020 年第 1 期。

交织的二重性。另外,由代表公共利益的国家机关对污染环境、破坏生态的企业或个人提起诉讼,同时还存在社会团体、公民个人因环境权益遭受损害提起的侵权诉讼和损害赔偿诉讼,既涉及纵向的公法关系,又包含了横向的平等主体之间的人身和财产权益,它们决定了环境法律解决纠纷手段的多重性和综合性。这样错综复杂的法律关系和主体适用问题,要求环境法律制度必须形成体系化的调整手段实现利益衡平。第三,环境法追求的经济发展和环境保护相协调的目标也要求环境法律制度的体系化。环境问题的普遍涌现是因为在工业社会过度追求经济增长,无节制地利用和浪费生活资源,无限制地开采能源资源,无规制地排出和释放有害制品,使环境受到人类社会不利的作用后产生了反作用力。正是为了人类社会的可持续发展,人类在追求经济增长的同时不能忽视环境的保护,必须将生态环境安全、环境正义等环境理念融入国家的综合发展决策之中,从而以其具有的独特生态环保价值追求为环境法律制度的体系化提供正当性条件。

体系化对于环境法律实现自身功能具有长远意义。首先,环境法律体系是一个较为成熟的法律领域,具有众多的法律规范,且环境问题是人们面临的共同问题,涉及污染防治、自然资源管理和生态环境保护等方面,对于跨区域、跨流域的环境污染防治,各地环境保护部门怎样运用协调手段实现共同的治理目标,在这其中都需要环境法律制度体系的体制机制保障。其次,环境法律体系既包括了纵向公法关系的制度体系,也包含了横向平等主体之间的制度体系,适用综合性的调整方法,在遵循传统的法律价值理念的基础上,创新出独特理念和价值追求,以可持续发展、生态环境安全、环境正义等作为价值追求,坚持和完善生态文明法律体系,在立法、执法、司法、守法等环节涵盖该思想,在法律规范、法制实施、法律监督、法制保障等方面贯穿始终,契合环境法律制度体系的价值理念。最后,从实践情况来看,环境法律制度体系化已在国际上付诸实施并取得显著成效,如瑞典、法国以制定环境法典实现环境法律的体系化,这是彻底和全面的作为方式之一。[1] 除此之

〔1〕 夏凌、金晶:《瑞典环境法的法典化》,载《环境保护》2009年第2期。

外，还可以通过相关法律体系整合和法律解释，实现环境法律的体系化。德国虽没有制定环境法典，但环境法律体系化的理念贯穿于法律之中，构成了逻辑严密、内容全面、系统完整、价值融贯性强的环境法体系，以另一种方式实现了环境法律的体系化。

第三节　法典制度体系的协调与架构

一、法典制度体系协调的内外一致

法典化是环境法制度体系化最为彻底和全面的方式之一，环境法典制度体系的本质诉求也在于实现法律体系内部与外部的协调一致。环境法制度体系的外部表现形式上，需要满足内容的规范和全面、概念表达和规范形式的前后一致性、框架结构体现的完整性和系统性。另外，外部的协调性还体现在与其他部门法在不同立法理念、不同立法技术、不同措施工具、不同标准水平情形下实现沟通与协调。具体来说，环境法典体系的内容应该涵盖调整环境法律关系的全部内容，通过整合现有制度功能和理念，在调整范围上应有所扩充以回应现实环境问题解决的需要；在概念的确定上，内涵与外延必须有一个清晰的界定，概念之间的从属关系明确，遵循基本问题和具体制度间的指导和适用规律，法律规范的表达方式符合形式和逻辑的要求；[1] 在框架秩序层面，环境法典制度体系的总则和分则部分联系紧密，体现统领整合与具体适用的关系，并能依照一定的篇章体例结构展现。在环境法典制度体系的内在协调运转方面，需要满足法典化的静态整合与动态调整的要求。在制度实施中根植于环境法律的基本理念和价值追求，协调不同制度的价值取向和功能定位。[2] 环境法典制度体系在内部是关于价值、事实和逻辑的考虑，价值关涉不仅有生态安全和可持续发展，同时包括自然法学、社会法理以及理性主义方法的基本理念。而事实关

[1] 吕忠梅、窦海阳：《民法典“绿色化”与环境法典的调适》，载《中外法学》2018 年第 4 期。
[2] 张梓太：《论我国环境法法典化的基本路径与模式》，载《现代法学》2008 年第 4 期。

涉定位于现实环境问题的解决，含有为防止环境污染和破坏而采取的历史和现实的方法。法典制度体系内部的逻辑联系着眼于制度与现实问题间的合理适用，强调运用归纳和演绎的方式进行分析和判断环境法律问题。正如学者们提出的：法典化的方法论基础是体系化，法典化的灵魂是体系化。[1]

二、法典制度体系架构的灵活自洽

所谓环境法典制度体系架构的灵活性，体现于基本环境法律制度与具体环境法律制度之间的指导与包容中，实现于环境法律制度适用于不同环境问题的实践与操作中，回应于旧制度变迁和新制度加入的调整和运动中。在环境法典制度体系的外在表现形式上，能够对新加入的制度保留有适当的空间，可以在一定开放性的基础上实现制度体系内部的有效运转；在环境法律制度体系内部，能够保持制度之间的前后联系和灵活适用，容纳新出现的环境法律制度并能够保证其衔接和完整；[2]在基本环境法律制度和具体环境法律制度之间，遵守制度层级之间的先后适用关系，保持制度运行的合理弹性。环境法典制度体系架构的自洽性要求法典制度与其他环境法律制度之间的联系，要求纵向环境法律制度体系和横向环境法律制度体系的互动，具体来说，环境法典制度体系充分发挥总则性制度的指导作用和分则制度的实践效果，同时注意与其他环境法律制度的包容关系和交叉关系，避免混淆适用的问题；纵向环境法律制度体系有基本法律制度和具体法律制度，不同层次的制度需要发挥自身特有的功能保证法典制度体系间的逻辑联系；在横向环境法律制度中，以环境影响评价制度为例，在建设项目开工之前必须进行工程的环境影响评价，确定对环境造成的影响，为之后的事中损害控制和事后救济提供基础，从而实现同一层级之间的环境法律制度适用的类型化，明确制度发挥的作用，识别制度适用的具体情形，在预防、控制和救济层面“各司其职”，共同保证制度体系的框架搭建和具体编排契合环境法律自身的逻辑特质。

---

〔1〕 刘湘溶、王彬辉：《环境法学权利研究方法论》，载《现代法学》2008 年第 6 期。

〔2〕 党庶枫、郭武：《中国环境立法法典化的模式选择》，载《甘肃社会科学》2019 年第 1 期。

第四节　制度体系与法典制度体系

现有的法律体系化路径主要有两种，一种是基本法路径，另一种便是法典化。基本法路径是要制定一部统领部门法领域的基本性法律，为该部门法领域的其他专项立法提供价值指引、理念支撑和基本原则、调整手段的指导，各个专项立法都是以该基本法作为依据；法典化路径是将某一部门法中的所有法律按照一定标准和主线进行整合而形成一部结构完整、体系严密的法典，一般情况下不允许其他的法律规范存在。[1] 2014 年出台的《环境保护法》可作为环境法领域的基本法，其和各个环境单项立法之间保持了原则上的统一和规则上的一致，但近几年的制度实施表明：虽有环境基本法的指引，环境法整体结构依旧处于零散状态，不断会有新的单项立法推出，在某些领域不能或无法受到环境基本法的调整。结合基本法显现的不足以及我国环境法治体系化发展的现实需要，法典化的路径以自身具有的逻辑性和体系性优势满足了"适度"法典化制定的条件。通过"适度化"的编纂，实现动态的法典化并能不断调整法典化程度和法典化形式，增强其灵活性和适应性。[2]

环境法律制度的体系化以环境法法典化为终极目标，而环境法法典化运动的本质诉求则在于对环境法律制度的体系化实现。长久以来，法学学者致力于探寻法律规范得以完全实现法律制度功能的最终形式，抑或最理想形式。法学强调科学性与理性，但科学理性的法律体系并不会自然形成，尤其对于分散立法模式下形成的庞杂繁多的法律规范而言，即使在立法角度"看似"形成了法律体系，规范所组成的法律制度之间并不必然具有内在的一致性与逻辑性，外在亦难以自然形成完整的层次结构，必须借助体系化的方法实现法内在价值的融贯与

---

〔1〕 吕忠梅：《环境法典编纂：实践需求与理论供给》，载《甘肃社会科学》2020 年第 1 期。
〔2〕 吕忠梅：《环境法典编纂：实践需求与理论供给》，载《甘肃社会科学》2020 年第 1 期。

外在制度衔接逻辑的自洽。法典化即为以规范体系化实现制度体系化的一种模式,是按照法典编纂规则与方法,将法律制度与制度所依托的规范经由集约、整合,依照一定的逻辑编排所形成的规范化、体系化的规范文件。由于其理想形式所表现出的外在内容全面涵摄、体例层次分明,内在价值和谐统一,其被视为最为彻底的法律规范体系化形式,也是成文法理性的最高表现形式。趋向法典以及法典编纂的过程被称为法典化,自欧洲启蒙运动法典化思潮兴起,多国在法律制度改革中作出法典化尝试。[1] 1804 年的《法国民法典》被称为"人法"的经典法典,其确立的自由平等、所有权绝对、契约自由和过错原则等奠定了现代民法的理论基础,以成文形式实现了以阶层为中心的经济社会的基本格局,编纂体例上开宗明义地提出法律面前人人平等的原则,其后确立了平等主体之间的财产与所有权关系,且通过继承、契约等技术性问题回应了财产权的行使顺序。[2] 在环境法领域,《瑞典环境法典》开创了总分结合的动态立法体例;《法国环境法典》则致力于对制度碎片化的破解和整合,探讨环境法律行为的可行性。德国环境法法典化的目标之一便是实现"生态进步",创设"全盘"的概念改变针对环境各个不同部分实行各自为政的特定环境政策的状况。[3] 而这种法典化运动的兴盛,就本质上而言是法学学者对于更高层次的法律制度体系化的追求。

此逻辑在我国环境法法典化运动中亦有所体现。我国环境法采取部门主导的分散立法模式与问题导向的单行法立法模式,形成的环境法规范体系表现出三个现象:一是结构庞杂。以涉水(包括海洋)法律规范为例,全国性法律法规多达 17 件,地方法规、行政规章数十件,形成条块分割的割裂治理模式,规范间没有明确的层次与逻辑关联。二是规范重复。横向表现为不同环境要素的法律规范结构内容基本一

---

[1] 夏凌:《环境法的法典化——中国环境立法模式的路径选择》,华东政法大学 2007 年博士学位论文,第 74～105 页。

[2] 邓海峰、俞黎芳:《环境法法典化的内在逻辑基础》,载《中国人民大学学报》2019 年第 2 期。

[3] 夏凌:《德国环境法的法典化项目及其新发展》,载《甘肃政法学院学报》2010 年第 2 期。

致，纵向表现为国家法律与地方法规之间结构相似，内容多有重复。三是规范冲突。其表现为因规范繁多，难以整体全面修订而产生的新旧条文冲突，以及因部门占主导地位，不同规范利益倾向不同而产生的规范冲突。在目前环境法规范体系之下，冗杂的法律规范形成大量的环境法律制度，规范的重复与冲突进而演化为制度间的层次不清与交叉重复，规范之间的条块割裂致使法律制度的逻辑不清，环境法律制度功能的实现大打折扣。由此，在关注到环境法律规范体系化困境引发的制度体系化不能的情况下，环境法需要以法典化的形式对现有法律规范体系进行整合，进而实现对环境法制度体系化的追求。换言之，制度体系化的终极目标必然是环境法法典化。

法典化的过程是法律制度法典化的过程，亦是法律制度体系的整合与重构的过程。首先，就功能角度而言，法律制度是实现法效益的最基础单位，单一制度实现某一具体问题的法律解决，多个制度衔接实现法律机制的运转，对于某一社会关系的全面调整需要依靠整个体系所有制度的共同实现。法典作为一种成文法的表现形式，其功能的实现同样依托于法律制度。其次，从结构角度来说，法典所追求的完整层次结构以制度体系为实现工具，完整性得益于制度体系内容的完备，整体性依靠制度体系内在的一致性，层次性需要制度体系构造的逻辑自洽。再次，从法典化进程来看，法典的形成并非从无到有的立法过程，而是以原有的法律规范为基本内容，打破法律制度体系，依照法典编纂原则与方法形成新的法律制度体系的过程，其中包含两个步骤：一是法典的制度体系基本框架与建构逻辑的明确；二是具体制度的法典化。最后，从整体而论，法典的形成有自身外在标准与内在标准，要求外在的结构完善与内在的逻辑统一，从本质上讲均是对于制度体系的整合要求；同理，环境法法典化过程应当是原有环境法律制度体系解构，以一定法典化模式重构的过程。

第九章　环境法制度体系的类型界定

中共中央《关于坚持和完善中国特色社会主义制度　推进国家治理体系和治理能力现代化若干重大问题的决定》提出要坚持和完善生态文明制度体系，促进人与自然和谐共生。由此可见，制度化和体系化已成为环境法未来发展的必然趋向，对环境法制度体系的类型界定是最为关键的步骤之一。环境法制度体系内容庞杂，各具体制度在整个环境法制度体系中所具有的功能角色和作用面向不同，并且各制度之间具有紧密而复杂的关联性和协调性。如果不以类型化加以区分，将会导致各项制度间的矛盾和冲突，削弱环境治理的成效。因此，通过类型化的方法，根据一定的标准对环境法制度体系进行区分，使其在各自的功能和面向上发挥应有的作用，才能保证各制度类型划分的准确性和合理性，继而实现生态环境的有效治理。

本章对环境法典制度体系的类型化进行分析。首先是提取环境法制度体系的特性。环境法作为领域法，带有部门法生而有之的共性问题，也肩负着区别于其他部门法的特殊因子。在理解其与其他部门法制度体系的关系，以及领域法制度体系和部门法制度体系的关系的基础上，提炼出环境法制度体系的特征，并以此作为本部分研究的基础。其次是调整环境法制度体系的作用领域。这一部分旨在厘清环境法制度体系发挥作用的关键领域，初步设想将该制度体系分为总则、分则、相关部门法的供给三个基础部分，并以上述三部分为中心进行系统建构。最后是界定环境法制度体系的基本类型。通过现有环境法制度体系分类的提炼，分析代表性学者对环境法制度体系基本类型的判断，尝试对环境法制度体系基本类型与作用领域进行学理性的划分。将该制度体系划分为基本制度体系、主要法律制度、其他法制度体系三个方面。

第一节　环境法制度体系的特性提取

一、环境法制度体系的构成

大量环境法律的制定与颁布虽然充实了现有的环境法律体系，但是却相对忽视了制度间的衔接，从而可能导致环境法目标的落空。环境法制度体系的类型化，实质上是一种对环境法制度的筛选和清理。在此过程中，明确环境法制度体系类型化的标准是最为关键的一步。然而，关于制度体系的类型化标准界定，本身就是一个复杂的命题，学界也莫衷一是。如吕忠梅教授在《环境法学概要》中将环境法基本制度分为环境监督管理制度、保护和改善环境制度、防治污染和其他公害制度。[1] 王灿发教授主要从制度的适用角度出发，将环境法制度进行了多方面的划分，具体为：依环境法律制度在环境保护管理中所处的地位将环境法制度划分为基本环境法律制度和一般环境法律制度；根据环境法律制度适用的不同阶段将环境法制度划分为行为前适用的制度、行为过程中适用的制度、行为后适用的制度和行为全过程适用的制度；根据环境法律制度适用的对象将环境法制度划分为适用于老污染源的环境法律制度、适用于新污染源的法律制度；根据环境法律制度适用的范围大小将环境法制度分为全国性的环境法律制度、地方性的环境法律制度和部门性的环境法律制度。[2] 蔡守秋教授认为：根据制度的保护对象，环境法制度可以分为环境资源管理共同适用的制度、适用环境污染防治管理的制度、适用自然资源管理的制度、适用生态保护建设管理的制度；根据制度的功能，其可分为基础性

---

〔1〕 吕忠梅主编：《环境法学概要》，法律出版社2016年版，第161～185页。

〔2〕 王灿发：《环境法学教程》，中国政法大学出版社1997年版，第64页。

制度、预防性制度、治理性制度等。[1]

而在法学研究方法中，对于类型化的标准较为通常和普适的做法是以实物的根本特征为标准对研究对象的类属划分。[2] 换言之，在对环境法制度体系的类型化过程中，对不同环境法制度所具有的根本特征进行识别、归纳、整合，将具有相同特性的制度体系归为同一类别，继而得以实现对整个环境法制度体系的类型化区分。因此，本书也倾向于采取此种方式来判断我国环境法制度类型化的标准，具体表现为通过对环境法制度体系特征的提取从而实现对环境法制度体系作用领域的识别，并进而以作用领域为标准，对环境法制度体系进行细化。

二、环境法制度体系的特性

环境法制度体系的特性可以从微观和宏观两个层面来描述。微观层面为组成各制度的具体法律规范的特性，宏观层面则是将环境法制度放置于整个法律制度体系中，考察它与其他部门法相比所具有的突出特征。

第一是微观层面，由于环境法律规范是组成环境法制度体系的最小单位，因此也最能显示出环境法制度体系的本质特征。由此，在对环境法制度体系的特性进行提取时，应首先将视角放置于环境法律规范中，对组成各环境法制度具体规范所具有的性质、特点归纳总结。吕忠梅教授从环境法律规范的综合性这一特点出发，根据环境法律规范的表现形式，将其分为宪法规范、行政法规范、民法规范、刑法规范、诉讼法规范、技术规范；根据权利义务产生的原因，将其分为强行性规范与任意性规范。[3] 环境法律规范的诸多表现形式间接表明了其所具有的特征也会相应地复杂与多样。对此，徐以祥教授将环境法律规范的特点归结为四个方面：首先，环境法是以保护环境公共利益为主要目的的，其所调整的利益关系具有复杂性，其所保护的法益具有独特性；其次，环境法律规范的构成涉及众多技术规范，其构成具有科技性；再次，

---

〔1〕 蔡守秋：《生态文明建设的法律和制度》，中国法制出版社 2017 年版，第 94 页。

〔2〕 张斌峰主编：《法学方法论教程》，武汉大学出版社 2013 年版，第 306 页。

〔3〕 吕忠梅主编：《环境法原理》（第 2 版），复旦大学出版社 2017 年版，第 125 页。

环境问题的综合性,环境保护对象的多样性和法律调整方法的多样性,决定了环境法律规范具有跨部门性和综合性的特点;最后,环境法律规范以应对和解决特定或整体的生态环境问题为规范目的,是一种典型的问题应对型法律规范。[1]

第二是宏观层面,环境法制度体系作用于生态环境这一专门领域,是单独的一个部门法。然而,环境法不仅携带着部门法生而有之的共性问题,也肩负着区别于其他部门法的特殊因子。这些特性不仅能够将环境法制度与其他部门法的制度区分开来,而且能够在环境法制度体系内部实现有效区分,从而达到类型化环境法制度体系的目的。一是环境法具有区别于其他部门法的独特价值追求。从传统法学的观点看,环境法只是关注环境问题的各类法律规范的集合,环境法的广泛性和规模性目前还远不及其他传统法律部门。[2] 但是从环境法所调整的社会关系来看,环境法是唯一一部将人与环境的关系作为调整对象的法律。虽然其中涉及行政法律关系和经济法律关系等,但都是在保护和改善环境中起着次要、辅助作用的关系。[3] 二是环境法制度体系具有区别于其他部门法制度体系的独特性质。环境法制度的辐射范围涉及多个部门法,这也使"诸法合体"成为环境法最显著的特点。[4] 因此,环境法制度与其他部门法制度相比,更具分散性。但同时,环境法制度又是一个从事前、事中、事后全方位对社会关系进行调整的集合体,需要更高的体系性和规范化。三是环境法制度体系的发展脉络从单一向多元趋势整合。1949 年至 20 世纪 60 年代末,由于缺少正规化、程序化的环境保护法律制度,自然保护和防止污染之间缺乏有机联系。[5] 随着环境法律体系的不断充盈,环境立法理念的不断创新,环

---

〔1〕 徐以祥:《我国环境法律规范的类型化分析》,载《吉林大学社会科学学报》2020 年第 2 期。

〔2〕 汪劲:《环境法学》(第 3 版),北京大学出版社 2014 年版,第 34 ~ 39 页。

〔3〕 韩德培主编:《环境保护法教程》(第 4 版),法律出版社 2003 年版,第 55 页。

〔4〕 吕忠梅:《环境法回归　路在何方?——关于环境法与传统部门法关系的再思考》,载《清华法学》2018 年第 5 期。

〔5〕 蔡守秋主编:《新编环境资源法学》,北京师范大学出版社 2017 年版,第 28 ~ 37 页。

境法制度体系也在逐渐被赋予新的含义,环境法制度体系从单一的“命令—控制”型管制,逐步发展为多元、综合性管理。[1] 无论是对环境法体系的内涵进行解释,抑或是对环境法制度体系的内容进行完善,都不再是将各种环境法律、法规简单地加在一起,而是从整体上,将环境法制度体系作为一个有机联系的完整体系。[2] 在效力等级之外,更注重法律规范之间的互相搭建。

综上所述,环境法制度体系的特性可以大体概括为三个要点。一是完整性。环境法制度体系是环境法律体系之下的二级概念,是对环境法律规范的进一步归纳与整合。环境法制度体系化的过程中,应保证其与环境法律体系的一一对应。如果遗漏了某部法律,则会导致环境法制度体系的不完整,继而影响与其他制度的关联度。二是规范性。环境法制度是以环境法基本原则为指导,具体落实在社会各个方面,指引人们作出合法、合规行为的强制性法律规范。因此每个环境法制度都要具备充足的法律依据和法理支撑,以实现环境法的目的。三是可操作性。即应根据一定的逻辑串联环境法制度,而不是堆砌法律条文。只有这样,最终形成的环境法制度体系才能在实践中可以操作。

第二节　调整环境法制度体系的作用领域

环境法制度体系的诸多特性表明了其所发挥的关键领域各有侧重,概括而言可以分为总则、分则和部门法供给三个基础部分。而环境法制度体系就是以上述三部分为中心进行系统建构的体系。

一、总则部分

总则所体现的往往是一个制度体系最核心、最基本的原则和理念,对后续法律规范的制定和法律制度的形成具有关键作用。环境问题的日趋复杂,促使环境法由单一向多元整合,不能仅关照单个具体的环境

[1] 陈德敏主编:《环境与资源保护法》,武汉大学出版社 2011 年版,第 76 页。
[2] 金瑞林主编:《环境法学》,北京大学出版社 2002 年版,第 43 ~ 52 页。

要素,而是应把握全局观,体现整体性环境治理理念。学界中,无论是在对环境法律规范的分类抑或是对环境法制度的分类时,都会作总则性的区分和展示。最为典型的是,在构建环境法律体系时,无一例外都会强调环境基本法的作用。我国 2014 年修订的《环境保护法》虽未以法律明文规定的形式赋予其基本法的地位,但是无论从它的内容还是在整个环境法律体系中的作用来看,其都被认为是实质上的环境基本法。这足见在体系化的结构中,总则部分所被赋予的严肃使命。因此,在内容上,总则部分需要以综合性的法律规范和制度为主要表征,多是包括立法目的、适用范围等的一般性规定。同时,总则部分也应具有根本性、原则性、宏观性等基本特性。

二、分则部分

总则部分往往是最具综合性和概括性的制度体系,难以实现对具体问题的细致规范。因此,在总则之下,环境法制度体系的作用领域还包括分则部分,用以落实总则所确立的整体指导思想理念和主要任务要求。环境法是改革开放以来发展几乎最快的法律部门。[1] 环境法制度体系分则部分的明晰与划分对环境法制度体系的架构形成具有非常重要的意义,但是却常常出现争议。例如,各环境亚部门法的具体类型以及它们之间在作用面向上如何划分、自然资源法与能源法之间在客体和对象上的重叠部分如何取舍等问题使环境法制度体系的建构频频受阻。伴随中国环境法学学科范围不断扩大,以污染控制制度为中心构建的环境法基本制度及其理论解释在当下已不能具体反映环境与资源保护法律的共通性和本质性,因此应当重新审视既有的环境法基本制度及其理论主张。[2] 环境法之内,整合污染防治、自然资源开发和利用、生态保护的"三足鼎立"局面,重视环境要素之间的相互影响和作用,促使环境要素面向逐渐从环境和资源二元分立的环境观转为更广泛的环境要素,尤其是对生态保护型法律,需要更进一步整合。同

---

〔1〕 王灿发:《环境法的辉煌、挑战及前瞻》,载《政法论坛》2010 年第 3 期。

〔2〕 汪劲:《对我国环境法基本制度由来的回顾与反思》,载《郑州大学学报(哲学社会科学版)》2017 年第 5 期。

时,也应包括能源法这一新兴的领域以及国际环境法。

环境法制度体系依托于环境法律体系,因此,分则部分的环境法制度类型与相对应的环境法律规范分类紧密关联,也即环境法亚法律部门或单行法划分。对此,学界诸多学者提供了丰富的研究思路。例如,有学者将环境法律体系内部分为环境污染防治法、自然资源保护法、生态保护法、资源循环利用法、节能减排与能源法、防灾减灾法、环境侵害责任法七大门类,[1]基本囊括了所有类型的环境单行法,但是难免会出现作用领域交叉或冲突的情形。也有学者将环境法体系分为基本环境法和具体环境法,其中具体环境法又可进一步细分为事务法和手段法。[2] 概括而言,环境法制度作用领域的分则部分为污染防治法、自然资源法、生态保护法和能源法。

此外,环境法制度体系作用领域的分则部分还应符合时间和空间两种维度。时间维度,是指分则部分应贯穿环境开发和利用行为的全过程,尤其是要强调对预防为主环境法基本原则的落实,如事前预防制度类型和行为前适用的制度类型。空间维度,是指应根据不同地域或流域间的环境差异,因地制宜采取适当的环境法律规范予以调整,如以区域或地域特征为突出体现的制度类型。

三、部门法供给

环境法是为解决现代环境问题而兴起的后起部门法。[3] 环境法在整个部门法体系中的地位和作用尚存争议。2011 年 10 月《中国特色社会主义法律体系》白皮书中提到的法律部门有宪法及宪法相关法、民商法、行政法、经济法、社会法、刑法、诉讼与非诉讼程序法等。它并未将环境法包含在内,而是将部分环境监管类法律划入行政法部门,与资源有关的法律规范划入经济法部门。但是学界却普遍认为环境法应当且已经成为一个独立的法律部门。由此可见,在已有部门法体系相对成熟和完善的前提下,环境法若想与之契合,就需要在自身制度体

---

〔1〕 黄锡生、史玉成:《中国环境法律体系的架构与完善》,载《当代法学》2014 年第 1 期。

〔2〕 徐祥民、巩固:《关于环境法体系问题的几点思考》,载《法学论坛》2009 年第 2 期。

〔3〕 黄锡生、史玉成:《中国环境法律体系的架构与完善》,载《当代法学》2014 年第 1 期。

系中强调对其他部门法的供给作用，也即促进环境法与其他部门法之间的沟通与协调。环境法体系中，不仅有自身的专门制度，也与其他部门法相勾连，如环境民法、环境刑法、环境行政法等。然而，综观现行有效的环境法律规范，可以发现建立在部门法理念、法律领域分立的基础之上，各种法律之间“鸡犬之声相闻”但“老死不相往来”的情况并未得到根本改变，已无法适应现代环境治理体系的新要求。[1] 这是因为，环境法自始带有的问题导向特性，使其忽略了对某些基础性概念或理论的明确，导致部门法之间难以达成一致的共识性理念背景，从而在具体制度的设计中产生背离或矛盾的情形。因此，应凸显环境法制度对其他部门法领域所产生的功能和作用，加强环境法与其他部门法之间的制度衔接和融通。

除上述三方面的作用领域之外，环境法制度体系的发展趋势与环境法治理理念的转变息息相关，也即推动环境法理念的实现成为环境法制度体系的另一重要作用领域。2005 年 12 月国务院发布的《关于落实科学发展观加强环境保护的决定》强调，“倡导生态文明，强化环境法治，完善监管体制，建立长效机制，建设资源节约型和环境友好型社会”。2019 年中共中央《关于坚持和完善中国特色社会主义制度推进国家治理体系和治理能力现代化若干重大问题的决定》更是进一步提出要坚持和完善生态文明制度体系，促进人与自然和谐共生的环境治理理念。因此，环境法制度体系应以生态学的基本原理指导环境法的制定和结构，使法律的理念、结构到内容体现生态学的要求。[2] 这表明，环境法制度体系不应成为一个自我封闭的系统，而应不断吸收、转化、生成与社会法制发展相一致的能够实现动态更新的机制。

概括而言，环境法制度体系的划分在原有污染防治制度和自然资源保护制度二元划分的基础上，其主要作用领域逐步扩大至生态系统

〔1〕 吕忠梅：《论环境法的沟通与协调机制——以现代环境治理体系为视角》，载《法学论坛》2020 年第 1 期。

〔2〕 罗艺：《生态文明建设视域下环境法的生态化转向》，载《甘肃政法学院学报》2017 年第 4 期。

的其他方面，更具一体化、综合化和多元化。同时，环境法制度体系的分化更加细致、精准。

第三节　环境法制度体系的基本类型

对环境法制度体系的特性提取和作用领域的分析，能够实现对现有环境法制度体系的分类的基础性提炼，进而尝试对环境法制度体系基本类型与作用领域进行学理性的划分，最终归纳出环境法制度体系的具体类型。

一、现行环境法的制度类型

从现行环境法律中可以总结出我国环境法制度的主要类型。在宏观法律制度中，根据中共中央《关于坚持和完善中国特色社会主义制度　推进国家治理体系和治理能力现代化若干重大问题的决定》，我国的特色社会主义制度分为根本制度、基本制度和重要制度。在环境法领域，1989 年第三次全国环境保护会议曾将我国环境法的主要制度归纳为八项，分为"老三项"（环境影响评价制度、"三同时"制度、排污收费制度）和"新五项"（环境保护目标责任制度、城市环境综合整治定量考核制度、排污许可证制度、污染集中控制制度、限期治理制度）。[1] 成文法囿于其自身的功能定位，对制度具体细节的描绘大于对制度宏观体系的概括。但这并不代表成文法中就缺乏对制度体系的体现。如前所述，制度体系依托于法律规范。因此，成文法中的法律制度体系表现可以通过法律规范的体系来证成。具体而言，《宪法》中关于环境保护的规范和环境法基本法在环境法律体系中效力位阶最高、最能体现环境法的核心理念。依据一般规范制定的具体环境保护单行法和相关法规、规章等的位阶应置于更低位置。此外，后者中还可以更进一步区分，即具体规范中较为一般性的规范和较为具体化的规范。如此，成文法中的环境法制度体系可以分为基本制度（环境基本法律规范中的制

---

〔1〕 蔡守秋：《生态文明建设的法律和制度》，中国法制出版社 2017 年版，第 95 页。

度)、主要制度(单行法律规范中较为一般性的制度)和其他制度(单行法律规范中较为具体化的制度)。

二、学理层面的环境法制度类型

从学理层面对我国环境法制度体系的类型进行总结,也可分为环境法基本制度、环境法主要制度和环境法其他制度。不同之处主要在于对环境法制度类型的名称确定和内容论证。

第一是环境法基本制度。随着《环境保护法(试行)》的颁布,在这一时期,中国环境法学者将依照环境法基本理念和基本原则确立的、通过环境立法具体表现的、普遍适用于环境与资源保护各个领域的法律规范称为环境法基本制度,并通过其环境法论著,特别是有影响力的环境法教科书逐渐确定并约定俗成固化下来。[1] 在此之后,环境法基本制度的概念在环境法制度体系中逐渐成为一个共识性论断。

环境法基本制度应是能够适用于环境资源开发、利用、保护、管理和污染防治整个流程,并具有系统性、整体性的制度。[2] 但是环境法基本制度具体应包含哪些内容,则是一个富有争议性的话题。关于环境法基本制度,有三种解释论,分别为共通性制度说、基本原则贯彻说和环保管理制度说(具体内容见表2)。

表2 中国第一代环境法学者关于环境法基本制度的解释论

学 说	概 念	内 容
共通性制度说	法律规范逐渐形成的某些通用的法律制度	土地利用规划、环境影响评价、许可证制度、经济刺激手段、污染案件的损害赔偿

〔1〕 汪劲:《对我国环境法基本制度由来的回顾与反思》,载《郑州大学学报(哲学社会科学版)》2017年第5期。

〔2〕 王来华、黄明健:《我国环境法基本制度探析》,载《水土保持研究》2004年第4期。

续表

学　说	概　念	内　容
基本原则贯彻说	为了使环境保护法基本原则得到实施并使其具体化,通过环境保护法规定的制度	“三同时”制度、环境影响评价制度、排污收费制度等
环保管理制度说	将对环保部门监管职能具有支撑作用的行政管理政策和措施纳入基本制度的范畴	国家法律、法规与国务院环保部门在其规范性文件中作出的重要环境保护政策、措施以及对环境保护法律进行类型化解释的结果

资料来源:汪劲:《对我国环境法基本制度由来的回顾与反思》,载《郑州大学学报(哲学社会科学版)》2017 年第 5 期。

可以发现,上述三种解释论主要围绕通用性、基本性、原则性这三种特性。一项环境法制度要想成为环境法基本制度,必须满足以下几点:一是环境法基本制度是对环境法基本原则的贯彻落实;二是环境法基本制度是根植于环境法律体系脉络的根本性准则;三是环境法基本制度同时还能够对环境保护单行法或其他部门法中的环境法制度起到引领和指导作用。

环境法基本制度应具有以下特征:一是法定性。环境法基本制度首先应是一项法律制度,而法律制度是由若干具体的法律规范组建而成的机制或结构。因此,每一项环境法基本制度都应有与其相对应的法律条文,并且该法律条文在环境法律体系中应处于基础性、根本性的地位和作用,涵盖环境法领域的基础性问题。二是系统性。环境法基本制度相对环境单行法中的具体环境法制度而言,较为宏观且全面,应当适用、贯穿于环境开发利用管理全过程,是对整体环境领域的综合性、系统性调整。三是关联性。每一项环境法基本制度都不是孤立存在于法律条文之上的。不同层级、不同地位的环境法制度之间是相互关联、相互作用的动态运转模式。环境法基本制度指导、引领单行环境法制度的构建,单行环境法制度又反哺环境法基本制度,二者共同构成、充盈着环境法制度体系。

第二是环境法主要制度。环境法主要制度是指根据环境法的基本原则,由调整特定环境社会关系的一系列环境法律规范组成的相对完整的实施规则系统,环境法主要制度对环境法律实施、环境执法的现实操作有着重要的作用。[1] 环境法主要制度的意义在于对环境保护关系的调整表现为一个可操作性很强的运作过程。[2] 如果将环境法基本制度喻为环境法制度体系的基石,那么环境法主要制度则起到如同“四梁八柱”一般的支撑作用。必须要说明的一点是,环境法主要制度是一个集合概念,可以分为不同的子类型,与环境法典的体系结构保持一致。

第三是环境法其他制度。环境法其他制度相对于环境法基本制度和环境法主要制度而言,数量更为繁多,种类也更加丰富。因此,即使采用列举法也难以对环境法其他制度进行完全的涵盖,需要提取其共同特质予以概括。综合而言,环境法其他制度体系应主要包括以下几个要素。一是未被包含在环境基本法律制度和环境主要法律制度之内的其他制度,如其他部门法中与环境法有关的制度。二是具有争议性的环境法制度。现实中,不同学科的教材或文献对法律、法律规则和法律规范的使用并不会刻意加以区别,尤其是环境法这种兼具科学性和人文性的综合性学科,在涉及一些学科交叉的知识点时往往存在争议。[3] 三是环境法制度体系自身的除旧推新。随着环境法理念的发展,环境法制度也处于一种动态的变换过程。陈旧的、不适应社会发展和环境治理的制度应及时进行变迁和更新;新兴的制度也不断被纳入环境法制度体系中来,如环保约谈制度等,从而使环境法制度体系能够及时进行自我调适,与时俱进。由于法律会随着社会的发展

---

〔1〕 陈泉生主编:《环境法》,厦门大学出版社 2013 年版,第 71 页。

〔2〕 周珂:《生态环境法论》,法律出版社 2001 年版,第 72 页。

〔3〕 李龙主编:《法理学》,武汉大学出版社 1996 年版,第 70 页。

和新的环境问题的出现而进行修订和调整，环境法制度也会随之修改和完善。因此，环境法制度的地位和重要性并非一成不变，而是一种动态的相互转换的过程。在此种意义之下，环境法其他制度体系的划分具有兜底性意义，它的存在使环境法制度体系更具包容性和多样性。

第十章　环境法典制度体系的建构路径

环境法典制度体系的建构路径，主要是从建构理念、体例结构、内容展示等方面回答建构什么样的制度体系以及如何建构环境法典制度体系的问题。首先是明晰环境法典建构理念。不同的法典化模式决定了环境法制度体系纳入的程度，通过探讨法典化模式以及环境法典与民法典、"刑法典"之间的关系，旨在探求环境法典化制度体系建构所遵循的规律和标准。其次是明确环境法典建构方法和结构设定。在技术层面上解决环境法制度体系在法典化过程中的扬弃问题，对环境法典的体例框架和篇章结构予以整合，最终完成环境法典制度体系建设。最后是环境法典制度体系内容的填充。采取"先平移、后剔除"的方法，将基本的、稳定的、抽象的制度直接纳入，将新兴的、争论的制度剔除至单行法中进行表达。而后通过对环境法典制度与单行法制度的类型化以及环境法典制度体系之内制度的类型化，促成制度体系的灵活运转。

以环境法典制度体系静态分布与动态运转以及两者之间的耦合为现实目标，构建足以实现环境法法典化预期的制度体系是一个极其复杂的过程。对制度体系框架结构的适度体系化与制度间的一致性有着很高的标准，这就要求建构制度体系不能任意而为，必须遵循一定的原则标准、依照具体的规则，并能在制度体系构建的逻辑上实现自足。具言之，逻辑的自足主要体现在三个面向：在整体的视阈上，须有核心建构理念指导整个制度体系的构建过程，把握环境法法典化的逻辑定位；在静态的视角上，制度体系框架的搭构与结构铺设须助益于制度体系化的实现；在动态的角度上，制度的填充需要有明晰的表达与衔接运转，从而促成制度灵活性和内在一致性的达成。

第一节　环境法典制度体系的建构理念

在我国环境法律体系已基本实现"有法可依"的情况下,通过法典化的立法模式,可以将该法律部门内的法律体系化,消除该法律部门内的各法律之间的矛盾,使法律简约化、理性化,实现法律统一。[1] 在环境法法典化的建构过程中,选择适当的建构理念更是重中之重,只有确保建构理念正确,才能为法典化提供最坚实的理念支撑,推动环境法法典化的实现。在法典建构初期,首先,应对现有环境立法进行整合与创新,即力求实现对现有的法律"动态的适度法典化",在后续环境法律体系不断完善的进程中再进行调适。其次,还应探寻环境法典与民法典、"刑法典"之间的关系,谋求各法律部门之间的协调运作,运用多种法律手段,促成环境保护最终目标的实现。

一、坚持适度法典化的逻辑定位

在法典化的建构过程中,必须坚持适度法典化的定位选择。我国环境法对于有关基础问题的研究仍不够成熟,环境法的基础理论、环境权理论以及环境法学研究的方法论等还未体系化,我国环境法律体系完全法典化的现实根基还不够坚实,当前不能直接实现完全法典化的立法定位。

第一,从环境法典的编纂体例来看,可以参照多国环境法典编纂经验。环境法法典化大抵可类型化为两种模式,即形式法典化与实质法典化。形式法典化仅有形式条理要求,追求形式上的统一,对现行的法律规范进行整合汇编,因而仅进行制度的类型化与松散的体系整合。[2] 对于我国环境法法典化而言,法典化的本质在于环境法制度体

---

[1] 夏凌:《环境法的法典化——中国环境立法模式的路径选择》,华东政法大学 2007 年博士学位论文,第 24 页。

[2] [法]让·路易·伯格:《法典编纂的主要方法和特征》,郭琛译,载《清华法学》2006 年第 2 期。

系化的实现,如若采取法律汇编或是结构松散的形式法典化的模式,法律制度体系本身并无太大变化,无法解决因环境法规范体系庞杂而产生的现实困境,因而对环境法体系化意义不大。

实质的法典编纂,也是传统意义上的法典化形式,要求形式与实质的严谨逻辑,需要以完整且完善的制度体系予以支撑。相较于我国环境法典制定的法律基础,民法典制度体系的发展基础已较为成熟。我国自清末开始就大量引介已经在西方国家发展成熟的民法制度体系,后经民国时期的进一步发展,至中华人民共和国成立时,这套民法制度体系已基本满足中国民事社会关系调整的需要。[1] 而环境法40余载的飞速发展,为法典化的编纂形成了丰厚的材料支撑,加上当前如火如荼进行生态文明建设的背景,不可避免地有一种倾向,即通过环境法法典化成就一个高层次的制度体系化法典。然而,也必须承认环境法法典化的土壤虽然有,但却并不"肥沃",主要表现为如下的现实状况:一是环境法的基本理论尚未完全形成,因为法典的体系应当以理论体系为构建的基础和前提,[2]环境法典的制度体系建构当然需要建立在完善的理论探究与认识之上,遗憾的是,环境法目前在基础概念、权责划分、研究范式等基本理论方面仍存有争议;二是环境政策与环境法律规范的关系尚未厘清,如何实现环境政策与环境法律规范的良性互动,目前仍处于探讨阶段,只有厘清二者之间的关系,才能明确环境法律规范的定位与性质;三是环境问题纷繁复杂,仍未有理想的归纳方式,环境监管模式与职权划分并不稳定,[3]环境治理体制仍未完全建立,实现环境治理体系现代化任重道远。加之,环境法自身的分散性与领域法的特性,亦决定了实质法典化的模式作为环境法法典化的模式选择难免有"乌托邦"之嫌。[4]

第二,从我国现阶段环境法的发展现状来看,由于我国环境法律规

---

[1] 党庶枫、郭武:《中国环境立法法典化的模式选择》,载《甘肃社会科学》2019年第1期。
[2] 王利明:《民法典体系研究》,中国人民大学出版社2008年版,第166页。
[3] 党庶枫、郭武:《中国环境立法法典化的模式选择》,载《甘肃社会科学》2019年第1期。
[4] 李艳芳、田时雨:《比较法视野中的我国环境法法典化》,载《中国人民大学学报》2019年第2期。

范的数量较多,质量参差不齐,不能全部纳入法典化的范围之内,需要采用一定的建构方法,确定可纳入环境法典的建构标准。在具体建构过程中应当放弃"大而全"的法典化目标,降低环境法法典化的难度,加快实现法典化对现有环境立法的整合和创新,这一目标定位可以概括为"动态的适度法典化"。[1] 即在环境立法初始阶段适当降低法典化的理想目标和标准要求,不追求完备的、充分的法典化,在进行一定程度的法典化的同时,对现实存在的各种障碍根据具体情况进行克服和排除;当经过一段较长的时期后,这些现实障碍的克服和排除已经取得了一定的效果、达到了一定的阶段,再适时提高环境法法典化的程度,通过修改与调整,实现更高程度的法典化。[2] 其一,适度法典化是基于制度功能与体系效益的法典化模式,是在功能主义视角下追求现阶段环境法律规范体系化和制度体系化的理性选择。[3] 其二,适度法典化如何实现"适度",则在于对规范与制度体系化程度的考量和把握,并通过法典的制度体系建构予以最终的呈现。

那么,如何实现适度?由于环境法学科的自然科学属性,生态系统的复杂多样性,环境法典应当被理解为一个对未来的环境法创新保持开放的法典。[4] 换言之,适度化作为法典的状态描述,本质不具有具化的标准,介于形式法典与实质法典之中的任何定点都可以被理解为适度法典化。我国环境法法典的适度化,是环境法典以实质法典为环境法典的基本形式而作出的阶段性妥协。我国环境法适度法典化模式与形式法典模式的适度体系化有着本质的区别,我国环境法典的制度体系构建应当以目前实际限度下结构框架的最大体系化为目标。而这种妥协是基于现实基础的阶段性妥协,随着我国环境法法典化"土壤"的变化,"适度化"的标准与定点也会随之变化,环境法典的制度体系

---

[1] 张梓太、陶蕾、李传轩:《我国环境法典框架设计构想》,载《东方法学》2008 年第 2 期。

[2] 张梓太:《中国环境立法应适度法典化》,载《南京大学法律评论》2009 年第 1 期。

[3] 张小军:《民法典解构及当代中国民事立法的理性选择:适度法典化——以比较法为视角》,载《理论月刊》2011 年第 5 期。

[4] 夏凌:《环境法的法典化——中国环境立法模式的路径选择》,华东政法大学 2007 年博士学位论文,第 39 页。

建构也会随之有所调整。因此，环境法典制度体系的建构，无论是框架结构的搭建、内部编排的设计，抑或是制度间的具体衔接均以正确理解“适度”为建构逻辑形成的前提，并以适度法典化的实现为制度体系建构原则。在制定环境法典的过程中，应当始终保持开放性的立法思维，及时吸收和借鉴新的观点与思想，增强体系性和灵活性。同时，为了确保环境法典制定后依然能够与时俱进、与时俱新，必须在环境法典中明确规定其相对宽松的解释和修改机制，以克服法典化模式对环境立法发展更新的局限。[1]

最后，从建构理念的本质来说，应当以相对的标准作为适度理念的出发点，既有法典化的基本样态，又要根据我国环境立法的现状进行适度的阶段性法典化。有学者提出应形成“具有基础涵盖力以及综合协调力的框架体系型环境法典”，[2]加之有关环境单行法，形成真正适度的环境法典。在不断的调试中完善法典的具体内容，制定符合我国基本国情的环境法典。

综上所述，适度法典化是基于我国环境法律体系发展的现状作出的定位选择，是不完全的法典化、较低层次的法典化。同时，法典化应当是一个动态、开放的立法过程，根据立法过程中出现的各种新问题、新情况，不断修订和完善，最终成为一部成熟的环境法典。[3]

二、与民法法典化、刑法法典化相互融贯

不同的法典化模式决定了环境法律制度体系的纳入程度，通过探讨法典化模式以及环境法典与民法典、“刑法典”之间的关系，明晰环境法法典化制度体系建构所遵循的规律和标准。

第一，以民法典为“支撑”。民法以平等主体之间的人身关系和财产关系为调整对象，与环境法的调整对象——环境资源关系既有不同，也有交叉。正因如此，民法不可能解决所有的环境问题，否则，就不会产生专门的环境资源法。但是，在可能的范围内，如何将两种相互冲突

---

〔1〕 张梓太、陶蕾、李传轩：《我国环境法典框架设计构想》，载《东方法学》2008 年第 2 期。

〔2〕 吕忠梅、窦海阳：《民法典“绿色化”与环境法典的调适》，载《中外法学》2018 年第 4 期。

〔3〕 常籍匀：《中国环境法法典化初探》，四川省社会科学院 2016 年硕士学位论文，第 30 页。

的价值进行协调，是民法与环境法所面临的共同问题。[1] 因此，为应对环境保护的需要，民法典需要在一定程度上修正其传统。但是民法典仍应坚守其固有特质，对其"绿色化"应有限制，[2]不能改变民法的已有属性，应与环境法协同，共同为解决环境问题谋划。

在《〈民法典〉草案》编纂初期，即有学者提出要构建"绿色"民法典，在民法典的基本原则部分规定绿色原则作为民事法律体系的指导性原则，体现了民事法律规范对生态环境保护理念的贯彻。在构建环境法典的过程中，应当将民法典和环境法典结合起来，以实现对生态环境的共治。一方面，应当在民法典的制定过程中体现环境保护的理念，通过妥当地融入环境保护理念以实现其应有的环保功能。另一方面，环境法典通过相关规则的设置以实现与民法典的无缝衔接。[3] 与环境法的立法理念不同，民法更强调意思自治，以意思自治原则为民法的"硬核"，相关主体可以对是否履行基本原则进行主观意愿的选择。但在我国环境法发展之初，主要是国家环境政策在法律层面的推行，即环境法本质属于国家强制力在环境政策方面的体现。有关统计数据显示，在 1978 年环境保护入宪之前，我国环境保护工作的开展仅依靠环境政策工具，其中比较有代表性的有：1973 年召开第一次全国环境保护会议，拟定并通过了我国第一个环境保护政策文件《关于环境保护和改善环境工作的若干规定（试行草案）》；1974 年国务院环境保护领导小组成立，并于次年编制了中国第一个环境保护 10 年规划——《官厅水库水源保护一九七六年至一九八五年规划要点》。[4] 可见，在早期，环境保护工作的开展主要是通过环境政策强制实施，与民事法律关系由当事人意思自治存在诸多不同。

从这一角度来看，在民法典中并不能规定有关环境保护的强制性具体制度，而只能在有关基本原则部分进行环境保护基础理念的融入，

---

〔1〕 吕忠梅：《"如何'绿化'民法典"》，载《法学》2003 年第 9 期。

〔2〕 吕忠梅、窦海阳：《民法典"绿色化"与环境法典的调适》，载《中外法学》2018 年第 4 期。

〔3〕 吕忠梅、窦海阳：《民法典"绿色化"与环境法典的调适》，载《中外法学》2018 年第 4 期。

〔4〕 冀鹏飞：《论中国环境政策与环境法律的结构耦合——基于系统论方法的展开》，甘肃政法学院 2019 年硕士学位论文，第 8 页。

在倡导环境保护的进程中，为环境法典中具体制度的实施提供理论支撑。环境法律制度的实施还需要由环境法律政策等专门工具予以规制，通过环境政策与环境法律的结构耦合为环境保护的实现保驾护航。实现绿色发展，要既见树木又见森林，需要从两方面着手，一方面需要通过环境立法的专门化，以公共利益限制私权，发挥环境法本身的作用。另一方面通过传统部门法主要是民法典的绿化，将公法义务纳入私权。通过民法典与环境法典的“双方共治”，为推进环境保护共同发力。

第二，以“刑法典”为补充。据学者统计，近年来，污染环境罪案件数量呈“井喷式增长”。尤其是 2013 年以来，案件数量激增至千余例。[1] 可见，民事、行政手段已经远远不能从根本上解决环境问题，需要通过刑事手段予以辅助。环境刑事犯罪应成为对环境问题进行整治的又一手段。采用适当的刑事手段进行规制，将环境法律欠缺的刑事惩戒短板“补齐”。

以污染环境罪为例，《刑法修正案（八）》将重大环境污染事故罪改为污染环境罪，《刑法》第 338 条的表述为：“违反国家规定，排放、倾倒或者处置有放射性的废物、含传染病病原体的废物、有毒物质或者其他有害物质，严重污染环境的，处三年以下有期徒刑或者拘役，并处或者单处罚金；后果特别严重的，处三年以上七年以下有期徒刑，并处罚金。”《刑法修正案（十一）》又提高了污染环境罪的量刑标准。在修改之前，《刑法》规定，“造成重大环境污染事故，致使公私财产遭受重大损失或者人身伤亡的严重后果的”，才构成重大环境污染事故罪。污染环境罪构成要件的改变，从实害结果犯转变为抽象危险犯。从本质上来说，是加重了对于污染环境的惩罚力度，即只要有污染环境的实行行为，诸如排放、倾倒或者处置等行为就应当认定为属于污染环境的行为，取代了以前必须有造成实害结果的客观构成要件；换言之，也是刑法对于环境资源类案件民事、行政手段不足的补充与加强。

在刑事立法的进程中，处罚危险犯必须具有立法上的急切必要性，

---

〔1〕 张忠民：《污染环境罪的明确性之辨》，载《贵州社会科学》2019 年第 8 期。

以及必须是行为人主观上具有不可容忍的过错。[1] 主要是对侵害人身、财产等重大犯罪定位为危险犯,只要有相关的危险行为,就认定构成犯罪予以处罚。《刑法修正案(十一)》对污染环境罪的修订,不仅表明立法者对污染、破坏环境行为对社会侵害性的明确,实际上也表明立法者关于环境犯罪的立法理念已经从过去的人类中心主义价值观,转变为环境本位的价值观。[2] 环境资源这一客体已经成为刑法所要保护的对象,有了刑法上的独立价值,需要通过刑事手段予以规制。之所以设立环境犯罪,在于保护环境本身,而不在于惩罚通过环境对于人的生命、健康和财产的侵害,污染、破坏环境的行为本身成为刑法所禁止的对象,明确了保护环境本身的刑法立场。[3]

随着刑事立法对环境保护的愈加重视,刑事制裁手段已逐渐成为解决环境刑事案件的重要方式,通过这一国家强制手段的威慑力提高公众的环境保护意识,与环境法典、民法典共同作为解决环境问题的完整规制体系。民事手段、刑事手段以及行政手段三者的结合,为解决环境问题提供多元的解决方案,有助于推动环境保护这一根本目标的实现。

第二节 环境法典制度体系的结构铺设

通过对环境法法典化的建构原则和理念的明晰,可以明确环境法典在我国整个环境法律体系中的定位以及与相关法律部门之间的关系。以上述探讨为依托,坚持适度法典化的逻辑定位,与其他部门法之间协调推进,从环境法制度体系中明确可纳入环境法典的制度,明晰环境法典的体例选择即“总 + 分”的体例模式,并对篇章编排进行整合,最终完成环境法典制度体系建设。通过环境法法典化的实现,谋求环

〔1〕 高铭暄:《风险社会中刑事立法正当性理论研究》,载《法学论坛》2011 年第 4 期。
〔2〕 王勇:《环境犯罪立法:理念转换与趋势前瞻》,载《当代法学》2014 年第 3 期。
〔3〕 王勇:《环境犯罪立法:理念转换与趋势前瞻》,载《当代法学》2014 年第 3 期。

境法基础理论研究和环境法法典化的相互实现。

一、环境法典制度体系的体例框架

体例选择的正确与否直接决定着通过环境法典整合环境立法这一目的的实现程度，[1]通过法典化对法律规范进行系统的整合，大大增强环境法的稳定性，以期形成统一协调、严密完备的环境法律体系。

第一，从体例本身来看，在不同的历史时期和不同的国家中，法典编纂曾出现过多种体例，大致包括古代体、编年体、字典体、官制体、主题体和学理体等。[2] 但由于存在不同程度的缺陷与不足，多数体例逐渐被淘汰而无以继续发展。一般而言，沿袭至今使用较多的是利用主题体和学理体进行的法典编纂。主题体之法典是按照法律调整的范围和领域以及涉及事项来对法典的内容进行归类与排列，将涉及同类社会生活或同一主题的法律规范编排在一起，[3]以"主题"为核心进行法律体系的构建铺设。

随着人类社会法律制度的发展和法典编纂能力的提高，学理体在主题体的基础之上，结合法学家的学说和理论，以自身严密的编纂逻辑而成为各国编纂法典的通用体例，学理体将法典分为总则、分则和附则三部分，[4]即采用基本"总 + 分"的模式，初步设想将该法典体系分为总则、分则两个基础部分，并以两部分为中心进行系统建构。总则是对基本内容的抽象概括，主要包括法典的目的、基本原则、调整对象、各主体基本权利义务、法律责任、时效等综合性的叙述，大多是统领性、原则性的规定，从宏观层面对整个法典进行体系化的概观与统筹。分则部分主要对总则涉及的各具体制度进行详细规定，对总则所明确的运行逻辑进行具体表达和细化规定，对各重要分支内部予以体系化。附则部分一般是对总则和分则还未规定的内容进行补充性说明。中国环境法典的附则编的基本内容应主要包括三个方面：一是环境法典如何与

---

[1] 张梓太、陶蕾、李传轩：《我国环境法典框架设计构想》，载《东方法学》2008 年第 2 期。

[2] 张梓太：《论我国环境法法典化的基本路径与模式》，载《现代法学》2008 年第 4 期。

[3] 徐伟功：《中国国际私法的立法形式的选择》，载《法学》2009 年第 11 期。

[4] 张梓太：《论我国环境法法典化的基本路径与模式》，载《现代法学》2008 年第 4 期。

中国参加的、涉及环境问题的有关国际条约进行有效衔接，实现国内法与国际法的协调；二是环境法典与宪法、民法、行政法、刑法、诉讼法等有关法律部门之间如何进行协调、互补的问题；三是环境法部门内部环境法典与有关的环境单行法律、法规和规章等之间的关系，以及它们之间如何实现共存互补的问题。[1]

第二，从制度体系的总体架构来看。总体架构是从整体的角度，回答制度体系的整体框架结构问题。现代法典的编纂一般采用学理体"总则 + 分则"的体系结构，我国的民法典以及瑞典、法国、德国的环境法典均采用此种结构。制度体系的体例结构，一定程度上也反映了法典编纂者对于当时法律制度体系的认知与偏好。在法典的编纂过程中，总分结构可以使法典的价值、规则具有统合性和融贯性，概念和规则具有统一性和科层性，规则设计更具简洁性。[2] 具体而言，就是采用提取公因式的方法，[3]将所有规则中共通的部分抽象出来，认定为属于一般性规则，将这部分规定在总则，而将一些特殊的规则，单列在相应的分则部分，采用"总 + 分"的法典模式。这种模式益处颇多，先一般后特殊的立法模式将一般性、总括性的规定置于特殊规定之前，能够更好地体现科学性和体系性。通过一般规定与特殊规定的编排体例，实时更新和修改与实践不相适应的部分，可以保持法典的开放性与进步性。进一步来说，法典的总分模式也符合一般的认知过程，通过法典的体系化编纂，统一法的基础理论，先认识一般的抽象基础理论，再对立法目的、调整对象以及主体等基本内容了解和明晰之后，再将各专门的法规汇编于分则各部分，在分则各部分就特殊规定予以细化和补充，主要是对采用提取公因式方法无法抽象的部分，进行补充规定，从而能够更好地完善法典体系。

第三，从总分结构来说，总分结构可以区分为外部的总分结构与内部的总分结构。外部总分结构是指法典与单行法之间应当形成一般法

---

〔1〕 张梓太：《论我国环境法法典化的基本路径与模式》，载《现代法学》2008 年第 4 期。

〔2〕 王利明：《总分结构理论与我国民法典的编纂》，载《交大法学》2019 年第 3 期。

〔3〕 王利明：《总分结构理论与我国民法典的编纂》，载《交大法学》2019 年第 3 期。

和特别法之间的关系;[1]内部的总分结构是指按照先一般、后特殊的方式,将一般性的规则规定在法典总则部分,此类规则主要包括总则和分则之间的关系、一般规定和特别规定的关系、基本原则和具体制度的关系等。在环境法典的建构过程中,也应当从外部和内部两个面向融贯总分结构。

从外部总分结构来说,就是指在整个环境法律体系的构建中,环境法典应处于一般法的逻辑定位,即环境法典是一般法,各单行法是特别法,采用此种立法模式可以避免各法律之间的冲突,从而协调环境基本法与各单行法之间的关系。环境法典作为基本法,为环境法律体系的建构奠定基调和方向,对环境法律规范中抽象、稳定的内容进行规定。各环境要素单行法根据其自身特点进行内部立法,细化规定各环境要素的法律体系。外部总分结构的完善是环境立法体系的重要组成部分,只有先确定环境法典与各单行法之间的关系,才能确保整个环境法律体系的良性运作。

从内部总分结构来看,则主要是在我国环境法典的内部规定中,应将相对应的制度划分为总则制度与分则制度。总则规定具有抽象性、普适性、稳定性,能够统领整个环境法领域的基本制度,以及在环境法典化的制度整合过程中,形成新的具有综合性、普适性的基本制度;其他具体制度归属于分则当中。在此基础之上,本书认为分则的各分编需要进行制度结构的进一步划分,包括能够统领分编的一般制度与具体制度。如此,环境法典制度体系就形成了基本制度、一般制度和具体制度的三层结构,理由有四:一是基于环境法法典化对于制度体系化的需求,三层次的具有上下统领关系的制度体系结构有益于制度间逻辑的自洽。二是环境法具有领域法的特性,涵摄的环境法律规范与制度纷繁复杂,仅以总则中制度作为基本,恐怕抽象性过于高而难以实现统领作用。三是我国环境法典以适度法典化为基本定位,需要通过一般制度的抽象与模糊为每一分编制度的自我调适保留足够的调试空间。四是通过三层的制度层次结构更易实现环境法典制度体系的灵活性与

---

〔1〕 王利明:《总分结构理论与我国民法典的编纂》,载《交大法学》2019 年第 3 期。

开阔性，表现为：基本制度层面，为制度修订与新制度纳入形成解释制度以及具体程序制度，如《瑞典环境法典》的制度体系中包括作为制度补充的程序启动制度；[1]一般制度层面，对于目前尚不足以纳入法典的制度作出原则性的规定；具体制度层面，环境单行法中对于尚不稳定的新制度予以体现，在制度达到法典化要求后通过补充的程序予以纳入。

在适度法典化的模式之下，采用"总＋分"的立法体制是最适宜于我国环境立法国情的法典布局，从一定意义上来说，通过法典化也可以落实环境法基础理论，环境法法典化与环境法基础理论研究完全可以互相推进、彼此成就。[2]

二、环境法典制度体系的篇章编排

以上从宏观层面明晰我国环境法典的体例结构应采用"总则＋分则"，接下来应当细化各篇章具体安排。环境法典制度体系的篇章安排，具体而言，是指环境法典制度体系中分则制度体系化的实现方法，以及分则的排列顺序。在法典的编纂过程中，整体的顺序和逻辑结构确定了整个法典的体系化程度。以各项制度为构成要素，相互联系、相互补充、相互衔接，协同推进环境法律规范体系的完善。

以法国与瑞典的环境法典为例，《法国环境法典》篇章结构为"总则，自然环境，自然空间，动植物群落，污染、风险和妨害的预防，喀里多尼亚、法属波利尼西亚、瓦利斯以及福图纳岛、法国南部和南极地域以及马约特岛地区适用之规定，南极环境保护"，而《瑞典环境法典》篇章结构为"总则、自然保护、关于特定活动的特别规则、部分案件和争议审查、监督、罚则、赔偿"。两者篇章编排的逻辑截然不同，法国以环境部门职权为法典制度纳入依据，形成松散的汇编式的制度体系结构，而瑞士的编纂者对于制度的体系化要求明显强于法国，且以环境问题的

---

[1] 张梓太、陶蕾、李传轩：《我国环境法典框架设计构想》，载《东方法学》2008 年第 2 期。

[2] 蔡文耀：《环境法学基础理论研究的困境及其克服路径——基于十五种法学核心期刊刊载论文的调查》，载《江西理工大学学报》2019 年第 4 期。

"预防—保护—处罚—救济"为基本逻辑进行编排。[1] 在形式主义和实质主义两个不同视角下,法典化的内涵和外延也迥然相异,部门法法典化和汇编式法典化构成了法典化体例的两种主要模式。[2]

部门法法典化体例是法典化议题中被广为推崇的体例模式,大陆法系国家的法典化进程大多沿袭这一体例。一般认为,部门法法典化体例的典型代表是《法国民法典》,其篇章组成因沿袭"法学阶梯式"的"人""物""物的取得方法"三编制结构而流传甚广。[3] 但是由于该体例过度追求法典的逻辑体系性,强调法典内部的融贯性,要求自成体系,导致篇章安排较为混乱,并不能实现我国环境法法典化的预期。

汇编式法典化是多数普通法系国家采取的法典编纂体例,最典型的是《美国法典》。由于汇编式法典化并不注重法典结构的精致设计,因而"在法典的体系和结构上缺乏系统性和内在逻辑性,在其内容上也不具有大陆法系法典意义上的一般性和抽象性",英美法系国家的法典编纂是将特定领域的相关制定法汇集在一起,经过某些技术处理,对已有的同类法律法规系统地整理成册。[4] 近年来,两大体例已经呈现融合趋势,但其本质仍有不同,在法典编纂的过程中,应当根据立法现状,选择适宜的编纂体例。

汇编式法典化符合我国环境立法的阶段性特征,兼顾了环境法律制度的稳定与适应功能。具体就汇编式法典化体例的形成路径而言,应当从环境法律与政策的有效整合开始,逐步走向单行环境法的科学化及精致化,最终形成汇编式环境法典。中国环境立法法典化的具体进路应循着环境法律与环境政策的整合阶段到单行环境立法的精致化与科学化,再到具有自足性特征的汇编式环境法典的形成而逐渐展开。[5]

---

〔1〕 夏凌:《环境法的法典化——中国环境立法模式的路径选择》,华东政法大学 2007 年博士学位论文,第 74～105 页。

〔2〕 党庶枫、郭武:《中国环境立法法典化的模式选择》,载《甘肃社会科学》2019 年第 1 期。

〔3〕 党庶枫、郭武:《中国环境立法法典化的模式选择》,载《甘肃社会科学》2019 年第 1 期。

〔4〕 刘兆兴:《比较法视野下的法典编纂与解法典化》,载《环球法律评论》2008 年第 1 期。

〔5〕 党庶枫、郭武:《中国环境立法法典化的模式选择》,载《甘肃社会科学》2019 年第 1 期。

在分则篇章的体例确定中,有学者提出以"风险预防—过程控制—损害救济"为依据确定分则制度的顺序安排,[1]《瑞典环境法典》即遵循此种逻辑,分编以"自然保护、污染防治、环境纠纷处理、法律执行监督、处罚、环境损害救济"为顺序进行编排。也有学者提出体系化程度更高的"行政学理体例",以"环境资源行政管理体制编、环境资源行政公众参与编、环境资源宏观调控编、环境资源微观管制编、环境资源纠纷解决编、附则编"进行编排。[2] 通过对这两种体例的对比,后者是将整个环境资源法律体系先解构,然后按照一定的学理体系进行编排,具备高层次的体系性与完整性,可以有效避免制度间的重复与冲突。但是法典编纂难度大,原单行法制度分散于分则各篇章之中,不易查找。前者是在环境单行法上适度的体系化整合,符合我国适度法典化的构建理念,按照"风险预防—过程控制—损害救济"的逻辑确定分编的内容,这一逻辑也符合环境法律体系预防为主、综合治理的基本原则,依照"总 + 分"的脉络进行整合,使环境法典具有更强的体系性和逻辑性。

三、环境法典制度体系的整合方法

基于适度法典化建构理念的确定、环境法律体系的特性,选择适当的建构方法,方可保障环境法典的目的之实现。

从建构方法上来看,不应是机械照搬环境法律体系的全部内容,因为环境法基础理论发展还不够成熟,并不是所有的环境法律制度都符合环境法典的建构标准。初步设想采取"先平移、后剔除"的方法,首先,通过"平移"环境法律制度体系,先平移抽象、稳定的基本制度,将这些基本制度解构,抽象出最根本的内涵,以法典化的模式重构。将基本的、稳定的、抽象的制度直接纳入环境法典,构成环境法典的基本内容。其次,将新兴的、有争论的制度剔除至单行法中进行表达,确保构建完整的环境法律体系。这一建构方法也利于环境法典建构中环境基本法与各单行法之间的协调,保证环境法法典化整体架构的稳定。

---

[1] 吕忠梅、窦海阳:《民法典"绿色化"与环境法典的调适》,载《中外法学》2018 年第 4 期。
[2] 张梓太、陶蕾、李传轩:《我国环境法典框架设计构想》,载《东方法学》2008 年第 2 期。

“先平移”:法典化的本质就是通过对现有的法律法规按照一定的逻辑顺序进行整合,依照法典的编纂方法形成新的法律制度体系的过程。因此,应当先平移抽象、稳定的基本制度,将这些基本制度解构,提取出最根本的内涵,以法典化的模式重新构建。具体来说,我国环境法发展已有40余年,环境法律规范和各单行法数量繁多,但立法质量仍有差别。在环境法典的建构过程中,首先应当将原有的环境法律核心理念和制度,诸如环境标准制度、环境监测制度、环境影响评价制度、环境保护目标责任制等基本制度,以及基本成熟的自然资源法律体系、污染防治法律体系和能源法律体系采用“平移”的方法,直接转化成环境法典最基本的框架和制度结构。在环境法典的构建过程中,应当先将环境法律体系中这些最基本的一般规则,参照民法典的建构路径,以“总+分”的结构形式,构成环境法典最核心的基本内容,统领整个环境法典。在这一进程中,我们还需要依据汇编式法典的编纂标准,采用“风险预防—过程控制—损害救济”的篇章脉络,从而实现制度体系的优化与规范。在环境法典的框架体系内进行自我调适修正,将符合法典建构标准的制度予以纳入,重构环境法典的核心制度。

“后剔除”:近年来,一些新兴的制度也不断出现,但因发展还不够成熟,学界争议较大,在环境法典的建构过程中,应当将这些有争议的制度和理论剔除,在有关的单行法中予以表达。在这个过程中,应当遵循一定的规则对环境法的制度体系进行扬弃、改造,划定环境法制度体系和环境法典制度体系的界限和准入标准,从而确保最终形成的环境法典制度体系无论是单个制度还是整个体系都是恰当而有效用的。

在剔除标准的设定过程中,主要应基于法律的稳定性、普适性和抽象性进行分析。具体来说,主要包括以下几点:一是稳定性不足的法律制度,主要是指制度不够完善需要进行修订、为特定目的实施而制定的法律,宜制定单行法;二是普适性不足的法律制度,即只能针对特定对象适用的法律制度,属于特殊性的法律制度,不具有一般适用性,不纳入环境法典;三是存有较大争议的法律制度,也即在制度的确定与实施过程中,存在较大争议的制度,即基本理论还不够成熟的制度,还不能纳入环境法典的制度体系;四是抽象性不足的法律制度,指需要过于细密规范予以功能效益实现的法律制度，不属于抽象、稳定的基本制度，剔除至单行法。

通过上述拟定的标准对平移的环境法律体系进行剔除，在相关的单行法中予以表达。采用“先平移，后剔除”的构建方法，既可以保持环境法律体系的完整性，也可以实现环境法典体系的逻辑性，同时也符合“动态适度环境法法典化”的定位选择。

第三节 环境法典制度体系的内容填充

环境法法典化是一个动态的调适过程，与完全法典化有着本质的区别，需要不断更新整合。因此，还需要对具体内容进行系统规范化的补齐与填充。通过对环境法典制度与单行法制度以及环境法典之内的制度剖析，明确建构理念与标准，从环境法制度体系中明确可纳入环境法典的制度，辅以制度分布与层级划分，达成环境法制度体系到环境法典制度体系的衔接，最终可视化呈现环境法典制度体系。

一、环境法典制度选择的思路

在环境问题常新常变的状况下，可以预见环境法典为了功能效益的实现，会有动态的修正。基于此在制度体系化以及制度体系的建构过程中，应将开放新结构的观念融入体系建构基本设计，体系化的同时在制度与体系两个层面保有法典自我调适的通道。在这一过程中，可对其他国家环境立法经验进行比较，并结合我国实际情况加以甄别和借鉴。

目前，环境法典制度体系的内容划定在理论与实践中存在多种观点，概括而言：一是法典化的“全局视野”，提倡将环境法范畴之下的所有环境法律规范与制度纳入环境法典中，[1]主要强调法典内容的全面

[1] 莫菲：《法国环境法典化的历程及启示》，载《中国人大》2018年第3期。

性；二是以环境行政管理权限为依据、[1]以环境利益为依据、[2]以环境问题紧迫程度为依据、[3]以环境法价值为依据[4]实现环境法典制度与单行法制度的界定，即以某个主题或标准进行划分。就学理角度而言，每种划定方式都存在一定的合理性；但是就实践角度而言，职权、环境利益、环境法基本利益、环境法基本功能效益均没有准确标准予以确定，我国环境法典制度体系的构建在模糊的标准下难以形成完整而逻辑严谨的形态，不符合我国环境法典的建构要求。

同时，以欧洲环境法典的编纂实践观之，多以本国环境单行法为基础，依照现实需求对环境法律制度予以法典化整合。以法典化程度较高的《瑞典环境法典》为例，亦包括多种制度整合依据。因此以一种逻辑进行制度整合并不现实，以环境元素、制度功能效益、环境行为、环境问题类型化、环境监管作为单一逻辑都不能实现所有制度整合。但是环境制度体系构建的最基本需求在于环境法功能效益的实现，加之制度的整合形成机制亦在于追求整体功能的实现，制度的整合逻辑应当在制度功能效益的主导下，辅以环境元素、与环境行为的逻辑。所以，环境法典制度与单行法的制度界限应采取全面纳入、逐一剔除的模式，确定哪些制度不适合现阶段的环境法典，结合日本学者穗积陈重在《法典论》中所提及的法典内容的四重排除标准。[5] 在环境法律体系完善的进程中不断调适，在后期环境法典制度体系的完善中逐渐纳入符合标准的制度，使环境法律制度更具有系统性，实现体系上的周延、逻辑上的自洽。

上述明确整个环境法典制度体系的纳入标准以及与单行法制度体系之间的建构关系，对于环境法典制度体系内的相关制度如何划定也是需要考量的问题之一。依照环境法典制度体系建构的体系，环境法

---

[1] 莫菲：《法国环境法典化的历程及启示》，载《中国人大》2018 年第 3 期。
[2] 夏凌：《德国环境法的法典化项目及其新发展》，载《甘肃政法学院学报》2010 年第 2 期。
[3] 张梓太：《中国环境立法应适度法典化》，载《南京大学法律评论》2009 年第 1 期。
[4] 吕忠梅、窦海阳：《民法典"绿色化"与环境法典的调适》，载《中外法学》2018 年第 4 期。
[5] 王灿发、陈世寅：《中国环境法法典化的证成与构想》，载《中国人民大学学报》2019 年第 2 期。

制度被类型化之后，分别归属于环境法典制度体系的不同层级以及单行法中，进而构成环境法典的总则、分则、单行法制度体系。换言之，环境法制度在法典化进程中的类型化，决定了环境法典化的制度体系各层级的具体范围，实现环境法典与单行法、法典总则与分则的界限划定。相应地，环境法典制度体系之内制度的类型化，包含基本制度、主要制度、具体制度三种制度类型。

二、基本制度

环境法典基本制度是整个环境法典的统领制度，应具备抽象程度高、普适性强、处于环境法利益核心的制度，统筹整个环境法律体系。环境法典的基本制度与环境法典总则相对应，主要规定环境保护领域的通用性、重点制度。

（一）环境标准制度

在环境保护工作中，往往需要对各类技术规范和技术要求加以限定，并进行统一化处理，以防止因标准不明晰而导致的认知混淆。根据《生态环境标准管理办法》的规定，环境标准由国务院生态环境主管部门和省级人民政府依据国家有关法律的规定而制定，包括国家生态环境标准、地方生态环境标准。其中，国家生态环境标准包括国家生态环境质量标准、国家生态环境风险管控标准、国家污染物排放标准、国家生态环境监测标准、国家生态环境基础标准和国家生态环境管理技术规范。地方生态环境标准包括地方生态环境质量标准、地方生态环境风险管控标准和地方污染物排放标准等。环境标准制度是环境保护的技术规范和法律规范有机结合的综合体。[1] 环境标准制度的确立始于《工业"三废"排放试行标准》的颁布，并逐渐成为环境法制度体系中具有重要地位的一个基本制度类型。

（二）生态环境保护规划制度

生态环境保护规划为制定国民经济和社会发展规划、国土规划、区域（流域）规划及城市总体规划提供了科学的依据；是各级政府开展生

---

〔1〕 吕忠梅主编：《环境法学概要》，法律出版社 2016 年版，第 172 页。

态环境保护工作的重要依据。[1] 因此,制定科学、合理的生态环境保护规划是生态环境保护目标实现的前提性要件,而从法制层面将生态环境保护规划制度化是保证生态环境规划的编制、实施、监督等全过程有序运行的必要手段。生态环境保护规划是包括国民经济和社会发展五年规划的环境保护篇章、全国主体功能区规划、国家各类生态建设和保护规划、专项环境保护规划等共同组成的以保护环境为目的的规划统一体。[2] 2002 年国务院印发的《全国生态环境保护纲要》中就已对生态环境保护规划有所提及;2016 年,国务院和原环境保护部相继印发了《"十三五"生态环境保护规划》和《全国生态保护"十三五"规划纲要》等重要文件,对全国生态环境保护的指导思想、基本原则、主要内容、具体措施等多方面问题予以明确,从而确立了生态环境保护规划制度的基本制度地位。

(三)环境影响评价制度

首先是政策环境影响评价制度。立法和政策对环境的影响具有全局性、整体性等特点,一旦失误将会给环境质量带来不可估量的损害。[3] 因此,将政策环境影响评价制度作为我国环境法基本制度之一,并置于环境影响评价制度体系之首位具有重要意义。政策环境影响评价,是将环境影响评价置于重大宏观经济社会决策链条的前端,通过对环境进行数理分析预测及综合评价,科学合理地安排重点区域开发、生产力布局、资源配置和重大项目建设。[4] 《环境保护法》第 14 条正式确立政策环境影响评价制度,该条规定,国务院有关部门和省、自治区、直辖市人民政府组织制定经济、技术政策,应当充分考虑对环境的影响,听取有关方面和专家的意见。应当进行环境影响评价的政策范围需尽可能涵盖所有将要或可能会对环境产生影响的政策或法律文件,包括拟议的法律法规草案、规划计划草案和其他国家政策文件草

---

[1] 胡德胜主编:《环境与资源保护法学》(第 2 版),西安交通大学出版社 2017 年版,第 163 页。

[2] 汪劲:《环境法学》(第 4 版),北京大学出版社 2018 年版,第 123 页。

[3] 李艳芳:《论我国环境影响评价制度及其完善》,载《法学家》2000 年第 5 期。

[4] 吕忠梅主编:《环境法学概要》,法律出版社 2016 年版,第 170 页。

案。[1]

其次是规划环境影响评价制度。规划的环境影响评价，旨在协助政府在规划中充分考虑环境因素，消除和降低因规划失误和考虑不周造成的环境影响。[2] 根据《环境影响评价法》（2018 年修正），我国规划环境影响评价分为综合规划和专项规划。其中，综合规划是国务院有关部门、设区的市级以上地方人民政府及其有关部门，对其组织编制的土地利用的有关规划，区域、流域、海域的建设、开发利用规划。专项规划是指上述主体对其组织编制的工业、农业、畜牧业、林业、能源、水利、交通、城市建设、旅游、自然资源开发等专项规划。此外，专项规划又进而分为指导性专项规划和非指导性专项规划，指导性专项规划的环境影响评价应与综合专项规划程序一致。概括而言，综合规划是具体规划的宏观指导，具体规划是对综合规划的进一步落实和安排。

最后是项目环境影响评价制度。项目环境影响评价是指对建设项目实施后可能造成的环境影响进行分析、预测和评估，提出预防或者减轻不良环境影响的对策和措施，并进行跟踪监测的方法与制度。自 1979 年《环境保护法（试行）》确立环境影响评价制度以来，项目环境影响评价制度的对象从最初基本建设项目，[3] 逐步扩张至所有对环境有影响的项目以及规划等。我国根据建设项目对环境的影响程度，将建设项目环境影响评价分为三类，实行分别管理。具体为：建设项目对环境可能造成重大影响的，应当编制环境影响报告书，对建设项目产生的污染和对环境的影响进行全面、详细的评价；建设项目对环境可能造成轻度影响的，应当编制环境影响报告表，对建设项目产生的污染和对环境的影响进行分析或者专项评价；建设项目对环境影响很小，不需要进行环境影响评价的，应当填报环境影响登记表。

（四）环境行政许可制度

环境行政许可制度是指在从事有害或可能有害环境和生态的活动

---

〔1〕 蔡守秋：《论修改〈环境保护法〉的几个问题》，载《政法论丛》2013 年第 4 期。

〔2〕 吕忠梅主编：《环境法学概要》，法律出版社 2016 年版，第 169 页。

〔3〕《基本建设项目环境保护管理办法》，1981 年 5 月 11 日由原国家计划委员会、原国家基本建设委员会、原国家经济委员会、原国务院环境保护领导小组颁布。

之前，必须向有关管理机关提出申请，经审查批准，方可进行该项活动的法律制度。[1] 根据《行政许可法》的规定，环境法领域中的行政许可包括直接涉及生态环境保护，需要按照法定条件予以批准的事项；以及有限自然资源开发利用、公共资源配置以及直接关系公共利益的特定行业的市场准入等，需要赋予特定权利的事项。其中，最为重要和典型的环境行政许可类型为排污许可和自然资源利用许可。前者如《环境保护法》第45条所规定的排污许可管理制度，即实行排污许可管理的企业事业单位和其他生产经营者应当按照排污许可证的要求排放污染物；未取得排污许可证的，不得排放污染物。后者如《矿产资源法》第16条所规定的，采矿许可证制度，即由国务院地质矿产主管部门审批，并对开采相应矿产资源颁发采矿许可证。

（五）生态环境监测制度

生态环境监测是生态环境保护的基础，是生态文明建设的重要支撑。[2] 生态环境监测是为了全面反映环境质量状况和变化趋势，及时跟踪污染源变化情况，并为准确预警各类环境突发事件等环境管理工作提供决策依据。生态环境监测制度是对有关生态环境监测的法律、法规、规章等的整合。根据《环境监测管理办法》的规定，生态环境监测的内容包括环境质量监测、污染源监督性监测、突发环境污染事件应急监测以及为环境状况调查和评价等环境管理活动提供监测数据的其他环境监测活动。

三、各分编的主要制度

总则对环境法典制度体系进行了整体规划，分则应在总则基础上细化各分编制度结构及具体内容，系统构建环境法典的制度体系。分编主要包括污染防治法编、自然资源法编以及生态保护法编和能源法编，共同构筑环境法典制度体系，环境法典主要制度就是与之相对应的，具有一般性、原则性、概括性的制度。

---

〔1〕 徐以祥：《论环境行政许可制度的改革》，载《生态经济》2009年第11期。

〔2〕 《生态环境监测网络建设方案》（国办发〔2015〕56号），2015年7月26日国务院办公厅发布。

（一）污染防治法编

1. 污染物排放标准制度

总则部分已明确环境标准的制度范畴，污染物排放标准是本编首先需要明确的内容。一般认为，污染物排放标准是为了使污染物的含量能够达到环境质量标准的要求，在充分考虑当时的社会经济、科学技术和生态环境状况的前提下而制定的对排入环境中的污染物或对环境造成危害的其他因素的浓度或者总量进行限制的标准，污染物的排放限值是其核心。[1] 污染物排放标准制度就是根据人体健康、生态平衡和社会经济发展对环境质量标准的要求，设定一定的排放限值和量化指标，以此规范污染物排放，防止对环境造成污染，提前预防污染的发生。这一制度的核心是科学设定排放标准，以量值规范各主体排放污染物标准，达到质量控制目标。

2. 重点污染物排放总量控制制度

污染物排放总量是继排放标准之后必须控制的内容。重点污染物排放总量控制制度就是在科学制定控制目标之后，主要对重点污染物，在全国进行分解指标，明确各地区、单位的控制目标，督促各单位应在控制目标范围内进行生产和排放，并对不按标准排放的地区和企业进行相应处罚的制度。现行《环境保护法》规定了指标设定、具体落实和超标后果承担等内容。

详言之，控制指标首先是由国务院下达，省、自治区、直辖市人民政府分解落实。各地方和企事业单位在执行国家和地方污染物排放标准的同时，应当遵守分解落实到本地区、单位的重点污染物排放总量控制指标。对超过国家重点污染物排放总量控制指标或者未完成国家确定的环境质量目标的地区，应暂停新增审批排放总量控制的项目环评。企业事业单位应由环保部门限期整治，限制生产；情节严重的，报经有批准权的人民政府批准，责令停业、关闭。

3. 排污权交易制度

以环境容量为核心的排污权交易制度，是环境开发利用权的延伸，

---

〔1〕 米天戈：《我国污染物排放标准制度研究》，苏州大学 2015 年硕士学位论文，第 5 页。

是利用市场交易进行污染治理的重要手段。这一制度自实行以来，取得了良好的治理效果。所谓排污权交易制度，是指在实施排污许可证管理及污染物排放总量控制的前提下，激励企业通过技术进步和污染治理节约污染排放指标，这种指标作为"环境容量资源""有价资源"或"储存"起来以备企业扩大生产规模之需，或在企业之间进行有偿转让，而新建污染源或缺少污染排放指标的老污染源，则可以由排污权交易市场有偿向污染排放指标有节余的企业购买，[1]从而达到社会均衡配置污染物排放指标的目的，促进环境治理目标的实现。

4. 污染物监测预警制度

现行《环境保护法》第 18 条规定，省级以上人民政府应当组织有关部门或者委托专业机构，对环境状况进行调查、评价，建立环境资源承载能力监测预警机制。2017 年 9 月，中共中央办公厅、国务院办公厅印发《关于建立资源环境承载能力监测预警长效机制的若干意见》，明确应针对不同区域资源环境承载能力状况，定期开展全域和特定区域评估，实时监测重点区域动态，提高监测预警效率。监测预警机制由点到面，不断发展。污染物监测预警机制就是通过建立一定的监测网络，并划分污染等级，有关机关实时监测污染数据，及时启动应急预案，采取相关措施，约束主体行为的制度。其核心是建设监测预警数据库和信息技术平台，多部门监测站网协同布局机制，实现污染物监测网络全覆盖，完善应急机制。

5. 现场检查制度

现场检查制度是指环境资源保护部门和其他监督管理部门，依法对管辖范围内的单位和个人遵守环境法律法规、执行其命令及决定的情况，以及其他与环境资源保护有关的情况，直接进入现场检查的一种法律制度。它是环境资源管理机关行使监督检查职能的一种重要手段，是对其他制度执行情况的监督和检查。

现场检查的主体是享有现场检查权的环境资源行政监督管理部门，其职权一般不宜委托行使，现场检查的对象是检查部门管辖范围内

---

[1] 曹明德：《排污权交易制度探析》，载《法律科学（西北政法学院学报）》2004 年第 4 期。

企事业单位和个人。按照法律规定的程序进行检查、督促排污单位执行各项管理制度，以便及时发现违法者，采取防范措施和补救方法，并对违反规定的行为人和相关单位予以处罚。

6. 目标责任制和考核评价制度

目标责任制以行政制约为机制，其责任者主要是政府的行政首长和企业的法人代表，通过层层签订责任书，层层分解责任，逐级负责，对每个层次的领导都有责任压力，有利于激发责任感，调动完成任期内环境资源保护目标的积极性。在我国环境治理的实践中，以河湖长制为典型代表，后续又出现林长制、街长制等多种形式，为我国环境治理及社会治理提供了新路径。

在责任分解至具体责任人的运作模式之下，考核评价就成为约束主体严格履职的重要手段。考核评价主要是将责任人的履行情况纳入政绩考核，并可能具有"一票否决"效力，将考核内容作为责任人党政考核的标准，督促履职。

7. 跨区域联合防治制度

基于生态系统具有系统性和整体性的特征，环境治理必须破除"条块分割"、各自为政的分散局面，按照统一管理的目标和要求，实行中央的垂直管理，按照自然环境的生态属性，确立区域（流域）管理机关，协调处理机制，保证环境治理的顺利运行。〔1〕 跨部门、跨行政区域的治理体系，能克服自然资源特性与现有管理制度不配套之间的矛盾。

跨区域联合防治首次提及是在大气污染防治中，《大气污染防治法》第86条第2款规定："……确定牵头的地方人民政府，定期召开联席会议方式，落实大气污染防治目标责任……"将区域联席会议明确为区域大气污染联合防治主要协调机构，〔2〕即主要是通过联席会议等形式跨区域进行协调规制，以实现防治污染的目的。我国治理实践中，主要是大气污染联防联控，在后续治理中还应逐层拓展至流域治理、土

〔1〕 吕忠梅：《环境法新视野》（第3版），中国政法大学出版社2019年版，第254页。
〔2〕 尹珊珊：《论我国区域大气污染联合防治法律机制的完善》，载《科学发展》2020年第2期。

壤污染治理等方面。

（二）自然资源编

1. 资源管理制度

自然资源管理制度，是指由专门的管理部门即自然资源管理部门依据法律规定运用科学技术对自然资源进行系统化管理的规范制度。从主体来看，自然资源管理的权力归属于自然资源管理部门，专门机构的设置有利于统一管理，并在一定范围内提高了资源利用和开发管理的效率，推动环境保护工作的有序开展，提高了资源利用的精准度。自然资源的概念界定有不同的说法，根据联合国环境组织规划部门的定义，是指在特定的条件下，能够产生一定的经济价值和社会价值，提升人们当前和未来获取资源福利的自然因素的总称。[1] 因其总量一定和有限的特征而具有稀缺性，这也正是对自然资源进行管理利用的必要性之所在，为高效利用资源，发挥其多功能用途的价值，需要通过统筹山水林天湖草等资源要素，在整体上建立自然资源管理法律制度，调整在资源利用和保护中的社会管理，节约自然资源，促进资源利用和管理的可持续。

2. 资源权属制度

权属制度是关于物归谁所有、使用以及收益和相应法律后果承担的一系列规定构成的规范总体，自然资源权属是指环境保护法中规定自然资源归谁所有、使用以及相应法律后果承担的规范体系。具体内容包括自然资源所有权和自然资源使用权，所有权是指所有权人所享有的占有、使用、收益和处分自然资源的权利。按照权属主体不同，可以分为国家所有权、集体所有权和个人所有权等。我国自然资源所有权的主体是国家和集体组织，国家所有权是由国务院代表行使，集体所有权是由集体组织统一行使。自然资源使用权是具有资源权能的单位和个人对于国家所有或集体所有的自然资源进行利用并获得收益的权利。使用权的主体相较于所有权主体来说更加广泛，只要符合法律规定的使用资格，单位和个人都能够成为自然资源使用权的主体，但其使

---

〔1〕 马永欢、吴初国等：《重构自然资源管理制度体系》，载《中国科学院院刊》2017 年第 7 期。

用权的内容要受到环境保护和生态规律制约，不可无限制地利用。[1] 其权利的取得主要有四种方式：确认取得，即自然资源的现实使用人根据法律规定向国家机关申请登记并造册核发使用权证；授予取得，是提出申请后由国家机关依法授予；转让取得，是权利人通过买卖、出租等形式取得；开发利用取得，是通过实际的开发利用活动取得自然资源的使用权。

3. 资源利用总体规划制度

自然资源利用总体规划制度，是指依据一个国家或者地区自然资源本身的特点以及国民经济发展的要求，在一定规划期限内对管辖区域内各类自然资源的开发、利用、保护、恢复和管理所作的总体安排。[2] 其目的是从整体上解决自然资源开发利用与生态保护、当前利益与长期持续发展的矛盾以及资源分配问题，以求用合理的布局和形式开发利用自然资源，促进经济社会的可持续发展。[3] 自然资源的稀缺性是规划制度存在的现实原因，我国自然资源虽总体丰富，但人口基数大，开发利用的效率低，资源浪费严重使资源匮乏问题日益严重，为确保资源的可持续利用，总体规划统筹必须先行。规划制度立足于国家安全和经济发展战略，按照不同资源的用途和类型、可更新能力等方面合理规定开发利用的时间和数量，发挥资源的最大价值，确保资源增值，防止资源的破坏和流失。从宏观上协调自然资源开发利用和生态保护、当前利益和长期可持续发展以及资源分配问题，确保最佳的结构和形式利用资源，提高资源利用的效率，促进经济社会的可持续发展。

4. 资源监管与预警制度

自然资源关乎国民基本生活、经济状况和生态环境，党的十九大报告提出了设立国有自然资源资产管理和自然生态监管机构。该制度侧重于说明资源监督管理机构对自然资源开发利用和保护行为进行监

---

〔1〕 李丽华：《中国自然资源权属新探》，武汉大学2004年硕士学位论文，第18～19页。

〔2〕 吕忠梅主编：《环境法导论》，北京大学出版社2008年版，第158页。

〔3〕 王敏杰：《我国自然资源行政规划法律制度研究》，西北民族大学2010年硕士学位论文，第4页。

管。自然资源部的组建是对自然资源管理链条的重构,能够实现自然资源监管机构集中统一化的设置。监管的对象包括土地、山、水、林、田、湖、草、海等自然资源,主体方面实行多元多主体监管,国家发展和改革委员会重组后的国家能源局等部门按照共同管理、分工负责的原则对自然资源进行监管。法律制度上也有不同的法律条文进行规范,如《煤炭法》《矿产资源法》等。

自然资源的稀缺性和环境容量的有限性成为人类社会发展的"天花板",对自然资源承载力的思考使自然资源预警制度应运而生。《环境保护法》第 18 条规定:省级以上人民政府应当组织有关部门或委托专业机构,对环境状况进行调查、评价、建立环境资源承载能力监测预警机制。该制度目的在于引导和约束各地按照自然的总量进行开发利用,规范开发秩序、合理控制开发自然资源的强度,将各类自然资源开发利用行为控制在资源总量的限度之内,依托预警信息规避过度开发利用的风险,对资源的使用速率不得超过其再生能力,对不可再生资源的使用速度不得超过其可替代能源的开发速度。具体而言,是通过设置预警制度等实施最严格的区域限批和管控制度,限制区域内的资源使用速率,实现资源和经济发展的协调。[1]

5. 资源利用许可制度

自然资源利用许可制度是国家针对自然资源这一特殊种类的物而设立的一项许可制度,是自然资源的开发利用者在从事有关自然资源开发利用活动之前,向有关管理机关提出申请,经过审查批准发给许可证之后进行一整套利用行为的法律制度。[2] 申请主体的具体条件是审查的重要内容,也正是因为自然资源的公共利益属性,使申请许可具有超越一般许可的裁量特性。[3] 作为一种政府管制手段,自然资源开发许可制度缓解市场配置资源导致的"公地悲剧",以事前预防的机制

---

〔1〕 张真源、黄锡生:《资源环境承载能力监测预警的制度功能与完善》,载《北京理工大学学报(社会科学版)》2019 年第 1 期。

〔2〕 汪劲:《中国环境法原理》,北京大学出版社 2000 年版,第 101 页。

〔3〕 姜明安主编:《行政法与行政诉讼法》,北京大学出版社 2003 年版,第 183 页。

降低管制成本,对造成的资源浪费起到防患于未然之作用。在实际操作中结合了事前审查、事中监督和事后制裁一整套的管理活动,对许可证的定期审查,监督和检查被许可人是否在许可的范围和事项内活动,以预防和控制为己任,对自然资源开发利用行为进行禁止的同时以社会进步为目的,对合理开发利用自然资源的活动打开“绿灯”,对于自然资源保护和合理利用具有重要的意义。

(三)生态保护法编

1.生态保护红线制度

生态保护红线,是指对维护国家和区域生态安全及经济社会可持续发展、保障人民群众健康具有关键作用,在提升生态功能、改善环境质量、促进资源高效利用等方面必须严格保护的最小空间范围与最高或最低数量限值,具体包括生态功能保障基线、环境质量安全底线和自然资源利用上线,可简称生态功能红线、环境质量红线和资源利用红线。[1] 具体来看,生态功能红线是宏观层面的生态保护红线,环境质量红线和资源利用红线则是相对微观或具体的生态保护红线。

在生态保护红线的概念出现之前,我们更多的是提生态功能保护区、自然保护区等概念,可以说,这些概念是生态保护红线概念的萌芽与前身。在原国家环境保护总局《关于印发1999年全国环境保护工作要点的通知》中,提出了“特殊生态功能保护区”的概念。在2000年的《全国生态环境保护纲要》中,“特殊生态功能区”被称为“生态功能保护区”。在该文件中,生态功能保护区的保护范围从“大江大河的源头区”扩展到“重要生态功能区”。《自然保护区条例》第2条对自然保护区的概念给出界定,认为自然保护区设立的目的在于保护珍稀动植物物种,而生态保护红线区域划定的目的不仅仅在于保护珍稀动植物物种,还有着维护国家区域生态安全和经济社会可持续发展的重大意义,从这一点来说,自然保护区的内容应当包含在生态保护红线的概念之内。对于生态保护红线的划定应以自然保护区为基础,对于生态保护红线划定范围内的核心区、缓冲区,将其居民迁出,严格限制科研活动;

---

〔1〕 吕忠梅主编:《环境法学概要》,法律出版社2016年版,第175页。

对于其他区域,在保证生态安全、资源合理利用的原则内,可以适当进行人类活动,促进当地经济和社会发展。

2. 生态保护补偿制度

生态补偿是一种外部成本内部化的环境经济手段。作为环境资源的经济手段,生态补偿机制是调动生态保护建设积极性、促进环境保护的利益驱动机制、激励机制和协调机制。[1] 生态补偿制度是以保护生态环境、促进人与自然和谐发展为目的,根据生态系统服务价值、生态保护成本、发展机会成本、运用政府和市场手段,调节生态保护利益相关者之间利益关系的公共制度。[2]

生态补偿法律制度基于其生态退化遏制、生态价值与市场价值冲突协调、区域差异平衡等现实意义而于生态文明制度建设中占据了重要地位。针对生态补偿法律制度,我国采纳试点先行模式,已经形成了纵向、横向生态补偿试点网络,几乎全面涵盖了森林、湿地等重点领域、重点生态功能区等重要区域以及新安江流域等跨省区域。具体可归纳为两方面:一是在资源开发利用过程中对资源环境的生态功能的保护和补偿;二是对生态安全重要的区域或自然客体采取绝对保护时对利益牺牲者的补偿。生态补偿标准的划定须充分考虑生态建设与保护过程中的各项成本、费用以及收益、经济社会发展状况相适应,反映人对生态环境影响的程度和因素,考虑内控机制层面的因素和外部约束机制层面的因素,促进绿色生产方式和生活方式。

3. 生态规划制度

生态规划,是指根据国家或者特定地区的生态条件、环境资源状况和社会经济发展需要等因素,对一定时间和空间内生态环境保护目标、自然资源开发利用程度等事项作出的总体部署与安排。[3] 生态规划制度的建立和实施,可以最充分地体现生态文明理念的同构性、整体性。依据规划对象不同,生态规划可以划分为综合性规划和专业性规

---

〔1〕 吕忠梅主编:《环境法学概要》,法律出版社 2016 年版,第 179 页。

〔2〕 曹明德:《对建立我国生态补偿制度的思考》,载《法学》2004 年第 3 期。

〔3〕 王灿发:《论生态文明建设法律保障体系的构建》,载《中国法学》2014 年第 3 期。

划。其中,综合性规划需要立足于较广时空范围内多重目标的实现并进行复杂的利益衡平,典型的有国土空间开发(主体功能区)规划;专业性规划的目标则相对具体,聚焦于某一特定环境保护领域,如污染防治专项规划、生态保护专项规划等。制定生态规划,应根据本国、本区域或本地的自然、经济、社会条件和污染等生态破坏状况,因地制宜地研究确定本地区的生态建设性状指标,以确保资源的开发利用不超过该地区的资源潜力,不降低它的使用效率,保证经济发展和人类生存活动适应于生态平衡,使自然环境不发生剧烈的破坏性的变动。

4. 生物多样性保护制度

根据《生物多样性公约》:"生物多样性"是指所有来源的形形色色生物体,这些来源除其他外包括陆地、海洋和其他水生生态系统及其所构成的生态综合体,这包括物种内部、物种之间和生态系统的多样性。[1] 生物多样性保护法律制度应当是在调整特定的有关生物多样性保护的社会关系的过程中形成的整体性的规则体系,它包括一系列功能相同或相似的同类法律规范体系。作为全球首先批准《生物多样性公约》的国家之一,我国已在《野生动物保护法》《森林法》《草原法》《畜牧法》《种子法》《进出境动植物检疫法》等多部法律中体现了生物多样性保护的理念。《云南省生物多样性保护条例》作为我国首部生物多样性保护的专门地方性法规已于 2019 年 1 月 1 日正式施行,该法对于保护生物多样性,保障生态安全,促进生态文明建设,促进经济社会可持续发展,实现人与自然和谐共生具有重要意义。

(四)能源法编

1. 能源战略和规划制度

能源战略是根据基本国策、国家发展战略、经济和社会发展需要及国内外能源发展趋势等制定的,筹划和指导国家能源可持续发展、保障能源安全的总体方略,是制定能源规划和能源政策的基本依据,包括国家能源发展的战略思想、战略目标、战略布局和战略重点等内容。能源规划,则是根据能源战略而制定的对能源开发、利用、管理等活动的具

[1] 蒋志刚、马克平、韩兴国主编:《保护生物学》,浙江科学技术出版社 1997 年版,第 1 页。

体安排。能源规划作为实施国家能源战略的阶段性行动方案，具有阐明能源战略意图、指导领域内具体工作的功能。能源战略和规划制度是能源战略和规划工作的制度化和法定化，该制度的确立将增加我国能源对策体系的权威性和可操作性，[1]同时，从能源安全的角度出发，能源战略制度化是从法律层面确定其地位和权威，有利于从战略上保障能源的安全。[2] 2007年《能源法（征求意见稿）》第三章对能源战略和规划的基本内容、制定实施、评估修订等方面作了全面的规定。

2. 能源激励制度

学界对于能源激励制度的概念界定主要分为两种。从狭义层面来看，能源激励制度专指经济激励制度，该制度实质上是以经济效益为中介，在可再生能源的开发利用中，激励政府、企业和公众从自身的利益出发采取行动，投入能源资源的开发、利用和消费，实现个体利益与公共利益双赢的法律调整与控制模式。[3] 从广义层面来看，能源激励制度是指关于通过经济激励、市场激励等措施，鼓励能源法律关系的主体实施对能源产业可持续发展有利的能源相关行为的法律规则、规范和机制所形成的制度体系。[4] 目前，我国已出台的一些能源规范性法律文件对能源激励制度作出了规定，形成了包括财税激励、价格激励、金融激励等措施在内的完善的激励体系。

3. 能源市场准入制度

若想稳固市场在资源配置中的决定性作用，构建有效竞争的市场结构和市场机制，应建立准确、清晰、合理的能源市场准入制度。市场准入是指政府基于安全、效率和公平考虑，就市场主体进入某个市场领域从事一定的活动施加限制或加以禁止的措施。能源市场准入制度是从能源法层面对市场准入的制度化，即政府为了克服市场失灵，实现某种公共政策，依据一定的规则，允许市场主体及交易对象进入能源市场

[1] 邓海峰、赵明：《能源立法模式与核心制度选择》，载《政法论丛》2011年第2期。

[2] 杜群、王利等：《能源政策与法律——国别和制度比较》，武汉大学出版社2014年版，第226页。

[3] 莫神星：《能源法学》，中国法制出版社2019年版，第215页。

[4] 胡德胜主编：《能源法学》，北京大学出版社2017年版，第127页。

领域,从而进行直接控制或干预的一系列法律规范所组成的相对完整的规则系统。[1] 能源市场准入制度的内容包括对能源市场主体实体条件和程序条件、能源经营活动资质和范围的限定等。根据国家发展和改革委员会、商务部印发的《市场准入负面清单(2020年版)》(发改体改规〔2020〕1880号),能源市场准入制度的具体事项包括禁止和许可两类。前者即市场主体不得进入,行政机关不予审批、核准,不得办理有关手续;后者指对于有关资格的要求和程序、技术标准和许可要求等,由市场主体提出申请后,行政机关依法依规作出是否予以准入的决定。

4. 能源价格监管制度

当前,我国在竞争性领域所要形成的价格机制主要由市场决定,但由于能源市场所具有的垄断属性,亟须建立有效的能源价格监管机制。2020年《能源法(征求意见稿)》第14条对能源价格监管制度进行了明确,即国家坚持发挥市场在资源配置中的决定性作用,构建有效竞争的市场结构和市场机制,在竞争性领域形成主要由市场决定能源价格的机制,建立有效的能源监管体系。综合来看,能源价格监管制度具有两个方面的作用:一是预防或者及时纠正因能源商品或者服务价格而导致的市场失灵情形;二是引导能源价格、规范垄断能源价格行为、监督能源价格法律实施情况并查处能源价格违法行为。[2] 具体而言,能源价格监管制度的内容包括自然垄断环节的价格管理、中央和地方制定能源价格的权限和范围、能源价格成本的监督和审查、能源价格波动监测与预警等。

5. 能源普遍服务制度

能源普遍服务就是国家制定政策,采取措施,确保所有用户都能以合理的价格,获得可靠的、持续的基本能源服务。[3] 能源普遍服务制

〔1〕 廖志雄:《市场准入法律制度研究》,载史际春、邓峰主编:《经济法学评论》第4卷,中国法制出版社2004年版,第247页。

〔2〕 胡德胜主编:《能源法学》,北京大学出版社2017年版,第133页。

〔3〕 苏苗罕:《能源普遍服务的法理与制度研究》,载《法治研究》2007年第10期。

度是能源普遍服务的法制化和制度化，是以保障人民生活用能需要为导向的重要制度类型。能源普遍服务制度的实现是通过对企业设定能源普遍服务义务的方式进行的。例如，2020 年《能源法（征求意见稿）》第 58 条规定，承担电力等能源供应的企业应当按照国家有关规定履行相应的普遍服务义务。同时，该法第 109 条对承担能源普遍服务义务的企业进行了责任限定，即承担能源普遍服务义务的企业擅自中断、停止履行普遍服务义务的，由能源主管部门责令改正；造成用户经济损失的，对责任方处以损失额 1 倍以上 2 倍以下的罚款；构成犯罪的，依法追究刑事责任。

6. 能源储备制度

对于能源储备制度的理解可以从整体能源开发利用和具体储备实践活动两方面展开：从宏观层面来说，能源储备制度是由国家能源法律规范所确定的，规定能源开发利用、战略储备关系以及政府规制内容，具有一定法律后果的一系列准则以及由这些准则形成的行为机制和结构运作方式；[1] 从微观角度理解，能源储备制度是国家为应对能源供应的短缺、供应中断以及价格紧急波动等能源紧急事态，实现利用不同途径储备能源产品和能源资源的一种制度，涉及能源储备的战略和规划，能源储备模式的选择以及能源资金的筹措、能源开发利用的国际合作等。[2] 能源储备制度的构建，能够有效管控战略能源资源开发，完善能源运输战略通道建设和安全保护措施，完善能源预测预警与应急处置机制，增强能源保障和应急处置能力，从而保障能源安全。我国能源储备实行政府储备与企业储备相结合的体系原则，其中政府储备包括国家直接投资运营和国家出资委托企业开展的战略储备。企业储备包括企业社会责任储备和以生产经营库存、产能储备等方式形成的其他储备。

7. 能源应急制度

能源应急是指在发生能源突发事件时，为了应对能源供应严重短

---

〔1〕 宋丽娟：《中国能源储备法律制度研究》，郑州大学 2007 年硕士学位论文，第 9 页。

〔2〕 廖建凯：《我国能源储备与应急法律制度及其完善》，载《西部法学评论》2010 年第 2 期。

缺、供应中断、价格剧烈波动以及其他能源应急事件，维护基本能源供应和消费秩序，保障经济平稳运行，国家组织采取的临时性措施以及实施的相关活动。[1] 完善能源应急制度，增强能源供给的应急调解能力，是能源安全的总体要求和根本保障。能源应急包括在应对能源供应严重短缺、供应中断以及其他能源突发事件时的能源预测预警机制、能源应急协调联动机制、能源应急相关设施和管理体系的建设等。尤其是从事能源开发生产、加工转换和供应的企业以及重点用能单位应当加强应急储备，健全应急体系，完善应急预案，强化应急响应，加强应急能力建设。能源主管部门和有关部门依照本法和有关法律、行政法规的规定，对上述企业和单位的能源应急预案、应急体系建设和应急处置措施等实施监督检查，依法参与能源突发事件的处置工作，从而保证能源应急制度的完整性和可靠性。

另外，环境法其他制度是在基本制度和主要制度之外的，对环境治理具有重要意义的制度，归属于环境法典分则的具体章节。其他制度这一部分更应当采用引致性或兜底性规定，在将来制度增添、修改、删废时也能保持自身的灵活性，若采取一一列举的方式明确反而会不利于环境法典制度体系的整体调试。此外，在环境法典的体系化进程中，应当最大限度地挖掘一切有利资源，包括环境法律规范、环境法学基础理论以及可以借鉴的国外法律资源，充实环境法律体系的系统构建。

---

〔1〕 胡德胜主编：《能源法学》，北京大学出版社 2017 年版，第 141 页。

第十一章　环境法典制度体系的预期效果

环境法律制度体系不是仅由单个环境法律规范组成，也不是环境法律规范的简单叠加，而是环境法律规范按照一定的逻辑进行有机排列组合，由此发挥整体性功效，实现“1 + 1 > 2”的功能效果。环境法典制度体系则是由一系列环境法律制度互相关联、互相制约、互相补充和互相配合而共同构成的，[1]其最终确立是遵循由点到线、由线到面的运动轨迹。先是由点开始，对基本概念进行厘定与识别，比如对制度、体系、制度体系和法典化的界定，进而把握其中的区别与联系；在此基础之上，由点及线，提取环境法制度体系的特性，调试环境法制度体系的作用领域，实现环境法典制度体系的类型化分析；进而从建构理念与建构方法着手，对制度体系进行内容填充，成功构建环境法典制度体系并实现可视化呈现。最终，问题回归到环境法典制度体系建构的预期效果，即环境法典制度体系达成何种期许、取得何种成效即为目标达成。环境法典制度体系的预期效果最终表现为两个方面：环境法典制度体系的理想图景的铺设展开，环境法典制度体系运转过程中的具体样态，以上两个方面共同作用，由此展现出环境法典制度体系的成果和预期。

---

〔1〕 鄢德奎：《中国环境法的形成及其体系化建构》，载《重庆大学学报（社会科学版）》2020年第6期。

第一节　环境法典制度体系的理想图景

环境法典制度体系作为环境法典的基本支撑，在环境法典中处于首要地位，起着主导作用，决定着环境法典的发展方向与发展水平。环境法典制度体系是一个由若干个环境法制度所组成的、动态的、高度协调的复杂系统，环境法制度的排列组合方式不同，制度体系的具体样态也有所区别，而制度体系样态的不同决定了法典化效果呈现的多样性。反之，法典化的需求差异使得构建制度体系呈现不同的样态。因此，构建一个理想的环境法典制度体系率先应明确环境法法典化渴望通过制度体系建构达到的期许，在此基础之上实现环境法典制度体系构建过程中的理想图景。环境法典制度体系的理想图景的铺设应扬长避短，充分展现环境法典模式的体系化优势，弥补其原有的不足与缺陷；在框架建构与内容设计时着力解决环境法典模式下固有的弊端，增加制度体系的活性与发展性；确立环境法"适度"的法典化逻辑定位，确保"适度化"特性贯穿于环境法法典化的全过程；在动态运转过程中，力求实现各制度间的整体性、一致性、协调性、有序性。

一、充分发挥法典模式的体系化优势

环境法典制度体系的理想图景之一为充分发挥法典模式的体系化优势。法典作为法律规范的一种表现形式，相较于一般法律规范、部门基本法、法律汇编，法典具有系统性、体系性、稳定性、独立性、确定性等特性。依照当前中国环境法发展进程以及环境法对于法典化的现实需求，环境法典制度体系的构建应至少寻求其中三种特性的实现，尤其是系统性、体系性与确定性。环境法典的系统性，要求以环境法为整体的视角，实现制度在功能效益上自始至终的全面囊括与调整，法典制度体系的建构就需要以系统性作为逻辑的出发点，达到法典制度在静态上分布的合理性与动态上运转的流畅性。而环境法典的体系性则为环境法典化的主要目的，期许通过法典制度体系的建构实现环境法典外在结构的框架清晰、层次分明，进而实现外在框架与内在价值之间的融贯

联通。环境法典的确定性维度要求对环境法典的调整范围予以明确，在环境法典的具体设计过程中应当综合考量比较法上所呈现的划界依据并具体分析特殊规范的法域归属。从宏观方面来看，通过对上述划界依据进行类型化的归纳分析来明确环境法典的涵摄范围；从微观方面来看，为部分特殊的环境法律规范的识别与划归提供了一种思路。除此之外，法典的其他优势特性在环境法典制度体系的建构过程中，亦应尽可能地通过制度体系的建构有所体现。

二、竭力规避法典模式的固有缺陷

环境法典制度体系的理想图景之二是竭力规避法典模式的固有缺陷。受先前经验的限制以及其他国家法典模式的影响，我国各部门法在法典模式进程中力求实现法典框架的整体性、法典内容的确定性以及立法精神的绝对理性等，因此，法典所构成的规范体系与制度体系往往可能是封闭而僵化的。随着社会经济的迅速发展和科学技术的全面进步，环境问题日趋复杂多变，环境法治对于科学技术的依赖性逐渐加深，这就迫使环境法的基础理论必须不断融合新的具有时代性的内容，而环境法律制度也应不断处于更新发展之中，封闭的环境法典在某种程度上影响甚至阻碍了环境法学科的进步与发展。[1] 环境法典对环境法学科的影响往往通过两对冲突加以表现，第一对冲突表现为持续发展的环境法理念与完整的环境法典体系之间的冲突，第二对冲突表现为具有普适性的环境法典与不断更新的环境问题的适用方面的冲突，这两对冲突贯穿于环境法法典化的各个阶段。鉴于环境问题综合且多变的特性，环境法典如何与其他环境法渊源进行有机衔接，对法典保持开放性至关重要。[2] 因此，环境法在体系化形成法典的进程中应当为环境法规范与制度的发展与常新保留纳入渠道。换言之，环境法典制度体系的建构理应在框架与内容设计时避免僵化，增加制度体系的灵活性与发展性。

---

〔1〕 党庶枫、郭武：《中国环境立法法典化的模式选择》，载《甘肃社会科学》2019 年第 1 期。

〔2〕 李艳芳、田时雨：《比较法视野中的我国环境法法典化》，载《中国人民大学学报》2019 年第 2 期。

三、实现环境法典的适度化定位

环境法典制度体系的理想图景之三为实现环境法典的适度化定位。在环境法典的制定过程中，我们应该以实用主义为导向，在遵从法典基本体例的要求下制定出适合我国本土国情的环境法典，并非一定要坚持某种固守僵化的观念。[1] 我国环境法法典模式的选择必须充分考虑法律传统、社会经济发展条件和现实需求等各个方面，在吸收国外先进经验的同时，积极回应中国本土化需求。在此种情境下，环境法典编纂过程中首先需要解决的问题即为法典化应如何合理定位的问题。从我国环境法典化运动的现实条件来看，中国环境法法典化并非仅为形式意义上的法典化，也不是单纯实质内容的法典化，而是应当在形式与实质之间选择适度的法典化，并以法典体系效益为纲予以具体展开。[2]对此，部分学者提出形成“具有基础涵盖力以及综合协调力的框架体系型环境法典”[3]并辅以环境单行法的适度环境法法典化模式，确定了环境法“适度”的法典化逻辑定位。并且，法典化的程度也会随着我国环境法的不断成熟与发展而作出相应的调整，法典定位也进一步修正为“动态的适度法典化”。具体表现在环境法典制度体系的建构过程中，应明确环境法法典化的功能定位是服务于环境法治，准确把握“适度”的内涵，注意立法的渐进式与阶段性，明确基本概念、价值理念、规范体系等要素，[4]并将其具体转化为法典制度体系建构中的逻辑与表达，使最终成型的环境法典在整体制度框架构建与具体制度法典化中都表现出适度的特性。

四、呈现法典体系的动态有机运转

环境法典制度体系的理想图景之四是呈现法典模式动态有机运转。理想的环境法典制度体系，在法典制度与单行法制度、法典内部各

---

[1] 李小强：《环境立法模式的理性选择及其实现路径》，载《社科纵横》2020年第3期。

[2] 鄢德奎：《中国环境法的形成及其体系化建构》，载《重庆大学学报(社会科学版)》2020年第6期。

[3] 吕忠梅、窦海阳：《民法典“绿色化”与环境法典的调适》，载《中外法学》2018年第4期。

[4] 李艳芳、田时雨：《比较法视野中的我国环境法法典化》，载《中国人民大学学报》2019年第2期。

具体制度之间呈现有机协同运转,相互不存在矛盾冲突的现象,这就要求环境法典制度体系具有多层次的一致性。另外,一致性的要求在解决制度矛盾冲突、实现制度间有效合作运转的功用之外,亦是对制度进行类型化划分的有效模式。具体而言,表现为两个层面的一致性:第一个层面是制度体系的整体观瞻角度。环境法领域的所有制度,包括法典制度与单行法制度,其内在价值都应当具有一致性,即便制度中存在多元的价值体系,最为基本的价值也必须是一致的,如环境法典制度均应以环境保护为基本的价值取向。与此同时,环境法作为领域法,涵摄范围广,法律利益呈现多元化的形态,进而出现第二个层面一致性的要求,也即制度集群之间的一致性。详言之,从制度集群的角度而言,制度体系内存在由多个制度形成的制度群,每一个制度群的制度应表现出对于基本环境价值追求的高度一致。当然,据此可以依据基本价值划分出不同的制度群,而对环境法典所容纳的所有环境法律制度,进行横向的群体划分。这两个层面的一致性皆需要通过制度的法典化予以实现:对第一个整体层面的一致性来说,其相对容易实现,毕竟环境法的制度大多涉及高度抽象的环境基本价值;而对第二个集群层面的一致性来说,则没有那么简单,需要在制度集群层面发现和提取制度的内在价值,需要广泛借鉴民法典、刑法典等整合逻辑,尽可能地找寻最大共识,采取提取公因式的方式进行找寻和发现。因此,从某种程度上说,看似是在强调制度整体和制度集群的一致性,其实是在关切制度体系动态运转的效果以及众多制度类型化处理的标准。

第二节　环境法典制度体系的运转样态

环境法典制度体系是环境法典的“骨骼”,其支撑起整部环境法典,其“生长”决定环境法典的“生长”。多样的制度体系构建方式呈现多样的法典化效果,同样,制度体系的构建标准和呈现样态与环境法法典化需求的契合度决定着环境法典成果理想预期的实现度。环境法典制度体系的具体构建应达到三个层面上的效果:表层上,环境法典总体制度的体系性得以满足，主要表现在内容、规范用语、结构以及篇章体例等方面；中层上，表现为制度机制的流畅性运转，制度间以及整个制度体系的协同运作；深层上，即制度体系的灵活性调试，表现为环境法典制度体系的动态调整性和恰当开放性，进而服务于环境法的法典化目的。

一、表层：环境法典总体制度的体系性满足

从表层来看，环境法典总体制度的体系性得以实现。法典作为一种法律规范的表现形式，相较于一般法律规范、部门基本法、法律汇编，法典具有体系性、稳定性、独立性、确定性等特性。环境法典制度体系具备着理论和实践的双重属性，而其自身又有着特有的系统优势，这就决定了其必然在整个环境法律制度体系中占据优越的地位，并在运用法律手段解决环境问题中起到十分重要的作用。[1] 环境法典的体系性作为环境法法典化的主要目的，依照当下环境法法典化的现实需求来看，应在表层上实现环境法典总体制度的体系性，力求其主要内容的适度完备性、概念术语的规范性与一致性、法典制度体系要素的结构性以及篇章体例的均衡性与有序性。总体制度体系性的满足具体表现在以下四个方面：

第一，法典制度体系内容的适度全面性。在功能预设上环境法的法典化立法一般要求通过编纂制定出一部统一的环境法典来吸收与整合整个环境法领域中的所有单行性法律规范，从而实现对整个环境法律部门的全面统一。[2] 但就目前中国环境法本身的特点和所处的发展阶段来看，仅靠制定一部环境法典无法全面充分地吸收所有的单行性法律规范，也无法囊括所有的环境法律制度。新时代环境法法典化的最终目的在于以优于现行法制格局的立法模式服务于环境法治，绝非纯粹为了法典形式而法典化，[3] 依照环境法制度类型化逻辑以及环

---

〔1〕 徐以祥：《论我国环境法律的体系化》，载《现代法学》2019 年第 3 期。

〔2〕 张梓太：《中国环境立法应适度法典化》，载《南京大学法律评论》2009 年第 1 期。

〔3〕 李艳芳、田时雨：《比较法视野中的我国环境法法典化》，载《中国人民大学学报》2019 年第 2 期。

境法法典化的适度调整范围，环境法典制度体系的框架涵摄调整环境法律关系的主要制度，环境法典的编纂须充分考虑到环境法的调整对象、调整范围以及环境法制度类型化的特征等，将调整环境法律关系的主要制度纳入环境法典制度体系的涵摄系统，不追求制度的绝对全面性体现，而是追求法典制度体系内容的适度全面性，如目前尚不适合在法典中规定的制度就可以在环境单行法中予以体现，多余的条文、不必要的重复或过时的内容，在经过法典化的操作之后，都会被删除。同时，根据现实的条件和资源以及当前环境法发展的具体需求来不断提升环境法法典化程度，实现更高程度的法典化。[1]

第二，概念和术语的规范性与一致性。环境法典的制度体系是本次研究的核心对象，在对环境法典制度体系展开论证之前，有必要对环境法典制度体系的构成要素——各项基本概念予以界定。因为概念是思维形式的基本要素，明确概念是判断恰当、推理和论证合乎逻辑的前提，厘清基本概念是确立环境法典制度体系的必经之路。[2] 对概念的界定进路，首先从界定概念名称表述开始，因为概念的名称表述是此概念与彼概念区分的最为显著之处。对于概念名称的表述予以准确界定能有效避免由于理论研究中各家提法的不同而造成的"概念"不解或混乱；在清楚界定概念名称的表述之后，应当分别对概念的内涵与外延进行研究。环境法典之内各项概念的表述一以贯之，概念的内涵与外延明确，概念间从属关系明确。概念的内涵和概念的外延是概念的两个逻辑特征，[3] 只有明确概念的内涵和外延，才能理顺概念间的从属关系，实现基本概念的科学性和准确性，在面对同一概念因为上下文语境不同而产生混乱时，也可根据其边界进行界定。[4] 就法律规范的角度而言，其表现为行文与表述模式的大体一致。此外，环境法典的形式体系要求环境法的基本概念、规则以及制度构成具有整体一致性，环境

[1] 张梓太：《中国环境立法应适度法典化》，载《南京大学法律评论》2009 年第 1 期。
[2] 何晓妍：《论环境法基本制度的体系》，广西大学 2015 年硕士学位论文，第 9～27 页。
[3] 苏力：《语境论：一种法律制度研究的进路和方法》，载《中外法学》2000 年第 1 期。
[4] 王利明：《民法典编纂与中国民法学体系的发展》，载《法学家》2019 年第 3 期。

法典之内的各项概念应该一以贯之，相互之间不存在基本的矛盾与冲突。

第三，法典制度体系要素的结构性。各项环境法制度相互关系的总和即环境法典制度体系的结构，环境法典制度的体系性满足是以其内部组成要素的结构性为基础。结构是物质体系各要素内在的联系与组织方式的总和，只有当体系具备稳定的结构时，其才能表现出一定的特性与功能。[1] 环境法典制度体系的结构性特点主要表现为四点：一是各项环境法制度以及环境法典制度体系的结构都是相对独立的，但是环境法典制度体系中的各项制度之间又存在十分紧密的联系，彼此形成相互制约的回路，在相互制约的过程中进而约束影响各个单项制度。二是环境法典制度体系中的各项制度之间具有协同性，在具体的实施过程中，每个制度都具有自己的相对独立性，可以单独实施；制度之间彼此又存在关联，可以与其他制度共同作用，从而形成一种协同运动，各项环境法基本制度是在相互协同中由无序状态向稳定有序的结构发展的。[2] 三是环境法典制度体系中各项环境法制度之间是动态平衡的，各项制度之间相互关照、相互支撑，在这种相互作用下形成某种平衡关系，并在长时间保持这种平衡状态，进而达成环境法典制度体系的稳定结构。四是环境法典制度体系的结构是开放的、可变动的，其内部构成要素及结构会根据外部环境的变化进行相应调整，包括调整各项环境法制度间的关系与调整各项环境法律规范的关系，使其自身能够符合外部环境的要求。[3]

第四，篇章体例的均衡性与有序性。环境法典制度体系的篇章体例结构方面并没有一个成熟、统一的模式，各个国家往往是从本国环境立法的实际需要出发来确定本国环境法典的范围和内容。环境法典制度体系框架呈现完整的层次性，具体表现为依照一定逻辑呈现体例的结构完整与篇幅的有序排列，制度间不存在明显的内容重复。首先，在

---

〔1〕 何晓妍：《论环境法基本制度的体系》，广西大学 2015 年硕士学位论文，第 9～27 页。

〔2〕 何晓妍：《论环境法基本制度的体系》，广西大学 2015 年硕士学位论文，第 9～27 页。

〔3〕 何晓妍：《论环境法基本制度的体系》，广西大学 2015 年硕士学位论文，第 9～27 页。

内容整合方面，环境法典应依照特定的标准划分为不同部分，各部分均应具有鲜明的主题，相互关照、相互支撑，从而构成一个逻辑严谨、内容周延的体系。[1] 力求实现总则编与分则编、基本制度与具体制度的分野与衔接，对自然保护法、污染防治法、能源法与生态保护法四部分间的制度进行梳理与总结，使制度间不存在明显的内容重复，呈现环境法典篇章体例的完整性与均衡性。其次，环境法典制度体系的结构设计并非对现行生态环境立法文本的简单梳理，而是在整体层面以体系化思维将碎片化的生态环境立法按照不同主题进行科学的整合与编排。[2] 环境法典制度体系的框架编排须遵循一定的逻辑，一以贯之的逻辑脉络可以形塑出清晰、有序的篇章结构，制度间的相互作用有利于检视、甄别和剔除既有制度体系中的矛盾、冲突和龃龉之处，由此形成的制度体系能够实现首尾贯通、前后呼应、协调统一。[3] 再次，各项环境法规范按照一定的框架统合到体系中，为整个环境法体系化、条理化的发展提供了在结构方面不可或缺的支持，为环境法典据以自力并走向成熟提供保障。[4] 最后，环境法典制度的体系化编排具体表现为体例布局呈现的完整性与篇幅的有序排列，整体上总分结构明显，篇章结构排列有序，展示法典制度体系的层次性。

二、中层：环境法典制度机制的流畅性运转

从中层来看，环境法典制度机制的动态运转始终流畅。体系，属于系统论的范畴，[5]环境法典的制度体系，也称为环境法典的制度系统。按照系统论的观点，任何体系都是由若干个相互联系的子体系组成，这些相关联的子体系也称为体系的构成要素，体系的内部结构不同，即构

---

〔1〕 党庶枫、郭武：《中国环境立法法典化的模式选择》，载《甘肃社会科学》2019 年第 1 期。
〔2〕 李艳芳、田时雨：《比较法视野中的我国环境法法典化》，载《中国人民大学学报》2019 年第 2 期。
〔3〕 何江：《为什么环境法需要法典化——基于法律复杂化理论的证成》，载《法制与社会发展》2019 年第 5 期。
〔4〕 王灿发、陈世寅：《中国环境法法典化的证成与构想》，载《中国人民大学学报》2019 年第 2 期。
〔5〕 郝建设主编：《法律逻辑学》（修订版），中国民主法制出版社 2013 年版，第 17 页。

成要素的关系和组合方式不同,体系具有的功能也会不同。环境法典制度体系是由各项环境法制度相互联系、相互补充、相互影响、相互衔接而形成的规范体系,[1]对环境法制度进行体系化研究,是运用系统分析的方法将全部的环境法制度视为一个有机的系统整体,环境法典制度体系通过制度间的关联与协调形成有效的环境法律机制,实现法典对环境法律关系的调整以及制度机制流畅性的运转。环境法典制度机制的流畅性运转具体表现为制度内基本价值的内在一致性、制度体系的逻辑自洽性、制度相互间的契合与协调。

第一,制度间的内在一致性。制度间的内在一致性又称内在体系的一致性,指环境法典制度体系框架内的所有制度,即便所指向的环境利益或环境法功能效益有所不同,但是根植于制度内的基本价值应保有基本的一致性,即为环境法的原则、精神、理念的一致性;这种一致性外在表现为制度之间协调一致与衔接融洽。首先,实现环境法的目的和任务。对环境法律制度的设计及运行,其主要意义是实现环境法的目的和任务,即通过制定实体法而实现的环境保护理想和目标;保护生态环境系统的稳定存续,协调好世代人类在短期利益与长期发展的关系,实现可持续发展。[2] 将可持续发展的理念贯穿于环境法典制度体系的全局,将重点放在整个生态系统的保护,从而使环境保护的理念更加先进,推动环境法典的实质合理性的实现。[3] 其次,体现环境基本政策与环境法基本原则。环境基本政策与环境法基本原则是指为环境法所遵循、确认和体现并贯穿于整个环境法之中,具有普遍指导意义的环境保护基本方针、策略,对环境保护具有突出的指导作用,一般比较抽象,具有多种表现形式,而环境法律制度本身是可操作性非常强的实施性规范,是环境基本政策与环境法基本原则的具体表现形式之一。最后,环境工作经验和环境活动规律性的表达。因为环境法律制度是

---

〔1〕 张梓太、陶蕾、李传轩:《我国环境法典框架设计构想》,载《东方法学》2008 年第 2 期。

〔2〕 李艳芳、田时雨:《比较法视野中的我国环境法法典化》,载《中国人民大学学报》2019 年第 2 期。

〔3〕 夏凌:《欧洲环境法的法典化运动及其启示》,载《欧洲研究》2008 年第 6 期。

环境工作的实践经验的科学总结,环境法律制度的每一个步骤、每一个环节都凝聚着环境法工作者的心血。[1] 环境法学者需要从所有环境法的立法条文和司法案例中提炼出具有约束力和支配力的有效规范,通过解释和体系化的方法澄清其中的模糊之处,[2]弥补法律漏洞并消除规范之间的矛盾和冲突,其主要依据是对环境规律的总结。环境工作的经验与环境活动的规律都具体体现在环境法律制度的设计、修改、运行、完善之中。

第二,制度体系的逻辑自洽性。我国环境法典制度体系的建构应以逻辑自足为前提,同时实现法典内容的完整与周延。体系化的研究能够揭示环境法典基本制度间、环境法典基本制度与环境法典具体制度间、环境法典具体制度间的逻辑关系,为处理各项环境法律制度间衔接和协调的问题提供理论依据。[3] 同样,环境法典制度体系框架内逻辑的严谨性、自洽性有利于实现制度机制的良性、高效运行。环境法典制度体系不能满足于形式上对各项环境法制度的简单汇集,而应将其看作是一个相互关联、彼此支撑、互通有无的综合体,建构清晰明了的逻辑脉络,并以之为主线对各类应对环境问题的法律制度进行取舍、整合和提升、创制。用法律语言与技术将生态系统及其规律的正当性要求与现实的法律关系合理地对接于一体,形成内在逻辑融贯的制度体系。[4] 把握各项环境法制度在环境法典制度体系当中所发挥的作用与体系自身所存在的缺陷与不足,从而对各项环境法制度进行发展和完善,使环境法典制度体系得以良性运行。在环境法典制度体系的框架搭建与具体编排过程中,逻辑建构须遵循并契合环境法特质,合理安排纵向的不同位阶的制度与横向的关联制度,最终在法典化的整体框架之内获得制度体系的逻辑自洽性,形成良性的互动、协同机制。

第三,制度间的契合与协调。所谓法律制度之间的衔接,是指各项

---

〔1〕 何晓妍:《论环境法基本制度的体系》,广西大学 2015 年硕士学位论文,第 9 ~ 27 页。

〔2〕 曹炜:《论环境法法典化的方法论自觉》,载《中国人民大学学报》2019 年第 2 期。

〔3〕 邓海峰、俞黎芳:《环境法法典化的内在逻辑基础》,载《中国人民大学学报》2019 年第 2 期。

〔4〕 曹炜:《论环境法法典化的方法论自觉》,载《中国人民大学学报》2019 年第 2 期。

法律制度之间的契合与协调，也即法律制度之间具有一定的关联性，存在共同或相通的信息。如果衔接不畅，则会影响各项法律制度的实施效果，甚至导致制度实施中的矛盾与冲突。[1] 环境法典制度体系具备整合功能，使各项环境法制度真正联系起来，并发生相互作用。正是因为将各项制度放置于环境法典制度体系之内，才需要考虑此环境法制度与彼环境法制度的衔接、协调等问题，各项环境法制度通过彼此衔接、相互协调后可避免相互之间的冲突，提高各自的效率与整体的效率。法律制度之间的契合与协调，具体情形有四：一是基本制度间的协调，各项基本制度之间有着密切的联系，在整个体系内部相互配合、相互协调、相互影响，达到一种动态平衡。基本制度本身是一个子体系，通过整合若干法律功能相同或相似的法律规范，使其共同作用，发挥出单项或零散的多项法律规范所不具备的整体功能。[2]二是具体制度间的协调，各项具体制度在制度体系中功能定位不一，但其均为环境法典制度体系的构成要素，通过互相联系、互为补充，共同反映该体系的本质，按照一定的结构和层次统一于其内部，从而形成一定的整体状态，表现出一定的整体功能。三是基本制度与具体制度间的协调，基本制度、具体制度之间则存在决定与被决定关系，基本制度体现着环境法的根本性质，决定着具体制度的建立、发展及完善，同时，基本制度又需要众多具体制度的配合、辅助，才得以顺利地贯彻和实施。各项环境法基本制度实施的有序化而集中发挥出足以带动其他环境法具体制度的产生、变更、消灭，进而影响整个环境法律制度体系发展变化的巨大作用。四是法典制度与其他环境法制度间的协调，其他环境法制度规定于单行法律规范之中，在价值目标等方面与法典制度相统一，其功能相协同；最终在法典化的整体体系框架之内，根据环境法功能效益的需求，法典制度与其他法律制度之间形成良性的互动、协同机制。好的法律制度体系要求各项基本制度间协调有序，基本制度与具体制度紧密

---

[1] 朱炳成：《形式理性关照下我国环境法典的结构设计》，载《甘肃社会科学》2020年第1期。

[2] 李挚萍：《我国环境法基本制度的总体评价和未来走向》，载《现代法学》1998年第1期。

配合，各项具体制度间衔接得当。

三、深层：环境法典制度体系的灵活性调试

任何成文的法典都不可避免地带有一定的滞后性，尤其是我国目前环境适度法典化的逻辑定位，更是要将环境法典的制度体系放在一个不断发展的动态过程中予以考量。这无可厚非，毕竟法典是某一阶段立法者，多是法典编纂者，对法律的完美体系性认知，而人类的理性、法律认知、编纂技术是不断更新发展的，和完美法典的概念一同发生着持续性变化，因此具有绝对严谨逻辑与完整体系框架的法典并不存在，法典制度体系长期来看需要与社会、科技、理论、思维同步发展。在环境法基础理论尚存争议、环境问题常新常变的状况下，可以预见环境法典为达到功能效益的实现，会有动态的修正。基于此，在制度体系化以及制度体系的建构过程中，将开放新结构的观念融入体系建构基本设计，体系化的同时在制度与体系两个层面保有法典自我调适的通道。

那么，环境法典制度体系如何能回应社会的快速演进？对于这个问题的回答，取决于我们对“法律”和“时间”这两个要素之间关系的重新检视。在某一时期内法律必然要与时俱进，需要在变动不居的时间中创造某种稳定的法律预期，以确保法律安全。[1] 面对永远处于变化中的环境问题，环境法典制度体系也必须根据外部环境的变化进行相应调整，确保某种连续性和动态的发展，使其自身能够符合外部环境的要求。就此而言，环境法典制度体系的前瞻性、灵活性、动态调整性以及适当开放性无疑是相当重要的。环境法典制度体系完整而不封闭，在制度有所调整或新制度纳入的情况下，能够迅速作出回应，实现对制度体系的修正与调整。具体表现为：

第一，环境法典制度体系的现代性与现实性。环境法典制度体系应当具备完整性、逻辑性、本土性、规范性，也包括现代性。就单一属性而言，每一个属性都是立法者所不可忽视的，都是构建环境法典制度体系不可或缺的价值取向。但是，在环境法典编纂的实际操作层面，只有

---

〔1〕 石佳友：《民法法典化的方法论问题研究》，法律出版社 2007 年版，第 40 页。

现代性才能将各个属性统领起来作为贯穿环境法典编纂的基本价值取向。[1] 在环境法典制度体系的建构过程中,为保证法典制度体系能够符合现有国情且具备一定的前瞻性,必须对当前本国的现实情况以及可以预见的未来的客观情况加以充分考虑。环境法典制度体系的建构具有现实性和局限性,它基于今天和昨天的"现实"以及专家、学者、法律从业者有限的认识,但是环境法典制度体系的适用面对的是复杂多变的现代社会。因此,环境法典制度体系建构的首要难题就是如何使制度体系既详尽具体便于适用,又灵活开放稳定长久。一方面,环境法典制度体系的建构应立足于当前我国环境法发展的实际情况,加强对我国环境法律规范中具体制度的总结和梳理,筛选出其中的主干制度纳入环境法典制度体系中;另一方面,环境法典制度体系的建构又应大胆创新,超越社会现实本身,在环境法基本原则和精神的指导下,兼顾法典制度体系的完整性、稳定性、独立性、灵活性的价值取向,对未来社会发展过程中的环境问题作出大胆而科学的预测并进行理性的概括,从而建构出一套具有前瞻性的环境法典制度体系。只有这样,环境法典制度体系才能取得现实性与现代性的有机统一,支撑起一部具有超前法治意识和创新品格的环境法典。

第二,环境法典制度体系的动态调整性。环境法典制度体系的构建与完善应当采取渐进式、动态调整的方式,制度体系内不同层级制度有合理限度的弹性,用以保障制度体系的纳新。环境法典制度体系编纂中必须解决的问题就是对环境法制度进行界定,即哪些环境法律制度应当被纳入环境法典制度体系的范围。在范围方面,将环境相关法纳入,对于目前尚不宜纳入环境法典的法律制度,环境法典不应取而代之,而是经过多次筛选和整合后,对不需要或者暂时无法涵盖于环境法典中的环境法律制度,允许其独立存在并与环境法典制度体系并行适用,从而构建一种"环境法典 + 单行性环境法"[2] 的立法模式。在篇章

---

[1] 孟勤国、戴欣悦:《变革性与前瞻性:民法典的现代化使命——〈民法总则〉的现代性缺失》,载《江汉论坛》2017 年第 4 期。

[2] 张梓太、陶蕾、李传轩:《我国环境法典框架设计构想》,载《东方法学》2008 年第 2 期。

结构方面,采取总分结构,利用总则的抽象性和概括性为日后的自由裁量和法律解释预留恰当的空间,对于总则中的原则性规定,也可以预先为将来可能发生的环境问题提供解决的思路和基本框架,进而增强环境法典制度体系与时俱进的适应能力。[1]在编纂程度方面,环境法典制度体系不过度追求实质法典化模式抑或是形式法典化模式,而是建构一种符合当前我国环境法发展现状的环境法典制度体系。环境法典编纂机关应当预留改进环境法典制度体系文本的空间和机制,当环境法具备进行更高程度法典化的条件和资源时,[2]则可以启动环境法典制度体系的修改程序,通过不断地修改、补充和周期性调整来缓和法典的稳定性与环境问题的速变性之间的张力,推动环境法向更加完善、更高的阶段发展。正是这种动态性的法典化模式,可有效地化解环境法法典化理想与现实之间的矛盾,为将来构建更加理想化的环境法典制度体系预留足够的空间,最大限度地实现环境法发展模式在现在和未来之间的沟通与协调。[3]

第三,环境法典制度体系的适当开放性。环境法典制度体系的开放性又称为环境法典制度体系的未完成性,是指环境法典制度体系框架存在外在调试空间,从而能够保持制度体系的适当开放性。法典编纂的意义在于获得法的相对确定性,社会关系的变动必然会影响法典的变动,为应对不断变化的社会关系,保障法律人以及普通民众对法律文本所持的法律认知和法律预期的相对稳定,我国环境法典制度体系必须保持适当的开放性。[4] 所谓开放性,意味着环境法典制度体系并非绝对的封闭自洽,而是在与法典制度外部规范的交互影响中不断更新与进化,又以一种开放的姿态保持环境法典制度体系向更高程度法典化发展的可能性。首先,对法典制度体系外的其他制度保持吸纳与

---

[1] 何江:《为什么环境法需要法典化——基于法律复杂化理论的证成》,载《法制与社会发展》2019 年第 5 期。

[2] 张梓太:《中国环境立法应适度法典化》,载《南京大学法律评论》2009 年第 1 期。

[3] 张梓太:《中国环境立法应适度法典化》,载《南京大学法律评论》2009 年第 1 期。

[4] 朱炳成:《形式理性关照下我国环境法典的结构设计》,载《甘肃社会科学》2020 年第 1 期。

接收可实现环境法典制度体系的开放性追求与整体法秩序的协调。[1]在环境法典制度体系内铺设好制度体系的外接管道，对于通过调试的制度予以合规纳入；当环境法典制度体系不能克服新的调整领域的危机时，一般也是通过体系外制度所具有的外接性来缓解法典规范供给不足的问题。其次，从法学方法论角度来看，运用一般条款的规定是实现环境法典制度体系本身的开放性的一个重要途径。在环境法典制度体系建构过程中设置一般性条款，能够为法律实践提供某种参照标准，法官在遇到法典漏洞时，能够根据具体情况，在确定一般条款所承载的价值的基础上，将其付诸实施，从而达到发挥自由裁量权、填补法典的漏洞的目的。[2] 最后，从域外经验的吸收和借鉴方面来看，在如今各国的法典化活动中，比较法扮演了重要角色，通过对各主要国家的环境法典制度体系进行比较分析，吸收借鉴域外经验，妥善处理其中的适用冲突，从中寻求出适合本国的制度体系安排，这也是各国保持环境法典制度体系开放性的一项普遍做法。[3]

总而言之，环境法已然经历着一场关于立法模式的深刻变革，中国环境立法历经40余年的发展与积累，法典化可谓正当其时。有关于环境法典的学术探讨已由法典化的必要性向可行性转换，环境法法典化成为环境法向纵深发展的首要选择。目前，环境法法典化处于探索阶段，学者们对形式法典模式与实质法典模式的两种认识也尚未达成一致意见，但无论是哪种模式，都不可回避环境法典制度体系的构建这一重要问题。环境法典制度体系的具体构建是实现环境法法典化最为直观的路径和具体的承载，虽不存在普适的、明确的、完整的环境法典制度构建模式，然而基于比较法上的观察，以结构功能的角度入手，以中国环境法法典化的需求为基本指引，我们仍可归纳出一般规律，探寻关于环境法典制度体系的建构逻辑。第一步是通过对制度、体系、制度体

〔1〕 何江：《为什么环境法需要法典化——基于法律复杂化理论的证成》，载《法制与社会发展》2019年第5期。

〔2〕 鄢德奎：《中国环境法的形成及其体系化建构》，载《重庆大学学报（社会科学版）》2020年第6期。

〔3〕 石佳友：《民法法典化的方法论问题研究》，法律出版社2007年版，第48页。

系和法典化四个层面基础概念的厘定，结合提取公因式的方法，对环境治理中具有统领性和全局性的制度进行统合，[1]实现环境法典制度体系的类型化研究。第二步是以环境法典适度体系化为目标定位，采取“先平移、后剔除”的方法，明确环境法典的范围划界、内在体例与外部衔接，指导环境法典制度体系依照总分整体结构、“风险预防—过程控制—损害救济”的篇章脉络，编纂具有确定性、稳定性、灵活性与开放性的环境法典，从而实现制度体系的外在框架结构的规范与优化；通过制度的内在一致性、逻辑自洽性以及契合与协调性，实现制度体系的协同发展；通过保有法典自我调适的通道，回应常变常新的环境问题，最终实现制度体系灵活、高效、有序运转。

〔1〕 何江：《为什么环境法需要法典化——基于法律复杂化理论的证成》，载《法制与社会发展》2019 年第 5 期。

第四编　环境法律规范类型化研究

第十二章　环境法律规范类型化的基本原理

新时代中国社会基本矛盾的转变,对我国的生态环境法治提出新的需求。[1] 近年来,环境法学的研究出现了少有的热烈情景,然而,环境法学的相关研究距离新时代对生态法治提出的要求尚有一定的距离。环境法学如何回归"法学"的本质,如何从聚焦于"规范"本身作出应有的、独特的贡献,仍然是我国环境法学未来需要不断反思并积极改进的重要问题。环境法学研究需要超越将道德话语、政治话语、科学话语等直接作为法律论证基础的环境启蒙阶段,运用法学的方法为环境法治作出自己独有的贡献。[2] 类型化的研究方法是规范法学研究的重要方法,这一方法应当在环境法中得到运用。

第一节　法律规范类型化及其在环境法领域的适用

一、法律规范类型化分析的基本原理

将"类型"的思考方式引入社会学的是马克斯·韦伯,后来,格奥尔格·耶利内克(Georg Jellinek)将其引入一般国家学,拉德布鲁赫(Radbruch)将类型学引入法学领域,中国法学界 20 世纪 90 年代初开

---

〔1〕 吕忠梅:《新时代环境法学研究思考》,载《中国政法大学学报》2018 年第 4 期。

〔2〕 关于环境法学如何回归"规范"本身,作出法学应有的贡献的具体讨论,参见吕忠梅:《新时代环境法学研究思考》,载《中国政法大学学报》2018 年第 4 期;巩固:《环境法律观检讨》,载《法学研究》2011 年第 6 期。

始对类型化思考方式即类型化思维有所响应。[1]

类型是与概念不同的思考问题的方式和研究的方法。概念(concept)与类型(type)的区别在于:"概念是对特定事实内在典型因素进行准确、全面的概括。在适用时,被适用对象必须与概念的外延和内涵完全对应;而类型则是一种比较松散的认识模型,在使用时只要求所指对象满足其基本的要素或部分要素,而不一定是全称对应。"[2]德国著名法学家拉伦茨认为,概念可以被定义,而类型不能进行定义,只能进行描述。[3] 通过定义,概念可以被确定,"当且仅当"该定义的全部要素在具体事件或案件事实全部重现时,概念才能适用于此。[4] 这一严格的要求并不适用于类型,具体案件的事实是否属于某一种类型,并非视其是否包含该类型通常具备之全部因素,而是看这些典型因素在数量及强度上的结合程度,是否足以使该案件事实"整体上来看"符合类型的形象表现。[5]总之,因为相较概念的隔绝式思维,类型是一种更为开放的、更具有包容性的思维和界定事务的方法。[6]

将类型的思维运用于法学的研究主要可以从两个方面展开:首先,通过类型这一描述和概括社会事实和规范内容的新的工具,来弥补法学中不能用概念这一精确范畴来概括和表征的社会事实和规范内容,使法学的研究方法更具有开放性和包容性。其次,将类型的思维和法学的分类思维相结合,根据一定的标准和条件对社会事实或规范内容进行分类,运用"同等情形同样对待,不同情形区别对待"的公平原则,设计类型区分的、有差别的规则,实现法律所追求的社会目标。

对法律规范的类型化研究,属于类型思维运用的后一种情形,将类型的思维和法学的分类思维相结合,根据一定的标准和条件对社会事实或规范内容进行分类研究,并探讨不同类型下的规则设计和适用问

〔1〕 马荣春:《刑法类型化思维的概念与边界》,载《政治与法律》2014 年第 1 期。
〔2〕 姚建宗等:《新兴权利研究》,中国人民大学出版社 2011 年版,第 99 页。
〔3〕 [德]卡尔·拉伦茨:《法学方法论》,陈爱娥译,商务印书馆 2003 年版,第 100 页。
〔4〕 [德]卡尔·拉伦茨:《法学方法论》,陈爱娥译,商务印书馆 2003 年版,第 100 页。
〔5〕 [德]卡尔·拉伦茨:《法学方法论》,陈爱娥译,商务印书馆 2003 年版,第 100 页。
〔6〕 马荣春:《刑法类型化思维的概念与边界》,载《政治与法律》2014 年第 1 期。

题。对法律规范的类型化研究，不仅在法律解释和法教义学中具有重要的体系建构意义，而且对立法中规范配置也具有重要的指导意义。在规范的解释和法教义学方面，类型化的方法能够通过分类细化，将法律规范模糊的地方解释清楚；在立法中，需要通过类型化的方法区分不同的情形并设计有区别的规则，这样方能增强规则的有效性和解决问题的针对性。

二、法律规范类型化在环境法领域的适用性

类型化的研究方法是规范法学研究的重要方法之一。运用类型化的方法对法律规范进行分析并进行体系建构，不管是在法理学层面上，还是在民法、刑法等传统部门法层面上，都取得了丰硕的研究成果。[1] 相比于法理学和传统部门法的法律规范类型化研究，环境法律规范的类型化研究开展得不足，目前只有少量研究涉及环境倡导性规范或政策性规范。[2] 但这些研究系统性不足，也没有从环境法规范的技术性、综合性、问题导向性、调整利益关系的复杂性（涉及调整人与自然的关系）等特征出发对环境法律规范进行深度解剖。目前的研究不能对环境法律规范的体系化、环境法教义学的发展和环境法法典化提供理论支撑，有必要进行专门的深入研究。本书将运用法学的类型化研究方法，从环境法律规范的特点出发，讨论环境法律规范的类型区分及这种类型区分在我国环境立法和法律解释中的运用。

第二节　环境法律规范的特点

从法律规范类型化分析在民法、刑法等传统部门法中的运用可以

---

〔1〕 关于法律规范类型区分和体系建构的相关研究，参见王轶：《法律规范类型区分理论的比较与评析》，载《比较法研究》2017 年第 5 期；王轶：《民法典的规范类型及其配置关系》，载《清华法学》2014 年第 6 期；杜宇：《刑法规范的形成机理——以“类型”建构为视角》，载《法商研究》2010 年第 1 期。

〔2〕 关于倡导性规范的研究，参见李艳芳：《“促进型立法”研究》，载《法学评论》2005 年第 3 期。

看出，法律规范的类型化区分，一方面需要从特定的部门法的法律规范的特点出发，另一方面法律规范的类型化区分是服务于特定的目的的。环境法律规范的类型化分析，一方面要从环境法律规范的特点出发，另一方面，环境法律规范的类型化区分，也需要服务于环境法律立法和环境法律解释的目的。

环境法律规范是以解决和应对环境问题为其使命的。综合现有的观点，环境法律规范的特点可以归纳为以下几个方面：

第一，环境法是以保护环境公共利益为主要目的的，其所调整的利益关系具有复杂性，所保护的法益具有独特性。首先，环境法所调整的利益关系涉及广泛的利益冲突，所调整的利益关系具有复杂性。[1]环境法律规范不仅要调整私人利益与环境公共利益的冲突，还要调整环境公共利益与经济公共利益等其他公共利益的冲突。[2] 环境法不仅调整当代人之间的利益关系，还调整当代人和未来时代人之间利益关系；环境法还承担着对自然进行保护的使命，环境法需要将人和自然视为一个生态共同体，从生态整体主义的视角来调整好人与动物及其他自然体的关系。[3] 其次，环境法律规范所保护的法益具有独特性。环境法律规范的目的是在不排除保护人类自身权利与利益的前提下，“衡平世代间利益，实现经济与社会的可持续发展”和“保护人类的‘环境权’与生态世界的‘自然的权利’”。[4] 关于“环境权”“自然的权利”的争议暂且搁置不论，环境法律规范的目的决定了环境法要将生态和自然的利益作为其独特的法益进行保护。从生态整体主义的视角来看，人是生态体系中的一个组成部分，人的生存和发展只有在生态体系得到良好保存的情形下才能实现。因此，尽管学界对环境法律应当采取何种生态环境伦理观作为理论支撑有争议，但对环境法律规范中需要保护动物及其他自然体利益的法律规范的存在这一点是没有争议的。

---

〔1〕 叶俊荣：《环境政策与法律》，中国政法大学出版社2003年版，第87页。

〔2〕 李启家：《环境法领域利益冲突的识别与衡平》，载《法学评论》2015年第6期。

〔3〕 蔡守秋主编：《环境资源法教程》（第2版），高等教育出版社2010年版，第67~77页。

〔4〕 汪劲：《环境法律的理念与价值追求》，法律出版社2000年版，第2页。

第二,环境法律规范的构成涉及众多技术规范,其规范构成具有科技性。环境法律规范"需要利用科学和技术以预测和调整人类环境利用行为所导致人与人、人与自然之间的不良后果,并直接依据自然规律确立行为模式和法律后果模式"。[1] 环境法律规范的构成中,除了传统的法律规范外,技术标准和技术导则等技术性规范也是环境法律规范不可或缺的重要组成部分。

第三,环境法律规范具有跨部门性和综合性的特点。环境问题的综合性、环境保护对象的多样性和法律调整方法的多样性,决定了环境法律规范具有跨部门性和综合性的特点。[2] 传统的部门法学根据所调整的社会关系的性质和调整方法两个维度将法律规范分为民事法律规范、刑事法律规范、行政法律规范、宪法法律规范、诉讼法律规范等规范形态。环境法律规范作为一种以解决和应对生态环境问题为目标的规范,不是与传统部门法律规范形态并列的一种法律规范形态。环境法律规范以问题为导向,综合运用传统部门法的法律手段和其他手段,以有效地达成其规范目标。环境法律规范是一种跨传统部门法的、综合性的规范形态。

第四,环境法律规范以应对和解决特定或整体的生态环境问题为规范目的,是一种典型的问题应对型的法律规范。环境法律规范是伴随着生态环境问题的凸显和人们对环境问题认识的不断深化而逐渐形成的。工业革命以后,特别是 20 世纪六七十年代以来,伴随着工业化、都市化、人口的激增、自然资源的消耗和科技的高速发展,生态环境问题全面爆发,环境法律规范体系逐渐形成。

---

[1] 汪劲:《环境法学》(第 4 版),北京大学出版 2018 年版,第 23 页。

[2] 法学界有多种观点来解释环境法律规范的这种跨部门性和综合性,有将环境法律界定为领域法律的,有将环境法律定为边缘法律的,有将环境法律界定为"二次调整性"法律的。这几种观点都认为环境法律是跨传统部门法的和综合性的,只是在具体表述上有所区别。参见汪太贤:《边缘法学的思考》,载《甘肃政法学院学报》2000 年第 1 期;刘剑文:《论领域法学:一种立足新兴交叉领域的法学研究范式》,载《政法论丛》2016 年第 5 期;吕忠梅:《环境法回归 路在何方?——关于环境法与传统部门法关系的再思考》,载《清华法学》2018 年第 5 期。

第三节 环境法律规范的类型化路径

从环境法律规范的特点出发,服务于如何更好地完善我国环境法律规范体系的目标,环境法律规范可以根据不同的标准作以下的类型区分:

第一,根据环境法律规范所保护的利益,可以将环境法律规范区分为保护人的利益法律规范、保护自然利益的法律规范及兼具保护人的利益和自然利益的法律规范。环境法律规范是以调整人与人之间在环境资源利用中的利益关系为主的法律规范。关于环境法律规范是否能够调整人与自然的关系尚存争论,〔1〕但环境法律规范中需要保护动物及其他自然体的利益的法律规范这一点是毋庸置疑的。由于人是生态体系的一个组成部分,人的生产和发展有赖于生态环境的健康和体系完整,因此大部分的环境法律规范都是同时保护人的利益和自然的利益,但是,一些法律规范是为人的利益而设计的,如自然资源开发利用的法律规范,另外,环境法律规范中也需要为了动物及其他自然体的利益保护而专门设计的法律规范,如荒野的保护规范、动物福利的规范等。

第二,根据环境法律规范的规范构成,可以将环境法律规范区分为技术性法律规范和非技术性法律规范。所谓技术性法律规范,指环境标准、环境技术法规、环境技术规程等包含规范技术指标、技术流程、技术运用等的规范,〔2〕这些规范的目的是解决法律的科学问题,其适用需要专业的技术人员参与;所谓非技术性法律规范,即不涉及科技问题

---

〔1〕 一种观点认为,环境法能够调整人与自然的关系;另一种观点认为,环境法调整的是以环境为媒介而形成的间接互动关系,即"人—环境—人"关系,其本质还是人与人之间的关系。参见蔡守秋:《调整论——对主流法理学的反思与补充》,高等教育出版社 2003 年年,第 67 页;吕忠梅:《环境法回归 路在何方?——关于环境法与传统部门法关系的再思考》,载《清华法学》2018 年第 5 期。

〔2〕 常纪文:《环境标准的法律属性和作用机制》,载《环境保护》2010 年第 9 期。

的法律规范,其适用不需要专业的技术人员参与,通过法律人的法律解释即可适用的法律规范。

第三,根据环境法律规范和传统部门法的关系,可以将环境法律规范区分为环境宪法规范、环境民事规范、环境刑事规范、环境行政规范、环境诉讼规范和糅合性规范及综合协调性规范。作为跨传统部门法的、综合性的法律规范形态,环境法律规范中包含了能够归属于传统各个部门法的规范内容,同时,如果环境法律规范仅仅是将与环境保护有关的民事法律规范、行政法律规范、宪法法律规范等传统部门法律规范堆砌在一起,很难发挥其有效应对生态环境问题的作用,环境法律规范除了能够还原和归属于传统部门法的规范形态外,还需要将传统部门法律规范进行嫁接和综合运用的糅合性法律规范及对各种传统部门法律规范进行协调的综合协调性规范。这种糅合性规范和综合协调性规范所占的比例不高,但在发挥环境法律规范效能方面具有举足轻重的作用。

第四,从解决和应对环境问题所采取的策略的角度,可以将环境法律规范分为总量目标控制型规范和具体行为规制型规范。所谓总量目标控制型规范,是指侧重于以总体的环境质量管控为主要目标的法律规范,包括排放总量控制的法律规范、资源取用总量控制法律规范、基本环境能力保持的法律规范等管控总体的生态环境风险的法律规范;[1]所谓具体行为规制型规范,是指以管制具体的企业、个人及项目为目标的法律规范,包括排污许可制度、环境影响评价制度、环境排放标准制度等法律制度所对应的法律规范,是典型的具体行为规制型的法律规范。

---

〔1〕 徐祥民:《论我国环境法中的总行为控制制度》,载《法学》2015 年第 12 期。

第十三章　环境法律规范的类型化分析

第一节　环境法律规范类型的立法配置

一、不同保护目标的法律规范配置

如前所述，根据保护目标的不同，环境法律规范可以分为不同类型，其立法配置是环境法律体系化首先要解决的问题。

我国目前的环境法律规范体系呈现较强的人类中心主义的色彩。我国的《环境保护法》第2条规定："本法所称环境，是指影响人类生存和发展的各种天然的和经过人工改造的自然因素的总体，包括大气、水、海洋、土地、矿藏、森林、草原、湿地、野生生物、自然遗迹、人文遗迹、自然保护区、风景名胜区、城市和乡村等。"由此可以看出，我国的环境法律规范保护"环境"是从人类生存和发展的角度来保护的。在我国现行的30余部环境法律中，污染防治和自然资源保护占到主导性的地位，而对动物等自然利益进行保护的法律规范严重不足，生态保护立法是我国现在的环境法律体系中的一大短板。

我国目前的环境立法选择这种人类中心主义的立场，有其一定的合理性。我国面临着严峻的影响人们的健康、生活质量的环境问题，环境立法首先要解决和应对这类现代的环境问题。但是，中国的环境立法不能仅仅立足于解决现代的环境问题，而要将现代的环境问题和"后现代"的环境问题作整体性解决。在未来的环境法律规范体系中，需要增加调整人与动物等自然体关系的法律规范，[1]在动物福利立法、生态整体性保护、自然保护方面增强立法供给。而且，由于保护动物及其他自然体利益的法律规范存在利益代表主体的问题，我国的环境立法需要设计专门的利益代表主体规范，赋予环保组织代表特定的自然体或未来世代人在行政决策程序和诉讼中的参与权，从而在实体和程序两个方面建构起对自然体利益进行保护的法律规范。

二、技术性规范和非技术性规范的立法配置

技术性规范在环境法律规范体系中扮演着重要的角色，没有技术性规范的支持，环境法律规范很难发挥其功能。我国环境法律规范体系在技术性规范和非技术性规范的立法配置上存在以下问题：第一，技术性规范的法律定位不明确。技术性规范是不是我国环境法律规范体系的组成部分？哪些技术性规范可以纳入我国环境法律规范体系的组成？这些问题并没有明确的规定。第二，技术性规范和非技术性规范的立法衔接机制不畅。技术性规范的法律效力需要非技术性规范赋予，环境法律的非技术性规范中应当有相关赋权条款；同时，技术性规范的修订需要跟上非技术性规范的步伐。我国环境法律规范中存在两者衔接不畅的问题。

我国未来的环境立法需要在技术性规范和非技术性的规范配置方面进行以下改善：第一，在生态环境立法中需要明确各种技术性规范的法律地位和效力。环境标准是环境保护中最重要的技术性规范，多个国家的环境立法中都明确规定了其法律地位。德国、加拿大明确规定其为规章，而美国、俄罗斯明确规定其为独立于法律、规划等法律渊源的一种独立的法律渊源。我国的环境立法未来需要明确其法律地位。第二，优化技术性规范和非技术性规范的衔接机制。在非技术性规范中需要明确技术性规范的制定权，必要时需要援引技术性规范；同时，在条件成熟的情况下，可以推动技术性规范以附件等方式纳入环境立法中，以增强其法律地位和法律效力。例如，在《德国联邦环境影响评价法》中，就把环境影响评价的分类目标以附件的形式纳入了法律中，

---

〔1〕 曹明德：《生态法原理》，人民出版社2002年版，第258页。

保障了环境法律规范的效力和整体功能。[1]

三、传统法律规范和糅合性规范及综合协调性规范的立法配置

在我国目前的环境法律规范体系中，几乎全部的法律规范都能够还原或归属于传统的部门法规范。以《环境保护法》的条文为例，《环境保护法》除总则和附则外共57个条文，其中民事法律规范4条（第52、64～66条），诉讼法律规范1条（第58条），刑事法律规范1条（第69条），其余为行政法律规范，没有综合协调型的法律规范和糅合性的法律规范。

综上所述，综合协调性规范和糅合性规范在环境法律规范中所占比例不高，但对发挥环境法律规范体系的整体性功能意义重大，因此我国的环境法律规范体系中需要增加综合协调性规范和糅合性规范的立法配置。以生态环境损害的救济为例，生态环境损害的救济需要综合运用民事救济手段、行政救济手段等多种救济手段。政府作为索赔主体的生态环境损害赔偿制度是一种典型的糅合性规范，即政府运用民法的手段来实现生态环境损害的救济。目前我国的生态环境损害救济呈现多种制度路径并存的局面：第一，政府行政主管部门可以运用行政命令和行政代履行等传统行政路径来对生态环境损害进行救济；[2]第二，政府行政主管部门可以运用生态环境损害赔偿制度的行政私法路径对生态环境损害进行救济；第三，环境组织和检察机关可以通过环境民事公益诉讼的司法路径对生态环境损害进行救济；第四，检察机关可以通过环境行政公益诉讼的司法路径对生态环境损害进行间接的救济。在多种救济路径并存的局面下，目前缺乏综合协调性的法律规范，造成了整体的制度成本过高、制度效率不高的局面。因此，我国未来的生态环境损害救济立法，需要一部专门性的立法，一方面需要对政府作为索赔主体的生态环境损害赔偿制度这种糅合性的制度用法律的形式进行固化；另一方面，需要通过综合协调性规范的设计，综合统筹和协

---

〔1〕 Anl. 1,2,3,4 Gesetz ueber die Umweltvertraeglichkeitspruefung（UVPG）.

〔2〕 胡静：《我国环境行政命令体系探究》，载《华中科技大学学报（社会科学版）》2017年第6期。

调各种制度路径，以最小的制度成本，达成最好的制度效果。

四、总量目标控制型法律规范和具体行为规制型法律规范的立法配置

从总量目标控制型法律规范和具体行为规制型法律规范两种类型规范配置的角度来看，我国的环境法律规范体系存在以下问题：第一，总量目标控制型的法律规范在我国的环境法律规范体系中所占的比重较小，其地位没有得到应有的体现；第二，我国环境法律规范体系中的具体行为规制型规范和总量控制型规范的实效性都有待加强。

目前我国正在推进的环境监管制度改革的一个重要方面是改变目前的环境监管制度对生态环境总体的质量改善和整体的生态环境风险防范关注不足的局面，建立以总体环境质量改善和整体生态环境风险防范规制和具体行为规制并重的法律规范体系。生态环境部所推进的“三线一单”制度改革，即是一项典型的总体环境质量改善和整体生态环境风险防范规制改革。[1] 在未来的环境法律规范体系建构中，需要将这些以“三线一单”为代表的总体环境质量改善和整体生态环境风险防范规范提升到与微观的项目管理和行为规制规范同等的地位，并处理好其与微观的项目规制、个体行为规制制度的关系。针对我国的环境法律规范约束力不足的问题，未来的环境法律规范配置应当在纯粹行为规范和兼具行为及裁判规范的配置方面进行改善：一方面，我国的环境法律规范应当增加兼具行为及裁判规范的规范配置，适当减少纯粹行为规范的配置，在设置义务时尽可能细化，并针对违反义务的行为设置相应的法律责任规范；另一方面，针对不能设定为裁判规范的纯粹行为规范（比较典型的是地方环境责任目标制度的相关规范），应当尽可能将行为规则明确化。

---

〔1〕 万军、秦昌波等：《关于加快建立“三线一单”的构想与建议》，载《环境保护》2017 年第 20 期。

第二节 环境法律规范类型与法律规范解释

一、环境法律规范所保护法益的解释

首先,根据争取"利益最大公约数"的目标,环境法律规范的解释应当尽可能地促进人类利益和自然利益保护的一致性。张明楷先生在讨论污染环境罪的法律解释时提出了将"生态学的人类中心主义"作为解释指导思想的观点:既不能采取纯粹的人类中心主义的法益论,只以人的利益来衡量是否构成犯罪,也不能采取纯粹生态学的法益论,而应当采取折中主义的生态学的人类中心主义的法益论,即在环境污染罪的法益保护中,只要生态学的法益与人类中心的法益不相抵触,就需要保护生态学的法益。[1] 这种解释路径一方面注重对人的利益的刑法保护,另一方面把与人的利益没有本质矛盾的生态利益的保护也纳入了污染环境罪的法益保护范围之中。在这一解释逻辑下,污染环境罪的法益解释兼顾生态利益保护和人的生命健康等法益的保护。污染环境罪既可以是结果犯,也可以是行为犯。[2] 就对人的生命、身体、健康等法益的危害而言,污染环境罪只能是结果犯,但就污染环境行为对生态法益本身的危害而言,污染环境罪既包括行为犯也包括结果犯。[3] 这一"生态学的人类中心主义"的法律解释路径虽然是在讨论污染环境罪时提出的,但其超越狭隘的人的利益保护的视角,在保护人的利益的同时,对与人的利益保护无根本冲突的自然利益尽可能进行保护的法律解释的路径,在环境法律规范的解释中具有广泛的适用性。

其次,针对动物保护、自然保护等少数以"自然利益"为主要目的的法律规范,应当采取"生态利益"的解释立场。环境法律规范中的多数规范是兼具人的利益保护和生态利益保护的。但是,环境法律规范

〔1〕 张明楷:《污染环境罪的争议问题》,载《法学评论》2018 年第 2 期。
〔2〕 张明楷:《污染环境罪的争议问题》,载《法学评论》2018 年第 2 期。
〔3〕 张明楷:《污染环境罪的争议问题》,载《法学评论》2018 年第 2 期。

中有一些规范是专门为了动物等自然体的利益保护而设的,对这些规范的解释,需要从自然利益的角度出发来进行解释。

二、处理好技术性规范和非技术性规范的关系

在法律解释和适用中如何处理好技术性规范与非技术性规范的关系一直是环境法律规范运用中的一个难题和热点问题,处理好此问题的关键在于在具体的个案中把握好科学与法律的关系,处理好价值判断和事实认定的关系。技术性规范主要解决事实的问题,而价值判断和整体社会效果的考量需要法律人在解释运用技术性规范时进行综合的考量。在我国的司法实践中,存在将价值判断简单诉诸相关技术规范的问题。比较典型的例子是生态环境损害赔偿中虚拟治理成本法的运用问题。在德州大气污染生态损害赔偿案、[1]泰州 1.6 亿元水污染生态损害赔偿案[2]等案件中,法院都直接依托于鉴定机构根据虚拟治理成本法所评估的生态环境损害数额来确定赔偿数额。在运用虚拟治理成本法时,需要根据单位的虚拟治理成本乘以一定的系数,这一系数的选择不应当是一个单纯的技术问题,还应当是一个价值判断的问题。因为,运用虚拟治理成本法来追究生态环境损害责任的目的,不是要得到生态修复的费用,因为在此种情况下生态已经不需要或不可能修复,此种情况的生态环境损害赔偿,主要目的是惩罚违法行为人和预防未来的损害,因此,这一系数的采用除了考虑所污染环境的区域分级外,还应当考虑污染者的主观过错程度等因素,只有这样,这一制度方能取得最佳的社会效果。否则,将一个需要综合价值判断和科学评估的问题简单地诉诸技术规范的评估,并不能取得最佳的社会效果。

关于在环境法律规范解释中如何处理技术性规范与非技术性规范的关系的一个重要的议题是环境标准在环境侵权案件中如何运用的问题,这一议题在环境法学界和民法学界都引发了广泛讨论,形成了三种观点:首先,环境标准在侵权法中无效力说。该种观点认为,环境标准是一种行政管理的标准,是一种公法标准。由于我国的环境侵权实行

---

〔1〕 山东省德州市中级人民法院民事判决书,(2015)德中环公民初字第 1 号。

〔2〕 江苏省高级人民法院民事判决书,(2014)苏环公民终字第 00001 号。

的是无过错责任，不需要违法性或主观过错的要件，因此即使符合环境标准也不能在侵权法中具有免除或减轻责任的抗辩效力。[1] 其次，环境质量标准在侵权法中有效力说。该观点认为，环境标准中的环境质量标准是衡量环境是否受到污染的依据，而“环境污染”是环境侵权责任的构成要件之一，因此环境标准中的环境质量标准在侵权责任中具有效力。[2] 最后，具体情形区分说，即要具体区分环境标准中的环境排放标准和环境质量标准，区分能量型环境污染和媒介型环境污染、环境侵权构成和环境侵权责任范围等不同的方面来进行类型化的研究。[3] 本书赞同第三种学说，而且，本书认为，环境标准在侵权案件中的适用，不仅要进行类型化的区分，更需要结合个案进行价值判断。

三、从整体主义的视角来解释环境法律规范

虽然大部分的环境法律规范都能够还原为传统的部门法规范，糅合性规范及综合协调性规范在环境法律规范中所占的比例不高，但是，在环境法律规范的解释方面，整体主义的方法应当成为环境法律解释的主要方法。整体主义的解释方法不是排斥还原主义，而是要在遵循传统部门法法理的同时，从有效解决环境问题、防范总体的生态环境风险和提升总体的生态环境质量的角度来解释相关的环境法律规范。例如，对《环境保护法》第 58 条关于社会组织提起公益诉讼条款的解释，需要从推动社会组织参与环境公益诉讼的角度进行解释，而不能拘泥于传统诉讼法的相关法理。在法律规范的文义具有多种解释的可能性时，应当选择有利于社会组织参与环境公益诉讼，促进生态环境利益保护的解释可能性。这种解释逻辑在最高人民法院对“在设区的市级以上人民政府民政部门登记”“专门从事环境保护公益活动”的目的性扩张解释、对“连续五年以上且无违法记录”的缩限解释中得到了很好的贯彻。这种解释逻辑不应当仅仅运用于环境公益诉讼的相关规范的法

---

〔1〕 宋亚辉：《环境管制标准在侵权法上的效力解释》，载《法学研究》2013 年第 3 期。
〔2〕 陈伟：《环境质量标准的侵权法适用研究》，载《中国法学》2017 年第 1 期。
〔3〕 周骁然：《环境标准在环境污染责任中的效力重塑——基于环境物理学定律的类型化分析》，载《中国地质大学学报（社会科学版）》2017 年第 1 期。

律解释中，环境法的其他法律规范的法律解释，都应当在继承传统部门法的法理的同时，从生态环境问题有效解决、整体风险防范和整体环境品质改善目的的达成的角度进行。

四、总量控制型规范和具体行为规制型规范的不同解释逻辑

具体行为规制型规范是一种典型的、传统的法律规范，其解释和适用遵循传统的法律规范的逻辑即可。总量控制型规范是一种以实现宏观的环境监管、防范系统的环境风险为目标的管理性规范，其解释和适用与传统的具体行为规制型的规范有所不同：首先，总量控制型的规范以政府及其负责人为主要的义务主体，其法律后果是法律责任和政治责任的结合。某些总量控制型规范直接规制行政相对人，但总量控制型规范中的大部分规范是用来约束各级政府及其负责人的。“资源利用上线”“环境容量底线”的直接约束对象是政府及其相应的主管部门，“生态保护红线”的约束主体既包括政府及其相应的主管部门，也包括行政相对人。[1] 其次，总量控制型规范的解释和适用需要与生态文明建设的相关党规进行协调和综合解释。由于总量控制型规范的法律后果是法律责任和政治责任的结合，因此其解释适用需要将环境法律规范的规定和《生态文明建设目标评价考核办法》《中央生态环境保护督察工作规定》等政策性文件进行结合适用。最后，总量控制型规范的解释需要始终把握总体生态环境风险管控之规范目标。在总体的生态环境指标不超过限定的情形下，具体项目的行为规制可以具有一定的灵活性。排污许可制度、环境影响评价制度的具体规范需要在总体风险管控的目标下进行重新调整和解释。排污许可证的排放指标在法律允许的情形下可以进行交易，环境影响评价制度主要功能是对综合决策提供真实的信息，而不是扮演项目环境行政许可的角色。

总之，环境法律规范的类型化分析，需要将环境法律规范的特征作为重要的考量因素。根据环境法律规范所保护的法益的特殊性、技术性、综合性和问题导向性的特征，将环境法律规范作相应的类型划分。

---

〔1〕 陈海嵩：《“生态红线”的规范效力与法治化路径——解释论与立法论的双重展开》，载《现代法学》2014 年第 4 期。

根据环境法律规范所保护的利益，可以将环境法律规范分为保护人的利益的法律规范、兼顾人的利益和自然利益保护的法律规范及保护自然利益的法律规范；根据技术性的特征，可以将环境法律规范分为技术性规范和非技术性规范；根据其综合性的特点，可以将环境法律规范分为传统部门法规范、综合协调型规范和糅合型规范；根据其解决问题的路径，可以将环境法律规范分为总量控制型规范和具体行为规制型规范。

环境法律规范的类型划分不仅对我国环境立法的规范配置优化具有重要意义，而且在法律解释中也具有一定的价值。我国未来的环境立法，应当增加保护自然利益的法律规范、综合协调型规范及糅合型规范、总量控制型规范的配置，应当在立法中处理好技术性规范和非技术性规范的关系。在法律解释时，首先，我们应当根据环境法律规范的利益特点采取能够最大可能同时促进人的利益保护和自然利益保护的解释策略；其次，我们不应当仅仅从传统部门法的原理对环境法律规范进行解释，而应当从环境法有效解决环境问题的目标出发，对环境法律的传统部门法规范进行解释；再次，我们应当合理地处理事实判断与价值判断的关系，对技术标准在司法中的适用效力进行有区别的解释；最后，我们应当把握总量控制型规范在法律适用中的特征，采取符合其特征的解释路径。

第十四章　以规范类型化为基础的环境法律体系化

第一节　环境法律体系化的意义及模式

一、法律规范类型化与法律体系化的关系

本书所采纳的法律体系是规则—原则模式的法律体系，其分为外在体系和内在体系。外在体系是法律的规则体系，而内在体系是以原则为核心的价值体系。在外在的规范体系中，抽象的法律概念和类型是基本的基石，法律规则是主要的规范形态；在内在的规范体系中，法律理念是其基本的基石，法律原则是其基本的规范形态。

法律规范的类型化分析是研究法律体系化的基础，不管是作为法律的外在体系的规则体系，还是作为内在体系的价值体系，体系的构建都离不开规范类型化这一重要的方法。外在的规则体系的构建需要对所要调整的社会关系、所要解决的问题、所要达成的规范目标、对社会事实和规范内容进行区分，根据不同的情形设计不同的规则；内在价值体系的法律理念和法律原则要具体化，更需要通过类型的思考方式，通过类型区分的方法来实现价值的融贯化和具体化。

二、生态文明理念与法律体系的变革

生态文明需要相应的法律体系支撑和保障。建立和完善生态文明的法律体系，需要以可持续发展为逻辑起点，以生态主义为法哲学主张，以人与自然和谐共生为最终目的，全面构建法律的理念和制度设

计,使法律适应生态文明发展需要。[1] 建立和完善生态文明的法律体系,主要包括两个方面:第一,宪法及相关法律、民商法、行政法、经济法、社会法、刑法、诉讼法等部门立法要体现生态平衡、人与自然和谐以及可持续发展等价值、理念,对环境法律予以支持。[2] 此即其他法律部门的"绿化"。第二,建立和完善生态环境的立法,提升生态环境法律法规在整个法律体系的地位和比重,使生态文明的理念通过污染防治、自然资源保护、生态保护等生态环保自身的立法得到贯彻。

生态文明目标的实现,一方面需要其他法律部门中相关制度的"绿化",另一方面需要直接保护生态环境的法律体系的形成,这两者不可偏废。生态文明建设的目标是解决生态环保问题,实现可持续发展,但由于生态环境问题是一个体系性和整体性的问题,与经济建设、政治建设、文化建设和社会建设等各个方面都有着密切联系。从立法的角度来看,需要民法、行政法等其他部门法为生态文明创造条件,不能仅凭借生态环境法律自身来达成目标。生态文明目标的实现需要国家治理任务的变革,需要宪法将生态环境目标作为宪法上的重要国家义务在宪法规范和宪法解释中确立下来,并积极探索宪法对生态环境进行保护的规范路径;生态文明目标的实现,需要民法塑造的自然资源权利结构符合物的充分利用、避免资源的浪费的价值理念,需要生态环境侵害能够通过民法制度获得救济的渠道;生态文明目标的实现,需要行政公益诉讼和民事公益诉讼制度的引入,为生态环境公益的救济和保护提供诉讼制度的支持;生态文明还需要行政法、经济法、社会法等部门法进行相应的制度设计。其他法律部门与生态文明相关的立法设计进行相应的调整,是建立和完善生态文明法律体系不可或缺的重要环节。这种其他法律部门的相关法律根据生态文明的理念和要求进行相应改革和调整的立法趋势,被一些文献称为"法律生态化"趋势。[3]

但是,毋庸置疑的是,其他法律部门中的相关法律设计根据生态文

---

〔1〕 李庆瑞:《以法律生态化推进生态文明建设》,载《中国生态文明》2013 年第 1 期。

〔2〕 李庆瑞:《以法律生态化推进生态文明建设》,载《中国生态文明》2013 年第 1 期。

〔3〕 蔡守秋:《论我国法律体系生态化的正当性》,载《法学论坛》2013 年第 2 期。

明的理念和要求进行调整和改革，是远远不能满足生态文明的立法需求的。生态文明法律体系的核心和关键在于生态环境保护的法律体系，其他法律部门中相关法律制度设计的调整和改革，只是为生态环境保护提供一种外部的条件，因为，每一个部门法都有其核心的价值理念和任务，生态环境保护不可能成为其他部门法核心的价值理念和任务。生态文明的理论要求法律对具有公共性的、体现未来时代人的利益，尊重自然生态本身价值的生态环境利益进行系统性的、整体性的保护，这决定了仅仅依托传统的法律部门不能对生态环境提供有效的保护。生态文明需要一个以生态环境价值为核心价值、以生态环境公共利益保护为核心诉求的法律体系。

生态文明目标的达成，需要以生态环境保护为核心价值理念、目标和任务的生态环境立法的保障和支持，在生态环境保护的法律规范中，生态环境保护是其核心的价值、目标和任务，这些法律规范对生态环境提供直接的保护，为生态环境保护设置核心的法律原则，构建生态环境保护的核心制度体系。显而易见，生态文明目标的达成，首先将依赖于生态环境立法，如果生态环境立法不能对生态环境保护提供有效的制度设置，其他法律部门的相关立法的生态化的功能和作用也会大打折扣。如果生态环境立法自身的法律规范是有效的，再加上其他法律部门中相应法律规范的配合，生态文明的目标方可能实现。

三、环境法律体系化的模式

环境立法体系化的问题，在 2014 年《环境保护法》修改之前曾经被讨论过。近年来这一议题有所冷落，但这一问题并未伴随着《环境保护法》的修改得以解决，仍然需要未来的研究进行跟进。

关于环境立法体系化的模式，主要有两种模式：(1)基本法—单行法模式。此为世界许多国家环境立法的特色。在“基本法—单行法”模式中，环境基本法根据其内容和功能可以分为以下三种类型：第一，政策法形态。在此种模式下，环境基本法的主要目的是宣示国家的环境保护政策，建立国家环境保护职能机构，明确其职责。其条文政策性明显，较为原则及抽象，宣示性作用强但缺乏强制性，缺乏法律责任条款或责任条款比较薄弱。1969 年的《美国国家环境政策法》、1981 年

《巴西国家环境政策法》为此种环境基本法形态的典型。[1] 第二,框架法形态。环境框架法是20世纪80年代出现的一种新型的环境基本法形态,它呈伞形结构,覆盖了跨越不同领域的整体环境问题,促进以更统一、协调和整体的方法进行环境法律规制。[2] 在环境基本法中,主要规定基本的法律原则,宣示环境目标及政策,建立相关机构和制度,如环境影响评价、环境许可、环境质量标准以及公众参与环境决策等。1993年《日本环境基本法》、1995年《蒙古环境保护法》、1996年《柬埔寨环境保护与自然管理法》等框架法形态是环境基本法的典型。第三,综合法形态。综合法形态的环境基本法在框架法形态的基础上进一步扩展其内容和功能。综合法形态的环境基本法的内容不仅包括国家环境政策、目标、法律基本原则,而且还涉及机构职责、公民、企业及社会组织的权利义务、环境保护制度和措施、财务保障、环境要素的管理及保护、纠纷解决机制、法律责任等内容。[3] 1983年《瑞士环境保护法》、2005年《马其顿环境保护法》、2004年《斯诺文尼亚环境保护法》是这种环境基本法的典型。(2)法典化模式。所谓法典化,“指国家权力机关对调整同一类社会关系的法律部门按照和谐、系统的标准对其基本的法律概念、原则、规范进行汇编或者编纂;将同质的法律规范系统地编纂于同一法典之中,使之具有权威性和普遍适用性能够适应不断变化的社会关系的社会活动”。[4] 环境法的法典化可以细分为全面系统的法典化模式和适度的法典化模式。全面系统的环境法法典化模式运用类似于传统民法典、刑法典的法典编纂方法,将环境保护领域的相关主要法律进行系统全面的整合,不仅涉及环境组织法(包括中央

---

〔1〕 李挚萍:《环境基本法体系结构的比较分析》,全国环境资源法学研究会会议论文,2012年6月于成都。

〔2〕 李挚萍:《环境基本法体系结构的比较分析》,全国环境资源法学研究会会议论文,2012年6月于成都。

〔3〕 李挚萍:《环境基本法体系结构的比较分析》,全国环境资源法学研究会会议论文,2012年6月于成都。

〔4〕 夏少敏、陈真亮:《中国环境法典体系研究——以自然保护法为分析视角》,全国环境资源法学研讨会会议论文,2007年8月于兰州。

和地方政府的环保职责和权利义务等规定)、环保基本原则、环境保护基本制度、环境救济及诉讼制度、环境法律责任体系等一般性的环境法律制度,而且涉及污染防治、自然资源管理、生态保护等各种具体的、广泛的环境保护领域。全面系统的环境法法典化模式的典型代表是《法国环境法典》《瑞典环境法典》。[1] 适度的法典化模式是张梓太教授结合西方法典化的实践和我国的环境法治实际情况所提出的一种法典化模式。根据张梓太教授的观点,在全面系统的法典化的条件不成熟的情况下,适度的法典化是一种比较现实可行的模式。在适度的法典化模式下,法典化应当"降低其目标定位",只"对当前的环境法律体系进行一定程度的法典化",同时,随着环境法的不断发展成熟,在适当的时候继续进行更高层次和阶段的法典化,[2]其是一种动态性的法典化,将随着环境法发展的进一步成熟和发达,而不断加强法典化的程度或调整法典化的形式,从而增强法典化立法的灵活性和适应性。[3]

第二节　环境法律规范类型化的法体系意义

一、法律体系化基本原理在环境法领域的适用性

(一)环境法律规范与传统部门法律规范的不同特征

法律体系化不仅要求相关法律规范符合形式理性的要求,即要求法律规则组成一个内容完整、前后一致、结构合理、逻辑严密的有机整体,而且要求相关法律规范符合价值融贯性的要求,即法律规范的体系有着共同的法律理念的价值诉求。这种法律体系化首先是在一个国家整体的法治秩序的层面上进行运用,并进一步运用于传统的部门法律规范的整合。部门法意义上的法律体系化在民法、刑法、行政法等传统

[1] 夏少敏、陈真亮:《中国环境法典体系研究——以自然保护法为分析视角》,全国环境资源法学研讨会会议论文,2007 年 8 月于兰州。

[2] 张梓太:《论我国环境法法典化的基本路径与模式》,载《现代法学》2008 年第 4 期。

[3] 张梓太:《论我国环境法法典化的基本路径与模式》,载《现代法学》2008 年第 4 期。

部门法中得到了充分的运用。在大陆法系国家,运用法律体系化原理来整合相关法律部门的法律规范的最为典型的方式是法典化,其中尤以民法典最能体现法律体系化的精髓和积极意义。

传统的部门法划分主要是根据调整对象或调整方法进行划分的,[1]因为有着相同性质的法律关系(如民法、行政法),或者有着特殊的共同的调整手段(如刑法)。因此,对部门法律规范进行体系化无须过多质疑。相同性质的调整对象或共同的特殊调整手段,与共同的价值融贯性有着天然的联系;而规范体系形式理性的要求,也因为调整对象的同质性或调整手段的共同性而具有成就的可能性。但问题是,这种在传统部门法意义上具有实施可能性的法律体系化原理,在一个不同于传统部门法的规范领域中是否具有适用的可能性?

环境法是一个不同于民法、刑法、行政法等传统部门法的规范集成方式。[2] 按照近年来所兴起的领域法学的理论,环境法律属于领域性法律,研究环境法律的法学属于领域法学。[3] 传统部门法的划分标准是法律调整社会关系的性质或方法,环境法律不是按照调整社会关系的性质或调整方法进行界定和划分的。环境法是一个新兴的法律领域,是以应对和解决生态环境问题为中心的,调整的是涉及环境保护的社会关系。环境法是按照事物的领域来进行规范集成的,它所关注的不是调整的社会关系的法律性质,而是事物的性质,因而从传统的法律部门的视角来看,其调整的社会关系是综合性的,其调整的方法也是综合性的[4]。因此,从传统部门法学的视角来看,环境法律体系化面临着调整对象的综合性、调整方法的综合性等复杂问题。要对相关法律规范进行体系化具有相当的难度。

---

[1] 熊伟:《问题导向、规范集成与领域法学之精神》,载《政法论丛》2016 年第 6 期。

[2] 熊伟:《问题导向、规范集成与领域法学之精神》,载《政法论丛》2016 年第 6 期。

[3] 关于领域法学的讨论,参见刘剑文:《论领域法学:一种立足新兴交叉领域的法学研究范式》,载《政法论丛》2016 年第 5 期;侯卓:《"领域法学"范式:理论拓补与路径探明》,载《政法论丛》2017 年第 1 期;熊伟:《问题导向、规范集成与领域法学之精神》,载《政法论丛》2016 年第 6 期。

[4] 熊伟:《问题导向、规范集成与领域法学之精神》,载《政法论丛》2016 年第 6 期。

（二）法律体系化基本原理在环境法领域运用的可能性

本书认为，尽管环境法律具有不同于传统部门法的特征，但作为一种领域性的法律规范集成方式，环境法律仍然具有体系化的可能，主要有以下几个理由：

第一，环境法律领域是一个成熟和稳定的法律领域，具有数量众多而稳定的环境法律。环境问题是人类社会共同面对的问题，为应对这一问题，世界各国都纷纷制定了大量的环境法律，这些环境法律主要涉及污染防治、自然资源管理和生态保护等方面。综观世界主要国家的环境法律，虽然各有特点，但不可否认的是，环境法律已经成为一个成熟和稳定的法律领域，污染防治、自然资源管理、生态体系保护方面的法律成为世界各国家和地区环境法律不可或缺的内容，其法律规范也具有相当的数量。从法律规范的形式和数量来看，环境法律具备法律体系化的形式条件。

第二，环境法律具有独特的理念和价值追求，从价值层面看具备法律体系化的条件。尽管环境法律所调整的社会关系既涉及纵向的公法关系，也涉及横向平等主体间的私法关系，其调整方法也具有综合性；但是，环境法律在遵循传统部门法的理念和价值追求的同时，融入了新的独特的理念和价值追求。环境法律以生态环保利益为其利益追求，以生态环境安全、环境正义、可持续发展等为价值主导，具有一贯的内在价值体系。尽管在一个国家的不同发展阶段，环境法律对环境利益保护的程度有所差别，对生态环境风险防范的程度有所差异，从而呈现不同国家在不同阶段的生态环保价值观的差异性；但不可否认的是，环境法律有其自身独有的生态环保价值追求，这使环境法律体系化成为可能。

第三，从实践情况来看，环境法律体系化已经在多个国家付诸实践。环境法律的体系化有两种路径，第一种路径是通过环境法的法典化来实现环境法律的体系化。这是环境法律体系化最为彻底和全面的方式,瑞典、法国是选择这一路径的典范。[1] 这两个国家都编纂了环境法典,而且,这两个国家的环境法治和生态环保的水平在世界也是处于前列的。第二种路径是通过相关法律的体系整合和法律解释,使其环境法律实现体系化。德国是这种体系化路径的典范。由于种种原因,环境法典没有通过,但是,环境法律体系化的理念贯彻于德国的环境法律中,《德国联邦污染防治法》《德国联邦自然保护法》《德国联邦水平衡和管理法》等法律构成的环境法体系,逻辑严密、内容全面、系统完整,价值融贯性强,以另一种方式实现了环境法律的体系化。[2]

（三）法律体系化基本原理在环境法中运用的必要性

将法律体系化的原理运用于环境法领域,即将环境法律体系化,不仅有可能,也是有必要的。环境法律体系化是有效应对生态环境问题、系统防范生态环境风险的需要。环境法律体系化能够更好地促进环境法律的实效性,服务于环境问题应对和生态环境风险的系统防范。

环境法律作为一个以应对和解决环境问题为中心的法律领域,决定了环境法律需要遵循生态理性的要求,即遵循生态环境这一领域的特殊规律,追求实质性的效果,而生态环境问题的系统性和整体性决定了环境法律需要遵循系统整体的理念和方法。[3] 只有符合生态环境本身的基本规律,环境法方能实现其有效地解决生态环境问题的中心任务。根据生态学的基本原理,生态系统是"一个自然系统的整体"。[4] "生态系统这个概念是一元论的,它将植物、动物、人类社会以及环境整合在一起,以这样的方式可以将它们相互作用在一个单一的框架内加以分析。它主要强调一个完整或整体系统的功能,而不是将

---

〔1〕 李明华、陈真亮:《环境法典立法研究:理念与方法》,法律出版社 2016 年版,第 128 ~ 144 页。

〔2〕 德国高度发达的法教义学对德国环境法律的体系化做出了重要贡献,通过法律的体系化阐释,可以在一定程度上弥补立法文本本身体系化的不足,这特别得益于德国由法官、律师和教授等法律职业共同体所编纂的法律评论。比较典型的环境法律的评论,参见 Giesberts/Reinhardt, Umweltrecht, Verlag C. H. Beck, 2007。

〔3〕 柯坚:《中国环境与资源保护法体系的若干基本问题——系统论方法的分析与检视》,载《重庆大学学报(社会科学版)》2012 年第 1 期。

〔4〕 余谋昌:《生态学哲学》,云南人民出版社 1991 年版,第 12 页。

各组分分割开来。"[1]针对系统性的生态环境问题，综合生态系统管理理念和综合生态系统管理的方法逐渐在国际环境法和多个国家的环境法中被广泛采用。[2] 因为，针对一个具有系统性和整体性的生态环境系统，仅仅着眼于某一环境介质或生态要素是远远不够的，需要从整体的生态环境系统风险管理的角度来应对生态环境问题。正如中共中央、国务院印发的《生态文明体制改革总体方案》所强调的："树立山水林田湖是一个生命共同体的理念，按照生态系统的整体性、系统性及其内在规律，统筹考虑自然生态各要素、山上山下、地上地下、陆地海洋以及流域上下游，进行整体保护、系统修复、综合治理，增强生态系统循环能力，维护生态平衡。"

总之，生态环境的整体性和系统性决定了环境法应当贯彻综合生态系统管理理念和综合生态系统管理方法。用系统和整体的方法来将环境法律体系化，能够有效促进环境法律目标的实现，对环境问题的有效应对具有重要的意义。

二、环境法律体系化的基本要求

环境法律体系化首先应当具备法律体系化的特征，即应当符合法律体系的外在形式理性的要求和内在的价值融贯性要求。除此之外，作为一个以解决和应对环境问题为主要目标和存在价值的领域性法律，环境法律体系化还应当符合实效性的要求，即环境法律的体系化应当有利于环境法律应对和解决环境问题，系统和有效地防范环境风险。这是环境法律体系化不同于传统的部门法如刑事法律体系化、民事法律体系化之处。传统的部门法律体系化主要是要贯彻法律体系形式理性和价值融贯的要求，环境法律作为新兴的、问题导向性的领域性法律规范群，除了形式理性和价值融贯的维度之外，其体系化必须符合效用理性的要求。有效性是关乎环境法律体系成败的一个重要维度，需要

---

〔1〕［英］E. 马尔特比等编著：《生态系统管理：科学与社会问题》，康乐、韩兴国等译，科学出版社 2003 年版，第 2 页。

〔2〕杜群：《规范语境下综合生态管理的概念和基本原则》，载《哈尔滨工业大学学报（社会科学版）》2015 年第 4 期。

将法律体系的有效性要求独立出来进行特别强调。[1] 法律规范的有效性指法律规范对其规范目标的实现与否及其程度。解决某一时空条件下的特定环境法律问题是环境法律的目标,具体的立法制度设计和法律实施是实现该目标的手段和工具。[2] 环境法律的体系化应当能够促进环境法律核心目标的达成,即系统地、有效地防范环境风险,提升环境品质。因此,环境法律体系化应当符合三项基本要求:(1)法律体系化的形式理性要求;(2)法律体系化的价值融贯性要求;(3)法律体系化的效用理性要求,即通过体系化能够促进环境法律系统地、有效地防范环境风险,提升环境品质。这三项要求中,价值融贯性属于环境法内部体系的要求,而环境法律体系化的形式理性要求和效用理性要求属于外部体系的要求。

三、我国环境法律体系化的未来路径

针对我国环境法律整体结构及功能上存在的体系性问题,根据法律体系化的一般原理,我国环境法律要实现体系化的整合需要可选取以下路径。

(一)以环境价值融贯性为核心建构环境法的内在价值体系

内在的价值体系是一个法律体系的灵魂,没有内在的融贯性的价值体系,一个法律体系不能被称为真正的"法律体系",而只是相关法律的一种汇集而已。环境法律体系化作为一种领域法律的规范集成方式,首先应当有其内在价值体系,并在具体制度的设计和实施中得到贯彻。

生态文明的理论要求法律对具有公共性的、体现未来世代人利益,

---

〔1〕 实际上,传统法律部门的法律体系也有实效的要求,但不进行特别强调。柯坚对法律部门意义上的法律体系的界定中已经包括了功能的维度,其认为法律部门的法律体系"是由特定法律部门的有效规范或法律规范性文件共同构成的一个具有目的统一性、结构关联性、逻辑自洽性和功能协调性的法律子系统"。参见柯坚:《中国环境与资源保护法体系的若干基本问题——系统论方法的分析与检视》,载《重庆大学学报(社会科学版)》2012 年第 1 期。

〔2〕 徐以祥、周骁然:《论环境民事公益诉讼目的及其解释适用——以"常州毒地"公益诉讼案一审判决为切入点》,载《中国人口·资源与环境》2017 年第 12 期。

尊重自然生态本身价值的生态环境利益进行系统性的、整体性的保护，这决定了仅仅依托传统的法律部门不能对生态环境提供有效的保护。生态文明需要一个以生态环境价值为核心价值、以生态环境公共利益保护为核心诉求的法律体系。在生态环境保护的法律规范中，生态环境保护是其核心的价值诉求，这些法律规范对生态环境提供直接的保护，为生态环境利益设置核心的法律原则，构建生态环境保护的核心的制度体系。

环境法的内在体系，指以生态利益为核心利益诉求、以环境法的一般法律原则为主要规范形态的价值体系。环境法的基本原则，"是指环境法在创制和施行中必须遵循的具有约束力的基础性和根本性准则"，"既是环境法基本理念在环境法上的具体体现，又是环境法的本质、技术原理与国家环境政策在环境法上的具体反映"。[1] 环境法独特的价值体系是通过其一般法律原则进行表达的，环境法的内在价值体系的主要内容即环境法的基本法律原则的内容。

关于环境法的基本原则应当包括哪些原则，学界一直存在争议。2014 年修订的《环境保护法》第 5 条明确规定了环境法的四项基本法律原则，即保护优先原则，预防为主、综合治理原则，损害担责原则和公众参与原则。目前的环境法四个基本原则，已经初步构架了环境法的内在价值体系；但是，目前环境法的四个原则对环境法的价值体系的构建还是有所欠缺的，未来需要通过阐释或立法的修改来弥补。

保护优先原则是环境法的核心原则，环境优先原则有多种界定，[2] 王社坤、苗振华所提出的双层含义分析较全面地揭示了这一原则的含义，保护优先原则有两层含义：一是环境利益优先；二是环境保护的行为优于环境资源的开发利用行为。[3] 保护优先原则在环境法中的地位类似于诚实信用原则之于民法、罪刑法定原则之于刑法、比例

---

〔1〕 汪劲：《环境法学》（第 3 版），北京大学出版社 2014 年版，第 93 页。

〔2〕 唐绍均、蒋云飞：《论基于利益分析的"环境优先"原则》，载《重庆大学学报（社会科学版）》2016 年第 5 期。

〔3〕 王社坤、苗振华：《环境保护优先原则内涵探析》，载《中国矿业大学学报（社会科学版）》2018 年第 1 期。

原则之于行政法。保护优先确立了环境法律体系的核心价值理念,即生态环境价值的保护和促进。这是生态理性的一种具体的价值表达。著名的马克思主义生态哲学家高兹认为,生态理性本质是不同于经济理性的,经济理性是一种工具理性,而生态理性是一种价值理性。[1] 保护优先原则将这一价值理性引入环境法律体系中,使人与自然和谐共生的生态伦理价值与法律体系相连接。

预防为主、综合治理原则在环境法的价值体系的构建上的主要贡献来自预防原则,这种贡献主要包括两个方面:首先,预防原则从法律的程序上保障了生态环保价值的优先性,即不能以风险不确定性为由不采取避免生态环境价值损害的行动或措施;其次,风险预防所采取的措施及方法与风险管理的目标之间应当符合比例原则。[2] 这一原则将公法中的比例原则吸收并融入了相关措施的法律分析中,将生态环境价值的优先性建立在利益衡量的基础上。因此,这一原则在程序上保障环境价值的同时,也在实体上对保护优先进行制约。

环境法学界对损害担责普遍采用了一种扩展性的解释,并没有将损害担责按其文义解释为损害了环境要承担法律责任,而是将其解释为"环境责任原则"的一种替代性表述方式。环境责任原则是指对环境和资源的利用,或对环境造成污染破坏、对自然资源造成减损者,应当承担法律义务和法律责任,主要内容包括污染者付费、利用者补偿、破坏者恢复。[3] 对"损害担责"进行扩张解释以后,其能够发挥出传统环境法中所讨论的环境责任原则的相关功能,即包括了"污染者付费、利用者补偿、开发者保护、破坏者恢复"等丰富的内容。但是,即使是将损害担责扩张解释为"环境责任原则",这一原则所能表达的法律价值仍然是有缺憾的。这一原则只涉及环境义务、负担及法律责任的分配问题,体现的是对损害环境的行为的矫正和惩罚。在环境法实现生

---

〔1〕 解保军:《生态马克思主义名著导读》,哈尔滨工业大学出版社 2014 年版,第 54 ~ 55 页。

〔2〕 徐以祥:《风险预防原则和环境行政许可》,载《西南民族大学学报(人文社科版)》2009 年第 4 期。

〔3〕 周珂、高桂林、楚道文主编:《环境法》(第 4 版),中国人民大学出版社 2013 年版,第 33 页。

态环境价值的过程中，一方面要对环境损害行为进行否定性的评价，另一方面也需要对环境友好的行为进行激励，对环境利益进行公平的分配。只有这样，才符合法律的正义价值。因此，建议未来用环境公平或环境正义原则来替代环境责任原则。

公众参与原则的主要贡献是将行政正当程序的价值理念引入环境法中。这一原则在传统的行政正当程序的基础上加入了新的理念和内容：其一，除利害关系人外，非利害关系人、社会组织也应当参与到相关环境程序中；其二，公众的参与不仅包括政府的环境程序，也包括企业的环境程序。

总体上来看，保护优先原则提出了环境法这一价值体系的核心价值理念——生态环保价值，预防原则提供了实现生态环保价值的程序理念并将比例原则融入其中。将损害担责原则调整为环境平等原则后，环境公平原则和公众参与原则从实体正义和程序正义两个方面塑造环境法的价值体系——通过公正地配置环境利益与环境负担，建立公正的环境程序来维护生态环境利益。这一价值体系能够普遍地适用于污染防治、自然资源管理、生态保护等环境法律中，对具体的制度构造和司法实践提供价值指引。未来的具体立法和法律适用，需要将这一价值体系贯彻始终，一方面对不符合这一价值体系的相关规定进行修改并制定出更好地贯彻这一价值体系的规范；另一方面要在具体的法律解释中贯彻这些价值的功能，[1]使这些法律原则在法律解释中发挥其功能。

（二）以内容全面性和逻辑自洽性为重点完善环境法律的整体组成及其结构

第一，我国的社会主义法律体系中应当确立环境法律的地位，并按照生态文明的总体要求建构内容全面的环境法律体系。全国人大在

---

〔1〕 常州毒地案也提出了在法律没有具体规定或法律规定的解释有多种可能时如何发挥环境法基本原则功能的问题。关于常州案的讨论，参见徐以祥、周骁然：《论环境民事公益诉讼目的及其解释适用——以“常州毒地”公益诉讼案一审判决为切入点》，载《中国人口·资源与环境》2017 年第 12 期。

2011年3月宣布已经建成的中国特色的法律体系中,环境资源法没有成为独立的法律体系分支,其被肢解和纳入其他法律部门中。污染防治法被划入了行政法,有关资源和生态保护的法律被划入了经济法。[1] 在生态文明入宪的背景下,环境法作为一个独立的部门法律体系的地位应当得到确认。而且,应当根据生态文明的要求,弥补环境法律的空白和短板。特别是在目前比较薄弱的自然资源法和生态保护法两个领域,需要通过修改相关法律和制定新的法律来弥补我国环境法律体系的空白和短板。在自然资源法方面,我国目前的自然资源保护及综合利用的法律规定是相当薄弱的,需要从自然资源的综合统一管理理念出发制定自然资源领域的基本法,[2]并在《土地管理法》《森林法》《水法》等具体的自然资源立法中贯彻生态保护和自然保护的理念,在不超过生态限度的前提下发挥自然资源的经济价值。在生态保护方面,我国需要制定总体的生态保护的基本法,并在此前提下制定"国家公园法""自然保护地法"等生态保护的具体法律,[3]构建我国的生态保护法律子系统。

第二,应当选择合理的模式来进行环境法律体系整合,以促进环境法律内部的逻辑自洽和结构合理。关于生态环境法律体系整合的模式,主要有两种模式:一是基本法—单行法模式;二是法典化模式。[4] 我国目前所采取的基本法—单行法整合模式在环境法律的体系整合方面并不成功。《环境保护法》并未承担起生态环境保护总则的功能。一方面,《环境保护法》中大量的具体的污染防治的条款与污染防治的单行立法重合;另一方面,自然资源和生态保护方面的总则性规定并没有得到提炼和规定。《环境保护法》的功能定位不准确,导致了我国环境法律体系的逻辑不清。未来可以考虑通过适度法典化的方式来进行

---

[1] 李艳芳:《论生态文明建设与环境法的独立部门法地位》,载《清华法学》2018年第5期。

[2] 孟磊、李显冬:《自然资源基本法的起草与构建》,载《国家行政学院学报》2018年第4期。

[3] 孙佑海:《完善生态文明法制体系 哪些法律值得期待?》,载《中国生态文明》2018年第4期。

[4] 夏少敏、陈真亮:《中国环境法典体系研究——以自然保护法为分析视角》,全国环境资源法学研讨会会议论文,2007年8月于兰州。

我国环境法律的体系整合。即从生态环境资源一体化规制的视角，制定针对污染防治、自然资源利用和生态保护的总则性规范，通过这种总则性规范来实现环境法律的体系整合。

四、以提升有效性为目标推动环境法的功能优化

我国的环境法律制度体系已经初具雏形。在污染防治方面，我国建立了从事前预防、事中控制到事后监管的法律制度。但是，我国的环境法律制度面临着系统有效性不足的短板，即虽然建立了众多制度，但这些制度与整体的生态环境风险管理和生态环境品质提升的目标实现之间仍然有一定的差距。未来需要通过制度的改革和整合以提升制度系统的有效性，主要需要考量以下几个方面：

1. 根据环境、资源和生态整体性保护的理念对污染防治、自然资源保护及生态保护三大制度板块进行体系整合。在现有的制度下，污染防治、自然资源开发保护和生态保护被分割成三个制度板块，这与生态系统整体保护的理念不符。未来需要在制度整合上着力：首先，应当强化总体的生态环境状况评估制度和规划制度在环境资源法中的基础性地位。科学的风险评估是生态环境风险系统管理的基础性和前提性的步骤。在生态环境状况评估制度的基础上，确定某一地域的各种污染物排放空间、自然资源利用空间、生态保护区域等状况，再根据这一生态环境的客观约束确定各种规划和指标管控制度，生态优先和整体保护的目标方可能实现。生态环境状况的评估结论如果不能约束各种规划，生态整体性保护和生态优先就是一种空谈。其次，确立生态环境资源综合规划在各种规划中的先定性效力。在生态环境状况评估的基础上，应当制定生态环境资源的总体性保护规划，这一规划应当秉持“山水林田湖草是一个生命共同体”生态环境系统性的原则，对生态系统进行整体性的保护规划，这一规划对国土空间规划、城乡总体规划、产业发展规划等各种综合性规划应当具有约束力，确保“多规合一”并以生态环境规划为前提。

2. 构建以人体健康和生态安全为初级目标、以不断提升生态环境品质为高级目标的制度体系。作为一个问题导向型的制度体系，环境法的相关制度设计和制度整合应当具有清晰的“目标导向”原则，即相关制度设计和制度体系的整合应当促成目标的实现。我国环境法相关法律制度在促成体系目标的实现方面存在以下两个比较突出的结构性问题,需要在未来的制度体系整合中加以应对:

第一,确保人体的健康和生态系统的安全是制度体系首先应当实现的目标,相关的制度短板需要优先得到弥补。在公众健康保护方面,我国应当建立健全公众健康保护的相关环境规划制度及标准制度、健康风险评估的制度、公众环境健康风险管理制度、公众环境健康风险交流制度等法律制度。[1] 在生态系统安全方面,我国建立健全以生态红线制度和国土空间开发保护制度为核心的相关制度体系,确保生态空间和生态功能的基本安全。

第二,要达成生态环境品质提升的目标,需要强化生态环境效果总体管控制度在我国环境法律制度体系中的地位。现行的生态环境法律制度是以行为规制和项目监管为规制重点的,其基本的制度设计逻辑是:为行为主体设定行为规则——惩罚违反者。[2] 这种以"规则 + 罚则"为主要内容的环境法律制度,以行为人的"不犯"为直接的规制目标,[3]规制的重点是个体的行为和具体项目。但是,仅仅关注个体的自然人、企业的行为以及具体项目的环境效果,是远远不够的。以环境质量提升为目标的环境法律制度体系,不仅需要规制个体的行为和具体的项目,更需要对总体的环境质量进行管控。而且,只要总体的环境效果能够保障,生态环境质量能够提升,赋予具体的项目的个体行为一定的灵活性和自由也是允许的。侧重于总体的环境质量管控的主要制度包括排放总量控制制度、取用总量控制制度、基本环境能力保持制度、保护区制度和生态红线制度、环保名录制度、环保规划制度等。这些制度在传统的环境法律制度体系中不是重点,存在操作规程缺乏、制

---

〔1〕 环保公益性行业科研专项后续研究课题组编著:《〈环境与健康法(学者建议稿)〉条文、理由及立法例》,法律出版社 2018 年版,第 6 ~ 7 页。

〔2〕 徐祥民:《环境质量目标主义:关于环境法直接规制目标的思考》,载《中国法学》2015 年第 6 期。

〔3〕 徐祥民:《环境质量目标主义:关于环境法直接规制目标的思考》,载《中国法学》2015 年第 6 期。

度关系不明晰等问题。[1] 在未来的环境法律制度体系建构中，需要将这些制度提升到与微观的项目管理和行为规制同等的地位，并处理好其与微观的项目规制、个体行为规制制度的关系。

总之，我国的环境法律在总体结构和功能上存在体系性的问题，需要借助法律体系化的理论来将其体系化。法律的体系化不仅包括以法律规则为主要形态的外在规则体系的建构，而且包括以法律原则为主要形态的内在价值体系的建构。法律体系化的一般原理不仅能够在传统的民法、刑法等部门法中运用，而且在环境法律这一新兴的法律领域中也具有适用性，生态环境问题的整体性和系统性也对环境法律体系化提出了要求。根据法律体系化的一般原理和环境法律问题应对型的特征，我国未来的环境法律体系化应当从环境法律内在价值体系构建、完善环境法律的外在规则体系和增强环境法律制度的体系功能三个方面进行推进，以规范主义的进路促进生态环境问题的系统、长远和有效应对。

〔1〕 徐祥民：《环境质量目标主义：关于环境法直接规制目标的思考》，载《中国法学》2015 年第 6 期。

参 考 文 献

一、中文文献

(一)著作

1. 陈慈阳:《二十一世纪宪法国家之新挑战——宪法解释与环境国家》,台北,新学林出版股份有限公司2015年版。
2. 陈德敏主编:《环境与资源保护法》,武汉大学出版社2011年版。
3. 郝建设主编:《法律逻辑学》(修订版),中国民主法制出版社2013年版。
4. 陈铭祥:《法政策学》,台北,元照出版有限公司2011年版。
5. 陈泉生主编:《环境法》,厦门大学出版社2013年版。
6. 才惠莲主编:《比较环境法》,湖北人民出版社2009年版。
7. 常纪文:《环境法前沿问题——历史梳理与发展探究》,中国政法大学出版社2011年版。
8. 曹明德:《生态法原理》,人民出版社2002年版。
9. 蔡守秋:《生态文明建设的法律和制度》,中国法制出版社2017年版。
10. 邓海峰:《生态整体主义视域中的法治问题》,法律出版社2015年版。
11. 杜群:《环境法融合论:环境·资源·生态法律保护一体化》,科学出版社2003年版。
12. 公丕祥主编:《法理学》(第2版),复旦大学出版社2008年版。
13. 环保公益性行业科研专项后续研究课题组编著:《〈环境与健康法(学者建议稿)〉条文、理由及立法例》,法律出版社2018年版。
14. 韩德培主编:《环境保护法教程》,法律出版社2003年版。
15. 胡德胜主编:《能源法学》,北京大学出版社2017年版。
16. 黄立:《民法总则》,中国政法大学出版社2002年版。
17. 姜明安主编:《行政法与行政诉讼法》,北京大学出版社2004年版。

18. 金瑞林主编:《中国环境法》,法律出版社 1998 年版。
19. 金瑞林、汪劲:《20 世纪环境法学研究评述》,北京大学出版社 2003 年版。
20. 雷磊:《法律体系、法律方法与法治》,中国政法大学出版社 2016 年版。
21. 李龙主编:《法理学》,武汉大学出版社 1998 年版。
22. 李明华、陈真亮:《环境法典立法研究:理念与方法》,法律出版社 2016 年版。
23. 李文军、徐建华、芦玉:《中国自然保护管理体制改革方向和路径研究》,中国环境出版集团 2018 年版。
24. 李挚萍:《环境基本法比较研究》,中国政法大学出版社 2013 年版。
25. 吕忠梅:《环境法新视野》,中国政法大学出版社 2019 年版。
26. 廖志雄:《市场准入制度研究》,载史际春、邓峰主编:《经济法学评论》第 4 卷,中国法制出版社 2004 年版。
27. 孟庆瑜、刘武朝:《自然资源法基本问题研究》,中国法制出版社 2006 年版。
28. 莫神星:《能源法学》,中国法制出版社 2019 年版。
29. 彭峰:《法典化的迷思——法国环境法之考察》,上海社会科学院出版社 2010 年版。
30. 孙国华、朱景文主编:《法理学》,中国人民大学出版社 1999 年版。
31. 石佳友:《民法法典化的方法论问题研究》,法律出版社 2007 年版。
32. 沈岿主编:《风险规制与行政法新发展》,法律出版社 2013 年版。
33. 王灿发:《环境法学教程》,中国政法大学出版社 1997 年版。
34. 王利明:《民法典体系研究》(第 2 版),中国人民大学出版社 2012 年版。
35. 王磐岩等:《中国国家公园生态系统和自然文化遗产保护措施研究》,中国环境出版集团 2018 年版。
36. 王树义主编:《可持续发展与中国环境法治——〈中华人民共和国环境保护法〉修改专题研究》,科学出版社 2005 年版。
37. 王涌:《权利的结构》,载郑永流主编:《法哲学与法社会学论丛》第 4 卷,中国政法大学出版社 2001 年版。
38. 汪劲:《环境法律的理念与价值追求》,法律出版社 2000 年版。
39. 汪劲:《环境法治的中国路径:反思与探索》,中国环境科学出版社 2011 年版。
40. 解保军:《生态学马克思主义名著导读》,哈尔滨工业大学出版社 2014 年版。

41. 信春鹰主编:《中华人民共和国环境保护法释义》,法律出版社 2014 年版。
42. 徐祥民主编:《中国环境资源法学评论》,人民出版社 2007 年版。
43. 叶俊荣:《环境政策与法律》,中国政法大学出版社 2003 年版。
44. 姚建宗等:《新兴权利研究》,中国人民大学出版社 2011 年版。
45. 余谋昌:《生态学哲学》,云南人民出版社 1991 年版。
46. 颜士鹏:《中国当代社会转型与环境法的发展》,科学出版社 2008 年版。
47. 张斌峰主编:《法学方法论教程》,武汉大学出版社 2013 年版。
48. 张文显:《法哲学范畴研究》(修订版),中国政法大学出版社 2001 年版。
49. 张文显主编:《法理学》(第 5 版),高等教育出版社 2018 年版。
50. 张梓太、李传轩、陶蕾:《环境法法典化研究》,北京大学出版社 2008 年版。
51. 朱虎:《法律关系与私法体系:以萨维尼为中心的研究》,中国法制出版社 2010 年版。
52. 周珂等主编:《环境法》(第 4 版),中国人民大学出版社 2013 年版。
53. 周珂:《生态环境法论》,法律出版社 2001 年版。
54. 邹瑜、顾明总主编:《法学大辞典》,中国政法大学出版社 1991 年版。
55. 卓泽渊:《法的价值论》,法律出版社 1999 年版。
56. [奥]埃利希:《法社会学原理》,中国大百科全书出版社 2009 年版。
57. [奥]凯尔森:《法与国家的一般理论》,沈宗灵译,中国大百科全书出版社 1996 年版。
58. [古希腊]亚里士多德:《政治学》,吴寿彭译,商务印书馆 1965 年版。
59. [美]霍尔姆斯·罗尔斯顿:《环境伦理学》,杨通进译,中国社会科学出版社 2000 年版。
60. [美]霍菲尔德:《基本法律概念》,张书友编译,中国法制出版社 2009 年版。
61. [美]J. R. 麦克尼尔:《阳光下的新事物:20 世纪世界环境史》,韩莉、韩晓雯译,商务印书馆 2013 年版。
62. [美]K. A. 沃科特等:《生态系统——平衡与管理的科学》,欧阳华等译,科学出版社 2002 年版。
63. [美]理查德·拉撒路斯:《环境法的形成》,庄汉译,中国社会科学出版社 2017 年版。
64. [美]富勒:《法律的道德性》,郑戈译,商务印书馆 2005 年版。
65. [美]M. D. 贝勒斯:《法律的原则——一个规范的分析》,张文显等译,中国大百科全书出版社 1996 年版。

66. [美]P. 诺内特、[美]P. 塞尔兹尼克:《转变中的法律与社会:迈向回应型法》,张志铭译,中国政法大学出版社 2004 年版。
67. [美]约翰·菲尼斯:《自然法与自然权利》,董娇娇、杨奕、梁晓晖译,中国政法大学出版社 2005 年版。
68. [日]原田尚彦:《环境法》,于敏译,法律出版社 1999 年版。
69. [英] E. 马尔特比等编著:《生态系统管理:科学与社会问题》,康乐、韩兴国等译,科学出版社 2003 年版。
70. [英]约瑟夫·拉兹:《法律体系的概念》,吴玉章译,商务印书馆 2017 年版。

(二)论文

1. 白斌:《论法教义学:源流、特征及其功能》,载《环球法律评论》2010 年第 3 期。
2. 薄晓波:《论环境法的生态系统整体保护原则》,载《吉首大学学报(社会科学版)》2014 年第 1 期。
3. 陈辉:《德国法教义学的结构与演变》,载《环球法律评论》2017 年第 1 期。
4. 陈洪杰:《论法律续造的方法》,载《法律科学(西北政法大学学报)》2010 年第 6 期。
5. 陈海嵩:《中国环境法治中的政党、国家与社会》,载《法学研究》2018 年第 3 期。
6. 陈景辉:《法律的内在价值与法治》,载《法制与社会发展》2012 年第 1 期。
7. 陈景辉:《法治必然承诺特定价值吗?》,载《清华法学》2017 年第 1 期。
8. 陈泉生:《论环境法的历史发展》,载《福建政法管理干部学院学报》1999 年第 2 期。
9. 陈锐:《法律关系内容的重构:从线性结构到立体模型》,载《法制与社会发展》2020 年第 2 期。
10. 陈仁:《环境保护法制产生与发展的比较——关于环境保护法制的回顾与比较之三》,载《环境》1994 年第 2 期。
11. 陈研明:《全国环境法体系学术讨论会综述》,载《武汉大学学报(社会科学版)》1987 年第 2 期。
12. 陈运生:《一个二元性权利的分析体系——对霍菲尔德权利理论的一种解读》,载《公法研究》2008 年第 0 期。
13. 陈真亮、诸瑞琦:《钱江源国家公园体制试点现状、问题与对策建议》,载《时代法学》2019 年第 4 期。

14. 才惠莲:《中外环境法历史发展比较分析》,载《理论月刊》2008 年第 8 期。
15. 常纪文:《环境标准的法律属性和作用机制》,载《环境保护》2010 年第 9 期。
16. 曹明德:《对修改我国环境保护法的再思考》,载《政法论坛》2012 年第 6 期。
17. 曹炜:《论环境法法典化的方法论自觉》,载《中国人民大学学报》2019 年第 2 期。
18. 蔡守秋:《论我国法律体系生态化的正当性》,载《法学论坛》2013 年第 2 期。
19. 蔡守秋:《论修改〈环境保护法〉的几个问题》,载《政法论丛》2013 年第 4 期。
20. 蔡文耀:《环境法学基础理论研究的困境及其克服路径——基于十五种法学核心期刊刊载论文的调查》,载《江西理工大学学报》2019 年第 4 期。
21. 邓海峰、俞黎芳:《环境法法典化的内在逻辑基础》,载《中国人民大学学报》2019 年第 2 期。
22. 邓正来:《中国法学向何处去(上)——构建"中国法律理想图景"时代的论纲》,载《政法论坛》2005 年第 1 期。
23. 杜群:《规范语境下综合生态管理的概念和基本原则》,载《哈尔滨工业大学学报(社会科学版)》2015 年第 4 期。
24. 杜群、杜寅:《水保护法律体系的冲突与协调——以入河排污口监督管理为切入点》,载《武汉大学学报(哲学社会科学版)》2016 年第 1 期。
25. 杜宇:《刑法规范的形成机理——以"类型"建构为视角》,载《法商研究》2010 年第 1 期。
26. 党庶枫、郭武:《中国环境立法法典化的模式选择》,载《甘肃社会科学》2019 年第 1 期。
27. 钭晓东、杜寅:《中国特色生态法治体系建设论纲》,载《法制与社会发展》2017 年第 6 期。
28. 冯威:《法律体系如何可能? ——从公理学、价值秩序到原则模式》,载《苏州大学学报(法学版)》2014 年第 1 期。
29. 冯玉军:《科学立法的科学性标准探析》,载《中国人民大学学报》2014 年第 1 期。
30. 方新军:《内在体系外显与民法典体系融贯性的实现　对〈民法总则〉基本

原则规定的评论》,载《中外法学》2017 年第 3 期。
31. 方新军:《融贯民法典外在体系和内在体系的编纂技术》,载《法制与社会发展》2019 年第 2 期。
32. 巩固:《环境法律观检讨》,载《法学研究》2011 年第 6 期。
33. 高吉喜:《中国自然保护地 70 年发展历程与成效》,载《中国环境管理》2019 年第 4 期。
34. 高利红、宁伟:《从立法体系性看〈环境保护法〉的修改》,载《郑州大学学报(哲学社会科学版)》2013 年第 4 期。
35. 高铭暄:《风险社会中刑事立法正当性理论研究》,载《法学论坛》2011 年第 4 期。
36. 焦宝乾:《法教义学的观念及其演变》,载《法商研究》2006 年第 4 期。
37. 焦艳鹏:《生态文明保障的刑法机制》,载《中国社会科学》2017 年第 11 期。
38. 黄桂琴、高崇升:《论我国环境法律制度及其完善》,载《河北法学》2003 年第 1 期。
39. 黄京平:《刑事裁判过程中价值判断问题研究》,载《法学家》2005 年第 6 期。
40. 黄文艺:《为形式法治理论辩护——兼评〈法治:理念与制度〉》,载《政法论坛》2008 年第 1 期。
41. 黄锡生、史玉成:《中国环境法律体系的架构与完善》,载《当代法学》2014 年第 1 期。
42. 何江:《为什么环境法需要法典化——基于法律复杂化理论的证成》,载《法制与社会发展》2019 年第 5 期。
43. 何跃军、陈淋淋:《人与自然是生命共同体——"环境法中的法理"学术研讨会暨"法理研究行动计划"第十三次例会述评》,载《法制与社会发展》2020 年第 2 期。
44. 胡静:《污染场地修复的行为责任和状态责任》,载《北京理工大学学报(社会科学版)》2015 年第 6 期。
45. 胡静:《我国环境行政命令体系探究》,载《华中科技大学学报(社会科学版)》2017 年第 6 期。
46. 侯佳儒:《生态环境损害的赔偿、移转与预防:从私法到公法》,载《法学论坛》2017 年第 3 期。
47. 侯卓:《"领域法学"范式:理论拓补与路径探明》,载《政法论丛》2017 年第

1 期。
48. 姜战军:《损害赔偿范围确定中的法律政策》,载《法学研究》2009 年第 6 期。
49. 柯坚:《中国环境与资源保护法体系的若干基本问题——系统论方法的分析与检视》,载《重庆大学学报(社会科学版)》2012 年第 1 期。
50. 李爱年、肖和龙:《英国国家公园法律制度及其对我国国家公园立法的启示》,载《时代法学》2019 年第 8 期。
51. 李启家:《环境法领域利益冲突的识别与衡平》,载《法学评论》2015 年第 6 期。
52. 李启家:《中国环境立法评估:可持续发展与创新》,载《中国人口·资源与环境》2001 年第 3 期。
53. 李庆瑞:《以法律生态化推进生态文明建设》,载《中国生态文明》2013 年第 1 期。
54. 李艳芳:《论生态文明建设与环境法的独立部门法地位》,载《清华法学》2018 年第 5 期。
55. 李艳芳、田时雨:《比较法视野中的我国环境法法典化》,载《中国人民大学学报》2019 年第 2 期。
56. 李挚萍:《环境基本法体系结构的比较分析》,载《清华法治论衡》2013 年第 3 期。
57. 凌斌:《什么是法教义学:一个法哲学追问》,载《中外法学》2015 年第 1 期。
58. 刘超:《以国家公园为主体的自然保护地体系的法律表达》,载《吉首大学学报(社会科学版)》2019 年第 5 期。
59. 刘长兴:《论环境法法典化的边界》,载《甘肃社会科学》2020 年第 1 期。
60. 刘剑文:《论领域法学:一种立足新兴交叉领域的法学研究范式》,载《政法论丛》2016 年第 5 期。
61. 刘鹏:《法律实施的基本范畴论纲》,载《江汉论坛》2017 年第 6 期。
62. 刘如慧:《德国环境法典 2009 年草案初探——以整合的开发行为许可制度为中心》,载《台北大学法学论丛》2010 年第 76 期。
63. 刘涛:《法教义学危机?——系统理论的解读》,载《法学家》2016 年第 5 期。
64. 刘湘溶、王彬辉:《环境法学权利研究方法论》,载《现代法学》2008 年第 6 期。

65. 刘兆兴:《比较法视野下的法典编纂与解法典化》,载《环球法律评论》2008年第1期。
66. 劳东燕:《刑事政策与刑法体系关系之考察》,载《比较法研究》2012年第2期。
67. 雷磊:《法的一般理论及其在中国的发展》,载《中国法学》2020年第1期。
68. 雷磊:《融贯性与法律体系的建构——兼论当代中国法律体系的融贯化》,载《法学家》2012年第2期。
69. 罗丽:《日本环境法的历史发展》,载《北京理工大学学报(社会科学版)》2000年第2期。
70. 林孝文、金若山:《从法律概念中探寻法律关系——霍菲尔德法律关系理论研究》,载《湘潭大学学报(哲学社会科学版)》2013年第4期。
71. 吕忠梅:《环境法典编纂:实践需求与理论供给》,载《甘肃社会科学》2020年第1期。
72. 吕忠梅:《环境法回归 路在何方?——关于环境法与传统部门法关系的再思考》,载《清华法学》2018年第5期。
73. 吕忠梅、窦海阳:《民法典"绿色化"与环境法典的调制》,载《中外法学》2018年第4期。
74. 吕忠梅:《新时代环境法学研究思考》,载《中国政法大学学报》2018年第4期。
75. 吕忠梅、吴一冉:《中国环境法治七十年:从历史走向未来》,载《中国法律评论》2019年第5期。
76. 莫菲:《法国环境法典化的历程及启示》,载《中国人大》2018年第3期。
77. 孟磊、李显冬:《自然资源基本法的起草与构建》,载《国家行政学院学报》2018年第4期。
78. 马荣春:《刑法类型化思维的概念与边界》,载《政治与法律》2014年第1期。
79. 马骧聪:《环境保护立法体系探讨》,载《中国环境科学》1981年第1期。
80. 裴洪辉:《在价值理想与客观认知之间:法律明确性原则的理论空间》,载《法学论坛》2019年第2期。
81. 钱大军、卢学英:《论法律体系理论在我国立法中的应用》,载《吉林大学社会科学学报》2010年第4期。
82. 钱水苗、魏琪:《关于修改我国〈环境保护法〉的几点思考》,载《甘肃政法学院学报》2013 年第 1 期。
83. 沈百鑫:《两次受挫中前进的德国环境法典编纂》,载《中国人大》2018 年第 5 期。
84. 沈百鑫:《论〈环境保护法〉的进一步完善》,载《中国政法大学学报》2015 年第 2 期。
85. 沈岿:《论行政法上的效能原则》,载《清华法学》2019 年第 4 期。
86. 宋方青、周刚志:《论立法公平之程序构建》,载《厦门大学学报(哲学社会科学版)》2007 年第 1 期。
87. 宋亚辉:《环境管制标准在侵权法上的效力解释》,载《法学研究》2013 年第 3 期。
88. 孙海波:《法教义学与社科法学之争的方法论反省——以法学与司法的互动关系为重点》,载《东方法学》2015 年第 4 期。
89. 孙海波:《法条主义如何穿越错综复杂》,载《法律科学(西北政法大学学报)》2018 年第 1 期。
90. 孙宪忠:《我国民事立法的体系化和科学化问题》,载《清华法学》2012 年第 5 期。
91. 孙佑海:《排污许可制度:立法回顾、问题分析与方案建议》,载《环境影响评价》2016 年第 2 期。
92. 苏力:《语境论:一种法律制度研究的进路和方法》,载《中外法学》2000 年第 1 期。
93. 苏苗罕:《能源普遍服务的法理与制度研究》,载《法治研究》2007 第 10 期。
94. 史永平:《什么是法律实施? ——兼及相关概念之法理辨析》,载《北京社会科学》2015 年第 9 期。
95. 唐绍均、蒋云飞:《论基于利益分析的"环境优先原则"》,载《重庆大学学报(社会科学版)》2016 年第 5 期。
96. 文伯屏:《试论环境保护法的体系》,载《环境管理》1984 年第 1 期。
97. 文伯屏:《略论我国的环境保护法》,载《法学研究》1980 年第 1 期。
98. 王灿发:《论生态文明建设法律保障体系的构建》,载《中国法学》2014 年第 3 期。
99. 王灿发、陈世寅:《中国环境法法典化的证成与构想》,载《中国人民大学学报》2019 年第 2 期。
100. 王红霞:《论法律实施的一般特性与基本原则——基于法理思维和实践理

性的分析》,载《法制与社会发展》2018 年第 4 期。
101. 王江:《环境法“损害担责原则”的解读与反思——以法律原则的结构性功能为主线》,载《法学评论》2018 年第 3 期。
102. 王利明:《总分结构理论与我国民法典的编纂》,载《交大法学》2019 年第 3 期。
103. 王利明:《中国民事立法体系化之路径》,载《法学研究》2008 年第 6 期。
104. 王社坤、苗振华:《环境保护优先原则内涵探析》,载《中国矿业大学学报(社会科学版)》2018 年第 1 期。
105. 王树义、桑东莉:《客观地认识环境法的调整对象》,载《法学评论》2003 年第 4 期。
106. 王轶:《法律规范类型区分理论的比较与评析》,载《比较法研究》2017 年第 5 期。
107. 王轶:《民法典的规范类型及其配置关系》,载《清华法学》2014 年第 6 期。
108. 王涌:《法律关系的元形式——分析法学方法论之基础》,载《北大法律评论》1998 年第 2 期。
109. 王勇:《环境犯罪立法:理念转换与趋势前瞻》,载《当代法学》2014 年第 3 期。
110. 汪劲:《从环境基本法的立法特征论我国〈环境保护法〉的修改定位》,载《中外法学》2004 年第 4 期。
111. 汪劲:《对我国环境法基本制度由来的回顾与反思》,载《郑州大学学报(哲学社会科学版)》2017 年第 5 期。
112. 汪太贤:《边缘法学的思考》,载《甘肃政法学院学报》2000 年第 1 期。
113. 汪洋:《土地承包经营权继承问题研究——对现行规范的法构造阐释与法政策考量》,载《清华法学》2014 年第 4 期。
114. 吴卫星:《我国环境权理论研究三十年之回顾、反思与前瞻》,载《法学评论》2014 年第 5 期。
115. 吴一冉:《生态环境损害赔偿诉讼中修复生态环境责任及其承担》,载《法律适用》2019 年第 21 期。
116. 吴元元:《信息能力与压力型立法》,载《中国社会科学》2010 年第 1 期。
117. 许德风:《法教义学的应用》,载《中外法学》2013 年第 5 期。
118. 许中缘:《政治性、民族性、体系性与中国民法典》,载《法学家》2018 年第 6 期。

119. 谢晖:《法律的模糊/局限性与制度修辞》,载《法律科学(西北政法大学学报)》2017 年第 2 期。
120. 谢鸿飞:《民法典的外部体系效益及其扩张》,载《环球法律评论》2018 年第 2 期。
121. 夏凌:《环境法的法典化——中国环境立法模式的路径选择》,华东政法大学 2007 年博士学位论文。
122. 夏凌:《欧洲环境法的法典化运动及其启示》,载《欧洲研究》2008 年第 6 期。
123. 肖强:《法律实施学刍议》,载《法学杂志》2017 年第 1 期。
124. 熊伟:《问题导向、规范集成与领域法学之精神》,载《政法论丛》2016 年第 6 期。
125. 徐祥民:《论我国环境法中的总行为控制制度》,载《法学》2015 年第 12 期。
126. 徐祥民、巩固:《关于环境法体系问题的几点思考》,载《法学论坛》2009 年第 2 期。
127. 徐以祥:《风险预防原则和环境行政许可》,载《西南民族大学学报(人文社科版)》2009 年第 4 期。
128. 徐以祥:《论我国环境法律的体系化》,载《现代法学》2019 年第 3 期。
129. 鄢德奎:《中国环境法的形成及其体系化建构》,载《重庆大学学报(社会科学版)》2020 年第 6 期。
130. 杨代雄:《民法学体系化思维模式的谱系》,载《江海学刊》2010 年第 1 期。
131. 于飞:《民法基本原则:理论反思与法典表达》,载《法学研究》2016 年第 3 期。
132. 易军:《民法基本原则的意义脉络》,载《法学研究》2018 年第 6 期。
133. 易先良:《环境保护基本法立法背景之比较研究》,载《比较法研究》1988 年第 4 期。
134. 尹田:《民法典总则与民法典立法体系模式》,载《法学研究》2006 年第 6 期。
135. 朱炳成:《形式理性关照下我国环境法典的结构设计》,载《甘肃社会科学》2020 年第 1 期。
136. 赵宏:《行政法学的体系化建构与均衡》,载《法学家》2013 年第 5 期。
137. 邹海林:《私法规范文本解释之价值判断》,载《环球法律评论》2013 年第

5 期。
138. 张明楷:《污染环境罪的争议问题》,载《法学评论》2018 年第 2 期。
139. 张守文:《现代化经济体系的建设的经济法补缺》,载《现代法学》2018 年第 6 期。
140. 张翔:《环境宪法的新发展及其规范阐释》,载《法学家》2018 年第 3 期。
141. 张小军:《民法典解构及当代中国民事立法的理性选择:适度法典化——以比较法为视角》,载《理论月刊》2011 年第 5 期。
142. 张忠民:《能源危机的私法应对——以能源合同为中心》,载《法商研究》2013 年第 2 期。
143. 张忠民:《污染环境罪的明确性之辨》,载《贵州社会科学》2019 年第 8 期。
144. 张梓太:《论我国环境法法典化的基本路径与模式》,载《现代法学》2008 年第 4 期。
145. 张梓太:《中国环境立法应适度法典化》,载《南京大学法律评论》2009 年第 1 期。
146. 郑少华:《中国环境法治四十年:法律文本、法律实施与未来走向》,载《法学》2018 年第 11 期。
147. 郑雅方:《论我国行政法上的成本收益分析原则:理论证成与适用展开》,载《中国法学》2020 年第 2 期。
148. 竺效:《论中国环境法基本原则的立法发展与再发展》,载《华东政法大学学报》2014 年第 3 期。
149. 周骁然:《环境标准在环境污染责任中的效力重塑——基于环境物理学定律的类型化分析》,载《中国地质大学学报(社会科学版)》2017 年第 1 期。
150. 周佑勇:《行政法基本原则的反思与重构》,载《中国法学》2003 年第 4 期。
151. 翟勇:《中国的环境法治建设》,载《人民法治》2015 年第 5 期。
152. [德]伯恩德·吕斯特:《法官法影响下的法教义学和法政策学》,季红明译,载《北航法律评论》2015 年第 1 期。
153. [德]古斯塔夫·拉德布鲁赫:《法教义学的逻辑》,白斌译,载《清华法学》2016 年第 4 期。
154. [法]让·路易·伯格:《法典编纂的主要方法和特征》,郭琛译,载《清华法学》2006 年第 2 期。
155. [日]加藤雅信:《从民法典的制定看法与政治的关系》,渠涛译,载《环球法律评论》2001 年第 3 期。

二、外文文献

1. Albert Kocourek, *The Hohfeld System of Fundamental Legal Concepts*, University of Illinois Law Review, No. 15(1920 - 1921).

2. Asa Perrson, *Environmental Policy Integration: An Introduction*, Stockholm Environment Institute, 2004.

3. A. Trouwborst, *Evolution and Status of the Precautionary Principle in International Law*, Kluwer Law International, 2002.

4. Charles E. Lindblom, *Still Muddling, Not Yet Through*, Public Administrative Review 39 (1979).

5. Charles E. Lindblom, *The Science of "Muddling Through"*, Public Administrative Revie 19(1959).

6. D. E. J. Currie, *Ecosystem - Based Management in Multilateral Environmental Agreements: Progress Towards Adopting the Ecosystem Approach in the International Management of Living Marine Resources*, World Wildlife Fund, 2007.

7. Froukje Maria Platjouw, *Environmental Law and the Ecosystem Approach: Maintaining Ecological Integrity through Consistency in Law*, Routledge, 2016.

8. Giesberts/Reinhardt, Umweltrecht, Verlag C. H. Beck, 2007.

9. Robert L. Fischman, *What is Natural Resources Law?*, University of Colorado Law Review 78(2007).

10. Robert V. Percival et al., *Environmental Regulation: Law, Science, and Policy*, Aspen Publishers, 2009.

11. Wesley Newcomb Hohfeld, *Fundamental Legal Conceptions as Applied in Judicial Reasoning and Other Legal Essays*, Yale University Press, 1923.

后　　记

本书是中国法学会环境资源法学研究会“中国环境法典研究”专项课题的研究成果之一，包括了专项课题中“环境法律规范类型化研究”（曹炜副教授主持）、“环境立法可实施性研究”（刘长兴教授主持）、“环境法典的制度体系研究”（张忠民教授主持）和“中国环境立法体系化路径研究”（徐以祥教授主持）四个课题的研究成果。这四个课题围绕环境法体系化问题展开，分别从法律规范、立法体系、环境法典和可实施性角度探讨环境法体系化，同时又各自相对独立。环境法律规范的类型化是环境法体系化的基础，从不同层次汇集不同类型的法律规范才能形成环境法体系；环境立法体系是观察环境法体系化的重要角度，现行环境立法的体系反映了环境法体系化的基本结构；环境法典的制度体系是环境法体系化的最终表现形式，也是环境法典编纂所要确定的核心内容；环境立法的可实施性与环境法体系化密切相关，内外体系融洽的环境法才能更加顺利地得到贯彻落实。

在汇编课题成果的过程中，本书基本保留了各个部分的主要内容，并进行了协调化和统一化处理。第一编第一章是“中国环境立法体系化路径研究”的部分成果，第二、三、四章是“环境立法可实施性研究”的主要成果，第二编是“中国环境立法体系化路径研究”的部分成果，第三编是“环境法典的制度体系研究”的主要成果，第四编是“环境法律规范类型化研究”的主要成果。

本书的撰写分工如下：曹炜、刘长兴，第一编；曹炜、吴凯杰，第二编；张忠民、赵珂、张琪，第三编；徐以祥，第四编。

另外，本书的研究助理分别包括：李雪怡、吴倩、刘明鑫、韩睿、王琪婷、王晓颖和左娜。

本书的部分内容已经在期刊发表,分别为:

曹炜:《论环境法法典化的方法论自觉》,载《中国人民大学学报》2019 年第 2 期。

刘长兴:《论环境法法典化的边界》,载《甘肃社会科学》2020 年第 1 期。

吴凯杰:《环境法体系中的自然保护地立法:价值定位与规范表达》,载《法学研究》2020 年第 3 期。

张忠民、赵珂:《环境法典的制度体系逻辑与表达》,载《湖南师范大学社会科学学报》2020 年第 6 期。

徐以祥:《论我国环境法律的体系化》,载《现代法学》2019 年第 3 期。

徐以祥:《我国环境法律规范的类型化分析》,载《吉林大学社会科学学报》2020 年第 2 期。

编　者

2021 年 3 月 12 日

图书在版编目(CIP)数据

环境法体系化研究 / 刘长兴主编. -- 北京 : 法律出版社, 2021(2022.4 重印)
(中国环境法典研究文丛)
ISBN 978-7-5197-5616-1

Ⅰ. ①环… Ⅱ. ①刘… Ⅲ. ①环境保护法—研究—中国 Ⅳ. ①D922.680.4

中国版本图书馆 CIP 数据核字(2021)第 089241 号

环境法体系化研究
HUANJINGFA TIXIHUA YANJIU

刘长兴 主编

责任编辑 宋丽娜 吴 昉
装帧设计 凌点工作室

出版发行 法律出版社
编辑统筹 法律教育出版分社
责任校对 王晓萍 王语童
责任印制 刘晓伟
经　　销 新华书店

开本 A5
印张 8.625　**字数** 242 千
版本 2021 年 7 月第 1 版
印次 2022 年 4 月第 2 次印刷
印刷 北京建宏印刷有限公司

地址:北京市丰台区莲花池西里 7 号(100073)
网址:www.lawpress.com.cn
投稿邮箱:info@lawpress.com.cn
举报盗版邮箱:jbwq@lawpress.com.cn
销售电话:010-83938349
客服电话:010-83938350
咨询电话:010-63939796

书号:ISBN 978-7-5197-5616-1　**定价**:35.00 元
凡购买本社图书,如有印装错误,我社负责退换。电话:010-83938349